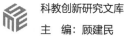

科教创新研究文库

主　编：顾建民
副主编：吴　伟

世界一流大学在中国

理想与现实

吴　伟　徐贤春　延立军　著

上海交通大学出版社
SHANGHAI JIAO TONG UNIVERSITY PRESS

内容提要

　　建设"世界一流大学"是从 20 世纪后半期开始的全球性浪潮,其中尤以中国的投入力度最大、建设成效最为突出,相关政策的波及面也更大。从国际比较、历史回溯、现实审视等视角,立足于高等教育发展规律,本书尝试展现和讨论中国世界一流大学建设中的若干重大问题,包括改革与发展的关系、内涵与外延的关系、现实与未来的关系等。总体来看,我国世界一流大学建设取得了巨大成就,但在破解影响高质量、可持续发展的深层次矛盾上仍面临困难,如以传统学科为基本单元的资源配置机制对跨学科研究的制约。本书可以为高等教育研究者、院校和政府政策制定者提供参考,同时为关心一流大学建设的社会公众提供一个观察视角和基本素材,也可以用做高等教育学等相关专业研究生的研读资料。

图书在版编目(CIP)数据

　　世界一流大学在中国:理想与现实/吴伟,徐贤春,

延立军著.—上海:上海交通大学出版社,2022.8

　　ISBN 978 - 7 - 313 - 27125 - 9

　　Ⅰ.①世… Ⅱ.①吴…②徐…③延… Ⅲ.①高等教

育-教育政策-研究-中国 Ⅳ.①G649.20

　　中国版本图书馆 CIP 数据核字(2022)第 131111 号

世界一流大学在中国:理想与现实

SHIJIE YILIU DAXUE ZAI ZHONGGUO: LIXIANG YU XIANSHI

著　　者:吴　伟　徐贤春　延立军			
出版发行:上海交通大学出版社		地　　址:上海市番禺路 951 号
邮政编码:200030		电　　话:021 - 64071208
印　　制:上海新艺印刷有限公司		经　　销:全国新华书店
开　　本:710mm×1000mm　1/16		印　　张:18.25
字　　数:294 千字		
版　　次:2022 年 8 月第 1 版		印　　次:2022 年 8 月第 1 次印刷
书　　号:ISBN 978 - 7 - 313 - 27125 - 9		
定　　价:78.00 元		

序 一

建设世界一流大学群体是党中央在新的历史时期作出的重大战略决策,也是"中国梦"的重要组成部分,承载着全国人民以及知识界的美好憧憬。经过"211工程""985工程""双一流"建设等重大工程的接续实施,中国高等教育已经具备了冲击世界一流的整体实力和有利条件,我国有一批大学正在逐步走向世界一流,特别是在国际可比较指标上的快速提升,不少大学表现超过了美国大学协会(AAU)的平均水平,部分顶尖大学已经可以比肩世界一流前列的大学。我国已经确立到2035年基本实现现代化的远景目标,高等教育的基础性和先导性作用不可或缺。展望2035年,随着世界主要科学中心、重要人才中心和创新高地逐渐转移的历史性进程,我国高水平大学的作为空间十分广阔,将涌现一批进入世界一流行列甚至前列的大学。

在中国高校奋力建设世界一流大学的洪流中,浙江大学一直是勇立潮头、走在前列的。习近平总书记主政浙江时曾亲自联系浙江大学,18次到校考察指导工作,对学校提出"建设世界一流大学"的总目标和"立足浙江、面向全国、走向世界"的总要求。学校历届领导班子始终"咬定青山不放松",坚持将一张蓝图绘到底,带领全校师生员工接续奋斗,成为"改革的先锋、发展的典范"。如今的浙江大学,正在新发展阶段使命愿景的引领下,统筹推进"五大体系""五大布局""五大战略""五大坚持",聚焦高质量系统内涵式发展主题,以更加卓越的姿态加快迈向世界一流大学前列,努力在世界高等教育改革发展丛林中探索出一条既独特又有效的中国道路。

本书作者吴伟等人长期跟踪研究世界一流大学,对中国高校群体建设世界一流大学的实践探索有着细致的观察和独到的见解。本书从不同角度回顾和梳理了中国高水平大学从觉醒到追赶再到逐步与世界一流并肩的轨迹，既探寻了一流大学改革发展的路径与模式，也审思了可能阻碍一流目标实现的问题及深层次原因，特别是书中关于中国特色世界一流大学建设路径选择、大学发展与社会进步的讨论让我印象尤为深刻。相信本书的出版，可以帮助大学的管理者和研究者更好地认识中国特色世界一流大学的内涵特征与未来愿景，加快推动我国一流大学群体建设进程。

是为序。

吴朝晖

中国科学院院士，浙江大学校长

2022 年 3 月

序 二

大学古老而历久弥新,从中世纪在意大利最早诞生的萨莱诺大学或博洛尼亚大学诞生算起,大学已有近千年的历史。在大学发展的历史长河中,其结构形态、职能使命与社会地位一直处于变化之中。经由德国柏林大学奠基的科学研究职能,再到美国威斯康星大学提出的服务社会使命,古老的中世纪大学传统至少经历了两次现代转型。这既意味着大学的重要性在不断增强,也表明大学需要适应社会发展变化而不断地进行自我调适。如果说以巴黎大学和博洛尼亚大学为代表的欧洲中世纪大学尚可孤芳自赏或遗世独立,那么今天的大学则呈现出完全不同的发展取向与生存状态。随着在推动经济社会发展、文化传承与创新、高科技研发及创新人才培养等方面的作用逐渐凸显,大学尤其高水平大学在世界各地普遍扮演着不可替代的领航者角色。

大学的发展总体上遵循趋同化与差异化两种路径。较为常见的是,诸如哈佛大学、耶鲁大学、牛津大学等为代表的欧美传统名校往往成为世界各国争相模仿和学习的对象,一旦他们推出某些改革计划,必然引起全球范围的热议和跟进。也有一些不走寻常路的大学,诸如密涅瓦学院、欧林工学院、新加坡科技设计大学、沙特阿拉伯国王科技大学,以及中国的南方科技大学、西湖大学等等,建校时间虽然不长,但因为某些方面的特殊资源、机遇或创新举措,却在很短时间内取得显著办学成效,吸引了全世界的目光。对于创建世界一流大学来说,传统世界名校的经验与做法,固然可以借鉴和参考,而新兴大学能够脱颖而出的成功之道,更需要加以总结和推广。

现代意义上的中国大学,只有百余年的历史,且深受社会动荡与外敌入侵的影响。大学真正获得大发展,也只是近二三十年的事情。目前,中国已经是世界上高等教育规模最大的国家，且已成为世界上最大的留学生生源国、亚洲最大的留学目的国。理性地看，我们离高等教育强国还有不小的距离，尤其是在服务重大需求、引领未来潮流、形成全球影响方面与世界顶尖大学的差距更大。自我国2017年印发《统筹推进世界一流大学和一流学科建设实施办法（暂行）》以来，全国上下都在关心关注着世界一流大学建设，并热切期盼着我国早日建成一批世界一流大学。但是，在什么是世界一流、什么是中国特色的世界一流以及如何创建世界一流等方面还未形成普遍共识，因此仍需要加强这方面的研究。

浙江大学中国科教战略研究院吴伟博士领衔的《世界一流大学在中国：理想与现实》一书，立足我国"双一流"建设的现实背景，考察了世界范围内一流大学的各种计划与动向，梳理了中国一流大学改革与发展实践，既有对世界一流大学发展规律的宏观把握，也有对扎根本土创建一流大学中国模式的初步提炼，还尝试回答了我国高等教育发展中的一些矛盾或困惑，为我们展现出一幅大学发展的连续性与本土化图景。一流大学是一个值得长期研究的话题，我们对"一流"的认识会随着社会变迁而发生改变。本书兼具理论性与实践性、全球性与本土性，学术视野较为宽广，对中青年学者来讲实属难得。期待此书能激发更多学者关注一流大学研究、提炼扎根中国情境的"学术故事"，更期待以浙江大学为代表的一批中国顶尖大学能够引领全球发展，为人类社会做出更大贡献。

是为序！

陈廷柱

华中科技大学教育科学研究院院长，教授

2022年2月

序 三

从"211 工程""985 工程"到"双一流"建设，我国一流大学建设取得了历史性成就，支撑我国逐步从高等教育大国迅速迈向高等教育强国。从国际上最具影响力的四大国际排名体系看，以清华大学、北京大学、浙江大学等为代表的中国大学进步神速，中国大学也表现得愈加自信。其中的一个重要体现就是，中国顶尖大学已经特别注重那些表征真正一流内涵和发展水平的办学维度，如清华大学在制定"十四五"规划时就明确要求要超越指标、以"立德树人"为核心做更好的教育。

超越指标不难理解，但关于什么是"更好的教育"，我相信绝无统一的答案。纵览欧美一流大学，特征无外乎拥有一流的师资、产出一流的科研成果、培养出一流的学生等特征。如果要加上时空的定语，我个人认为，当前在中国做"更好的教育"至少要具备以下几个关键要素：一是要有更先进的理念，培养的学生要有全球视野、家国情怀和跨文化交流与文明互鉴的能力；二是要注重培养学生的进取心和创新创业创造能力，毕业生应该具有很强的职业竞争力乃至全球胜任力；三是要能够积极应对数字革命对教育发展的影响，不断强化学生的信息素养。

近年来，我们国家提出要坚持创新在我国现代化建设全局中的核心地位，把科技自立自强作为国家发展的战略支撑。大学尤其是一流大学是人才第一资源、创新第一动力、科技第一生产力的交汇点，在人才强国、科技强国、创新驱动等重大战略中更应该发挥主力军作用。从近代以来发达国家历史看，大国崛起的历程尤其是成为世界重要人才中心和科学中心、创新高地的历程必然伴随着引领世界风气之先的一流大学群体性崛起。可以说，我国的高等教育迎来新一轮变革机遇，应在不远的未来创造更大的辉煌。甚至，根植于华夏大地的以创新与领导力教育引领、推动社会发展和影响世界的创新型大学，会成为继博洛尼亚大学、柏林大学、威斯康星大学之后的第四种形态。

面对难得的历史机遇，我认为中国的世界一流大学建设，要做好六个方面的工作：

一是强化基础研究，显著提升基础研究和应用基础研究投入比例，使研究型大学成为基础研究的主力军，强化基础研究在加强通识教育、提升创新品质、弘扬科学家精神等方面的重要作用，特别是牢固树立追求真理的学术情怀。二是加强"有组织的科研"成为国家战略科技力量，积极参与国家实验室建设，优先实现重点实验室优化重组，依托重大创新平台（包括文科实验室）推动交叉研究能力提升，从根本上改变科技创新零散问题。三是加强与行业龙头企业开展联合开发，要从技术转移向联合开发转变，加大与行业领军企业的科研合作力度，建好建强以问题领域为导向、以产学研协同为特征的协同创新体系。四是完善大学创新体系，以重大科技前沿和国家重大需求为导向，遵循现代科学技术的发展特点和内在规律，推动基础研究、产业核心技术联合开发和成果转移转化相协同的创新体系建设。五是管理体制改革和治理能力提升，推进大学行政体系和资源配置机制改革，提升高校科技治理体系及治理能力现代化水平，推进中国特色、接轨国际的现代大学制度基本建立。六是进一步弘扬创新文化和科学家精神，加强学术运行中的底线思维和"四个自信"，力争做中华优秀文化的传播者、人类文明进步的引领者、社会公序良俗的维护者。

本书第一作者吴伟博士就读于我曾经担任主任的浙江大学科教发展战略研究中心，2013年毕业以来，他笔耕不辍，在院校研究、科技政策、一流大学建设等方面做出了优异成绩，是我国科教战略研究领域的一位优秀青年学者。他的新作邀我做序，我欣然同意。本书既有对我国大学改革发展实践的系统梳理，也有对大学发展前景的宏观展望，把实践总结、理念探讨、政策研究充分加以结合，体现了宽广的学术视野。本书的选题定位与基本理念，与我对大学建设、科技创新和高等教育改革的理解有许多的共通点，对我们深化中国特色世界一流大学建设的认识和推进"双一流"建设具有一定指导意义。

百年未有之大变局对大学带来了巨大挑战，我们必须加快科技创新和教育创新力度，实现科研、学科和人才培养的融通发展，以世界一流研究型、创新型大学建设的新成效贡献于社会主义现代化国家的建设、中华民族的伟大复兴！

陈劲

清华大学技术创新研究中心（教育部人文社会

科学重点研究基地）主任，教授

2022 年 2 月

目 录

第三篇　反思与展望

第一篇 动议与梦想

　　一般认为,拥有若干所世界一流大学,是我国在 20 世纪最后一二十年才萌发的梦想。但事实上,从"东方剑桥""东方斯坦福""东方MIT"等称号可以看出,追求世界一流大学的起步至少可以追溯到新中国成立之初。其实,关于这个问题,镜头还可以再拉远至 20 世纪二三十年代的"胡适之问",即"我们何以没有一所'像样的大学'"?及至 21 世纪前后,以大规模资源投入为基本表现的世界一流大学建设动议在全球得到实施,且尤以中国的力度之大、影响之广泛、成效之显著等为最。其背后的动力机制大抵在于:提振高等教育水平的雄心、服务经济社会发展的紧迫、塑造科技创新高地的急切。本篇内容既包括对海外诸国推动世界一流大学建设行动的综述,也包括对中国世界一流大学建设历程的回溯,全面呈现了全球世界一流大学建设风起云涌的总体面貌。总体来看,在长达一个多世纪的梦想萌发、推进及实现的过程中,"学习"占去了绝大部分时间,引进消化吸收再创新中的"再创新"是最近若干年开始的行动,但依然存在究竟在哪些方面、多大程度上学习西方的探索思考。

绪论：
奋力冲击世界一流^①

　　题记：大学是什么，这个问题即使原来是清楚的，现在也逐渐模糊起来了。比如，大学还是未来社会的"轴心机构"吗，大学与社会之间的边界究竟在哪里，大学还会像现在一样扮演高层次人才培养的主力军角色吗，等等。我们猜想，大学的存在方式正在孕育着颠覆性改变，就像她数百年来的持续变化一样。我们也常常思考，大学对国家的意义是什么、大学还会如何存在等宏大命题。面对世界百年未有之大变局和中华民族伟大复兴的战略全局，面对人类社会面临的愈加严峻、多元和复杂的重大挑战，原有的线性思维已然过时。在大转折时代，对传统路径的再思考和再设计，将决定我们的未来。当今，创业激发社会活力、创新支撑经济转型、创造引领未来发展的趋势逐渐清晰，我国高等教育面临社会的急迫需求，同时也面临改革创新的内在要求。所有的按部就班，所有的得过且过，所有的小富即安，都是严重的不负责任。面对迫切的、急剧变化的需求和来自其他社会机构的激烈竞争，大学必须树立"进步慢了也是一种倒退""没有走在前列也是一种风险"的危机意识。在这个意义上，"双一流"建设具有很大的必然性。

　　改革开放四十多年以来，尤其是进入新世纪以来的二十年，中国高等教育狂飙突进，改革举措不断推出，发展成就举世瞩目，在毛入学率、总在学人数、研发投入及创新成果、办学基本条件、国际影响力等诸多方面已经位居全球前列。

---

① 本章撰写组：吴伟、何秀、郑心怡等。

"十三五"期间，我国高等教育毛入学率由 2016 年的 42.7％升至 2020 年的54.4％，总在校生人数达到 4 183 万人，高等学校 2 738 所(其中本科院校 1 270所)，建成了世界上规模最大的高等教育体系。[①] 与此同时，形势依然严峻的贸易战、科技战、人才战，极大挑动高等教育神经，经济社会发展对高水平人才、高质量创新成果的需求比以往任何时候都更加迫切。尤其是承担重大使命的国内顶尖大学，更应该在民族复兴中扮演关键角色，成为社会进步的发动机。我们可以看到，从党的重要会议文件到各部门的重要政策，都对高等教育发展给予了高度重视，不少省市也相继实施了重大行动计划，全国上下掀起了一股"双一流"建设高潮。

一、一流建设的风生水起

"双一流"建设是中国在新的历史时期，为提升教育发展水平、增强国家核心竞争力、奠定长远发展基础而做出的重大战略决策。"双一流"建设是具有中国特色的产物，1995 年以来先后实施的"211 工程""985 工程"重点建设项目则是"双一流"建设的逻辑起点和承继基础，三者一脉相承、互相衔接。[②]

(一) 以重点学科为核心，打造"先锋部队"

"211 工程"是中国政府面向 21 世纪为实施"科教兴国"战略而设立实施的一项跨世纪工程，是彼时高等教育领域规模最大、层次最高的重点建设工程。当时，改革开放不断深化，社会主义市场经济体制得到确立，全社会对人才和知识的需求愈加迫切。但是，大部分高校的办学规模和办学质量都与发达国家存在显著差距，科研能力较弱，队伍断层严重，仪器设备陈旧，国际合作水平低。为了提升高等教育服务经济社会发展的水平，逐渐缩小与发达国家高等教育的差距，教育部通过选择一批基础较好、对行业区域发展有重要作用的高校和学科进行重点建设，进而推动中国高等教育整体发展。在此背景下，1995 年由原国家计委、原国家教委、财政部联合发布了《211 工程总体建设规划》，"211 工程"正式启动。

"211 工程"建设的总体目标是面向 21 世纪重点建设一批高校和重点学科，

---

① 教育部. 2020 年全国教育事业统计主要结果［EB/OL］. http://www. moe. gov. cn/jyb_xwfb/gzdt_gzdt/s5987/202103/t20210301_516062. html,2021－08－20.

② 刘海峰."双一流"建设的继承、创新与推进［J］. 高等教育研究,2021(01)：1－7.

使 100 所左右的高校以及一批重点学科在教育质量、科学研究、管理水平和办学效益等方面有较大提高，成为立足国内培养高层次人才、解决经济建设和社会发展重大问题的基地。主要建设内容包括学校整体条件、重点学科和高等教育公共服务体系建设三大部分，其中重点学科建设是"211 工程"核心，目的是要增强科技前沿领域高层次人才培养的能力，目标是要形成带动学科和科技发展的重点学科体系，持续培养本领域高水平的骨干人才。①

　　与国家五年计划相对应，"211 工程"从"九五"（1996—2000 年）到"十一五"（2006—2010 年）共分为三个建设周期，先后有 112 所高校进入建设序列。第一期共支持 99 所高校建设，安排了 602 个重点学科和两个全国高等教育公共服务体系建设项目，建设资金为 186.3 亿元。第二期共支持 107 所高校建设，安排了 821 个重点学科和三个全国高等教育公共服务体系建设项目，着力加强师资队伍建设，建设资金为 187.5 亿元。② 第三期共支持 112 所高校建设，建设资金为 100 亿元，主要用于创新人才培养、队伍建设和公共服务系统建设，且更为注重投资效益，对验收结果较优秀的 28 所高校进行了奖励。"211 工程"根据高等教育阶段性主题任务做出相应调整，如第一期针对高校设备陈旧、教学和科研用房紧张、基础设施落后情况下突出了基础条件建设，第二期针对师资队伍断层现象而加大师资队伍建设投入，第三期根据创新型国家建设的需要而突出了创新人才培养。

　　通过一期"打基础"、二期"上水平"、三期"求突破"，"211 工程"入选高校在办学条件、师资队伍、人才培养、科学研究和学科水平等方面得到较大提升；尤其是基本形成了与当代科学技术发展、国际产业结构转换和国家产业结构战略性调整相适应的重点学科体系，基础学科得到加强，应用学科得到较快发展，一批重点学科接近或达到国际先进水平。到 2012 年底，我国共有 129 所高校（主要是"211 工程"建设高校）的 461 个学科进入 ESI 排名前 1%。③ 重点学科建设主要是从"点"上提高办学水平，而公共服务体系的完善则从"面"上提高高等教育

① 教育部. 211 工程简介［EB/OL］. http://www. moe. gov. cn/s78/A22/xwb_left/moe_843/tnull_33122. html，2021－07－02.
② 教育部. 关于"211 工程"和"985 工程"［EB/OL］. http://www. moe. gov. cn/jyb_xwfb/xw_fbh/moe_2606/moe_2074/moe_2438/moe_2442/tnull_39607. html，2021－07－02.
③ 梁传杰. 对我国"211 工程"建设的若干思考［J］. 学位与研究生教育，2013(10)：49－53.

整体水平，并将高水平大学和重点学科建设成果扩展到更大范围。通过重点建设，"211 工程"高校在显著提高学科水平的同时，也明显增强了创新能力和服务社会能力，初步构建了中国特色的高等教育服务体系。此外，"211 工程"一定程度上直接驱动高校进一步明确了发展定位，提出了研究型或教学研究型目标，尤其是不少高校提出世界一流或国内一流的建设愿景。① 回顾"211 工程"发展历程，可以发现"改革"在其中的重要地位，它事实上推动了我国大学各种深层次改革，有学者把其实施经验概括为"五个坚持"，即坚持重点建设、以学科建设为中心、优质资源共享、科学规划与管理、以改革促发展。②

（二）以创新平台为抓手，打造"精锐部队"

"985 工程"是我国政府为建设若干所世界一流大学和一批国际知名的高水平研究型大学而实施的重大行动。1998 年 5 月 4 日，在庆祝北京大学建校一百周年大会上，时任中共中央总书记江泽民同志表示："为了实现现代化，中国要有若干所具有世界先进水平的一流大学。"1999 年，在国务院批转教育部的《面向21 世纪教育振兴行动计划》中，明确提出"对于若干所高等学校和已经接近有条件达到国际先进水平的学科进行重点建设。后 10—20 年，争取若干所大学和一批重点学科进入世界一流水平"，并以江泽民同志北京大学百年校庆讲话时间命名为"985 工程"。这是当时为止中国高等教育改革和发展过程中所进行的改革力度最大、取得成效最明显、积累经验最宝贵的一次尝试，也是对发展中国家如何在条件比较困难的情况下追赶世界先进水平发展模式的积极探索。

"985 工程"建设总体思路是：以建设若干所世界一流大学和一批国际知名的高水平研究型大学为目标，探索建立高校新的管理体制和运行机制，着重提高高校科技创新能力和国际竞争能力，走中国特色世界一流大学建设之路。建设任务包括机制创新、队伍建设、平台和基地建设、条件支撑和国际交流与合作。建设周期包括：第一周期为 1998—2003 年，率先在北京大学和清华大学实施，共 34 所高校入列，该期的主要目标是启动世界一流大学和高水平研究型大学的建设，探索和积累经验，为后续发展奠定基础；第二周期为 2004—2009 年，根据《2003—2007 年教育振兴行动计划》和《教育部　财政部关于继续实施"985 工

① 莫少群. "211 工程"建设与高等学校的发展定位[J]. 中国高教研究，2012(02)：29-32.
② 唐景莉. 从"211 工程"到"2011 计划"[N]. 中国教育报，2012-10-26(001).

程"建设项目的意见》(教重〔2004〕1号），共有39所高校入列，第二期的目标是巩固一期建设成果，为创建世界一流大学和一批国际知名的高水平研究型大学进一步奠定坚实基础，使一批学科达到或接近国际一流学科水平，经过更长时间努力，建成若干所世界一流大学；第三周期从2010年开始，根据《教育部　财政部关于加快推进世界一流大学和高水平大学建设的意见》(教重〔2010〕2号）启动。其中，一期资金主要用于硬件建设，二期资金主要用于软件即科研创新平台和哲学社会科学创新基地建设，三期资金则主要用于学科和人才队伍建设。

与"211工程"相比，"985工程"建设目标更明确、内涵更全面、改革和投入力度更大，与前者形成了较好的递进、迭代关系。"985工程"以造就一流的学术团队和科技创新平台为重点，打造学科高地，使一批重点建设大学整体实力和水平明显提高，国际学术影响力显著提升。2004年，我国入围世界500强的高校只有8所，到2012年，27所"985工程"大学进入世界500强。[1] 从成效看，"985工程"缩小了我国一批高校与世界一流大学的差距，在人才培养、队伍建设、科学研究等方面都表现出了很强的推动力。"985工程"还撬动了不少地方建设投入，使重点高校发展布局与区域经济发展更加匹配，甚至对不少地方高科技行业发展起到了牵引作用。"985工程"所标识的重点建设模式引起了许多国家和地区的广泛关注和高度重视，其建设思路和模式在国际上起到了引领作用。[2] "985工程"的主要经验被概括为四条：以世界一流水平为标准，坚持中国特色；以服务国家战略为导向，坚持重点建设；以完善体制机制为动力，坚持改革创新；以造就创新人才为目标，坚持科学发展。[3] 通过快速提升学科、人才、平台等建设水平，"985工程"显著提升了高等教育的外延式发展，加速了世界一流大学建设进程。

（三）以内涵发展为导向，打造"全能冠军"

进入20世纪90年代，我国经济社会迅速发展，同时经济全球化不断深化，"211工程""985工程"等项目通过"集中资源、率先突破、带动整体"的思路，充分发挥了社会主义制度集中力量办大事的优越性，带动高等教育整体水平提升。然而，身份固化、竞争缺失以及各种资源配置重复交叉等问题，引发了高等教育

---

① 宗河.重点建设成绩显著　学科建设创造辉煌[N].中国教育报，2013－08－13(003).
② 教育部."985工程"十年建设成效[EB/OL].http://www.moe.gov.cn/s78/A22/xwb_left/moe_843/201112/t20111230_128827.html,2021－08－24.
③ 唐景莉.从"211工程"到"2011计划"[N].中国教育报，2012－10－26(001).

体系的非均衡发展问题。面对经济社会高质量发展的急迫需求，高等教育亟待强化内涵式发展，政府资源投入方式亟待改变，"双一流"应运而生。2015 年 10月，国务院印发《统筹推进世界一流大学和一流学科建设总体方案》，正式启动"双一流"建设，方案确定每五年为一个建设周期，并从人才培养、科学研究、社会服务、文化传承、师资队伍建设、国际合作交流等六个方面阐述了一流大学的内涵。① 2016 年 6 月，教育部宣布废止与"985 工程"和"211 工程"相关的 8 份文件。2017 年 1 月，教育部、财政部、国家发展改革委联合印发《统筹推进世界一流大学和一流学科建设实施办法》（教研〔2017〕2 号）。2017 年 9 月 21 日，教育部、财政部、国家发展改革委联合印发《关于公布世界一流大学和一流学科建设高校及建设学科名单的通知》，其中一流大学有 42 所（含 A 类 36 所，B 类 6 所）。一流学科建设高校为 95 所，一流建设学科 465 个。2017 年年底，北京大学、清华大学等多所一流大学建设高校向社会公布各自的"双一流"建设方案。2018年 8 月 20 日，教育部、财政部、国家发展改革委员会印发《关于高等学校加快"双一流"建设的指导意见》（教研〔2018〕5 号），对高校落实"双一流"建设总体方案和实施办法提出具体指导。

　　2019 年 11 月 28 日，教育部回应"211 工程"和"985 工程"之间的关系时表示：已将"211 工程"和"985 工程"等重点建设项目统筹为"双一流"建设。此外，双一流相关配套政策逐步完善，如保障资金使用方面，教育部出台《中央高校建设世界一流大学（学科）和特色发展引导专项资金管理办法》（财科教〔2017〕126号）；成果监测方面，教育部出台了《"双一流"建设检测指标体系（试行）》（教研司〔2020〕1 号）；绩效评价方面，教育部出台了《"双一流"建设成效评价办法》。"双一流"的诞生引发社会各界广泛关注，有人担心"双一流"建设会是"211 工程""985 工程"的翻版，有人怀疑"双一流"建设名单又将高校分成三六九等，等等。从系列文件及决策层表态看，"双一流"是总结"211 工程""985 工程"实施经验基础上、在新的历史条件下实施的一个全新计划；如果说前两者旨在推动有限的一流、局部的一流、外在的一流的话，那么后者更加注重全面、整体和内涵的一流，这体现为五大改革任务和五大建设任务，共计大学发展的十个方面或维度（本书

---

① 教育部. 教育部　财政部　国家发展改革委关于印发《统筹推进世界一流大学和一流学科建设实施办法（暂行）》的通知［EB/OL］. http://www. moe. gov. cn/srcsite/A22/moe_843/201701/t20170125_295701. html,2021 - 07 - 20.

第2章会具体提及）。从政策目标来看，从"211工程"的"世界先进水平"到"985工程"的"世界一流水平"，再到"双一流"建设的"世界一流行列或前列"，后者目标高度和深度比前两者更高、更深入。从建设范围来看，"双一流"建设确立了适度开放原则，中央高校和地方高校处于平等地位，从大学整体建设和学科建设两个路径鼓励高校特色发展，让更多特色型高水平大学有机会参与遴选并获得发展支持。从绩效评价来看，"双一流"建设积极引入第三方评估，根据评估结果动态调整支持力度，避免以往建设项目实施过程中产生的身份固化和"贴标签"现象，尤其是《"双一流"建设成效评价办法》更强调了内涵建设，将"破五唯"要求贯穿全方位、全过程和各方面。

"双一流"入选高校通过迎接评估评审，更新了办学理念，加强了内部体系（尤其是学科体系）优化整合，释放了发展活力。经过第一轮建设，不少国内顶尖高校与世界一流大学的显性距离进一步缩小，虽然潜在落差仍然巨大。不容忽视的事实是，"双一流"建设以来，高校发展中的许多体制性问题并未得到改观，甚至部分问题还被无限放大了。如高校间比拼硬成果（如教学成果奖、国家科技三大奖、高被引论文），以及互挖高层次人才、重科研轻人才培养等。更贻笑大方的是，"双一流"建设刺激了相关高校加快实现世界一流的巨大冲动，不少高校官方于2020年首轮建设期满时宣布已经建成或接近建成世界一流大学，事实上，大学的发展尤其是内涵式发展是需要一个长期的历史过程的，三五年就"建成罗马"的想法并不现实。

二、被激发的一流热情

《统筹推进世界一流大学和一流学科建设实施办法（暂行）》明确提出，省级政府应结合经济社会发展需求和基础条件，统筹推动区域内有特色高水平大学和优势学科建设，积极探索不同类型高校的一流建设之路。国家"双一流"建设提供的政策示范，有力激发了各地方建设高水平高等教育系统的积极性，进而推动新一轮重点建设支持的高校受益面不断扩大，整个高等教育生态被搅动。

（一）地方一流浪潮迭起

自国家"双一流"建设启动以来，绝大多数省级政府和部分地市级政府都出台了高等教育专项支持政策，力图通过高水平大学建设支撑创新型区域发展。截至2017年年底，全国已有30个省份公布了"双一流"建设方案（参见表0-1）。

总体来看,各地均立足自身情况,采取不同的"双一流"建设策略,分类推进域内高水平大学建设。

表 0-1　省域"双一流"政策方案汇总

地区	时间	文件名	颁布机构
浙江	2014-10	关于实施省重点高校建设计划的意见	省政府
上海	2014-11	高等学校学科发展与优化布局规划(2014—2020 年)	市教育委员会
	2015-12	高等教育布局结构与发展规划(2015—2030 年)	市教委、发改委财政局
北京	2015-03	高等学校高精尖创新中心建设计划	市教育委员会
广东	2015-04	关于建设高水平大学的意见	省委省政府
河南	2015-12	河南省优势特色学科建设工程实施方案的通知	省教育厅、财政厅
贵州	2016-05	关于大力推进区域内一流大学和一流学科建设的实施意见的通知	省教育厅
内蒙古	2016-05	统筹推进国内和世界一流大学一流学科建设的总体方案	区政府
河北	2016-05	统筹推进一流大学和一流学科建设的意见	省政府
江苏	2016-06	江苏高水平大学建设方案	省政府
甘肃	2016-07	统筹推进高水平大学和一流学科建设实施方案	省政府
陕西	2016-08	关于建设"一流大学、一流学科,一流学院、一流专业"的实施意见	省政府
新疆	2016-08	"十三五"重点学科建设方案	区教育厅
天津	2016-09	教育综合改革方案(2016—2020 年)	市教育委员会
云南	2016-09	云南省一流学科建设实施方案	省学位委员会、省教育厅
四川	2016-11	深化高等教育综合改革方案	省委省政府
山东	2016-12	推进一流大学和一流学科建设方案	省政府
宁夏	2016-12	西部一流大学和一流学科建设方案	省政府
安徽	2016-12	一流学科专业与高水平大学建设五年行动计划	省政府

（续表）

地区	时间	文件名	颁布机构
湖北	2016 - 12	关于推进一流大学和一流学科建设的实施意见	省政府
辽宁	2017 - 01	统筹推进世界一流大学和一流学科建设实施方案	省政府
海南	2017 - 01	统筹推进高水平大学和一流学科建设实施方案	省政府
青海	2017 - 01	关于加快推进一流学科建设的指导意见	省政府
湖南	2017 - 02	全面推进一流大学与一流学科建设实施方案	省政府
山西	2017 - 02	实施"1331 工程"统筹推进"双一流"建设的意见	省政府
福建	2017 - 03	关于建设一流大学和一流学科的实施意见	省政府
吉林	2017 - 03	关于加快教育发展的实施意见	省政府
重庆	2017 - 05	关于加快高校特色发展推进一流大学和一流学科建设的实施意见	市政府
江西	2017 - 05	江西省有特色高水平大学和一流学科专业建设实施方案	省政府
广西	2017 - 05	统筹推进一流大学和一流学科建设实施方案	省政府
黑龙江	2017 - 10	统筹推进高水平大学和优势特色学科建设实施方案	省政府

资料来源：作者根据公开资料整理。

从 2014 年开始，部分经济发达省份就开启了"双一流"建设探索，为后续国家和其他地区提供了重要参考。2016 年 3 月，教育部专门举办新闻发布会介绍高水平大学和高水平理工科大学的"广东经验"，不少地区表示要在参考先行地区"双一流"方案基础上构思本地区建设方案。2015 年 10 月，国家层面提出"双一流"建设计划后，各地区陆续发布本地区"双一流"建设政策，高等教育界一时间呈现"千帆竞发，百舸争流"局面，我国高等教育事业发展由此进入了一个新的时代。当前，各省"双一流"建设如火如荼，支持学校和学科氛围空前，国家"双一流"政策的鲇鱼效应正在发生，但是省际政策之间的"剪刀差"、"马太效应"、路径依赖带来的制度惯性需要地方政府警惕和防范①，前后政策衔接及配套政策亟待进一步完善和优化。

① 张伟，张茂聪. 我国"双一流"建设的省际政策比较——基于 26 省"双一流"实施意见的文本分析[J]. 高校教育管理，2018(04)：19 - 26.

　　分层分类支持，引导域内不同类型大学争创一流，是各地区相关政策的重要特点。与"211工程""985工程"不同，"双一流"建设鼓励不同类型高校在不同层次、区域、水平上争创一流，具体实施上大致遵循国家层面的一流大学和一流学科两个层面的推进思路。吉林省根据大学核心职能进行分类，建设方案中将大学分为研究型、应用型和职业技能型。辽宁省根据产业类型进行分类，将大学分为农林医药业类、工业类、现代服务业类、社会事业类。北京市将其分为高水平研究型、高水平特色型、高水平应用型、高水平技能型。浙江省将大学划分为研究为主型、教学研究型、教学为主型与多科性、综合性交叉。江苏省根据隶属关系和办学水平进行分类，将大学分为"双一流"建设部属高校、"双一流"建设省属高校、全国百强省属高校。

　　不同省份"双一流"政策侧重点和关键抓手不同，推进策略和实施路径也不同。有以建设高水平创新平台为着力点，如《北京高等学校高精尖创新中心建设计划》提出要以服务北京和国家创新驱动发展战略为出发点，整合中央在京高校、市属高校和国际创新资源三方力量，打造高精尖中心；有以学科建设为基础，如各省份在"双一流"建设方案中规划了一流学科的数量和周期，其中明确提出建设世界一流学科的地区有河北、辽宁、吉林、内蒙古、河南、海南、青海、江西、四川、江苏、广西、天津，共计建成国内一流学科145个。[1] 此外，各省份一流学科建设规划布局与国家经济发展战略布局紧密结合。各省份的一流学科建设对接区域的传统优势产业、先进制造业、生态环保产业、信息技术产业等。有采取整体推进策略，在不少省份"双一流"方案中将学科、专业、人才、平台等多种要素纳入建设目标或任务当中[2]，如山西提出实施"1331工程"，即推动全省高校"一校一面"特色发展；以"重点学科""重点实验室""重点创新团队"为着力点，推动高校高质量发展；以"协同创新中心""工程技术中心""产业联盟"3个平台建设为路径，促进科技一体、产教融合协同发展。江苏省提出通过深化江苏高校优势学科建设工程、品牌专业建设工程、协同创新计划、特聘教授计划"四大专项"建设，以及支持具备一定实力的大学向高水平和世界一流迈进等组合计划来推动高水平大学建设。

---

① 邹源椋，袁晶.28个省份"双一流"建设方案的文本分析——以一流学科建设的结构布局特点及发展趋向为例[J].中国高校科技，2020(10)：9-12.
② 吴小玮.省域"双一流"建设政策文本的内容分析[J].中国高教研究，2017(08)：56-60.

（二）体制外"一流"再造

近年来，在传统高等教育体系之外，成长起来不少特色型高校，具有很大的社会影响力。之所以谓之"体系外"，主要表现在：超脱于传统的院系——学科框架；不单一依赖于政府的、直接的资金支持；以高水平研究牵引一流人才培养，充分实现科教融合；选人用人及薪酬制度上与国际接轨，等等。西湖大学、南方科技大学、中国科学院大学等就是他们中的典型代表。

西湖大学作为国内第一所民办研究型大学，坚持"小而精、高起点、研究型"办学定位，目标是建成世界一流高等学府。在学科建设上，坚持有限学科，紧紧围绕生命与健康、自然科学、前沿技术方向，办学前期优先建设医学、理学、工学三个学科门类。在治理结构上，实行董事会领导下的校长负责制，并充分发挥党委对学校发展的引导和监督作用。在人才培养上，以博士生培养为起点，采取独特的"寓教于研、兴趣先导、学科交叉"的培养模式。在治校理念上，实行"教授治学、行政理校、学术导向决定行政服务"的治校理念，给予教师充分的治学自由。2020年，浙江省在西湖大学挂牌成立"生命科学和生物医学浙江省实验室"，联通北京大学、上海交通大学及科研院所、科创企业创新资源，围绕生命科学和生物医学打造科研高地，开展代谢与衰老疾病和肿瘤机制研究。处于风口浪尖，西湖大学也招致不少质疑，学校成立之初就定下5年内比肩清华大学、北京大学以及15年内媲美加州理工学院等目标，这显然是违背世界一流大学发展规律的，没有较长时间的沉淀和积累是很难真正"一流"的。此外，浙江省对西湖大学的定位也有多次调整：2018年8月出台的《关于全面实施高等教育强省战略的意见》中提出"支持西湖大学建设高水平研究型大学"；2019年3月全省教育大会提出"推动西湖大学早日建成世界一流新型研究型大学"；2020年3月省教育厅、财政厅颁布的《关于进一步调整优化结构提高教育经费使用效益的实施意见》对西湖大学的定位则去掉了"世界一流"；2021年6月《浙江省教育事业发展"十四五"规划》中重新表述为"支持西湖大学建设世界一流新型研究型大学"，政府定位表述多次调整反映出西湖大学发展路径仍然需要根据国情、省情和社会实际进行不断探索。①

---

① 阙明坤，陈春梅，王华.我国建设新型高水平民办大学的背景、挑战与策略——以西湖大学为例[J].高校教育管理，2020(04)：32-41.

　　南方科技大学是深圳在全面发力地方高等教育体系建设背景下创建的公办创新型大学，以理、工、医、商为主。南方科技大学立足粤港澳大湾区和中国特色社会主义先行示范区"双区驱动"的历史机遇，目标是建设成为聚集一流师资、培养拔尖创新人才、创造国际一流学术成果并推动科技应用的世界一流研究型大学。在人才培养上，率先改革招生制度，采用"基于高考的综合评价录取模式"招收优秀学生，在培养过程中以"学分制、书院制、导师制"和"国际化、个性化、精英化"为核心和特色，大力培养拔尖创新人才。在治理结构上，实行理事会领导下的校长负责制，同时不设任何行政级别。在治校理念上，确立教授治校原则，成立了具有实权的教授委员会和学术委员会。从2012年4月教育部批准建校至今只有短短9年，南方科技大学每一个发展成就都能引发广泛关注，高等教育改革先行者的社会形象逐渐深入人心。① 如今，南方科技大学已经在2021年软科中国最好大学排行榜上位列第41名，同时进入2021软科世界大学学术排名全球前400强，已经成为一个"现象级"一流建设模式。

　　中国科学院大学（简称"国科大"）依托于中国科学院的丰富人才资源和雄厚的科研实力而建立，前身是中国科学院研究生院，于2012年更新为现名。国科大坚持"科教融合、育人为本、协同创新、服务国家"的办学理念，聚力于一流研究生教育，开展精英化本科教育，以科教融合为基本特色。在组织结构上，组建了"国科大—所（院／系／中心）"为主干的"两级管理，所为基础"的扁平化组织结构，学术系统和行政系统以松散的方式分立并存。在人才培养上，将本科和研究生教育无缝对接，创新了以教学科研单位为规划主体，以集中教学园区（教育基地）为实施机构的研究生课程教学环节。② 在师资队伍上，通过建立"岗位教师"和"双聘"制度，促进科研人员与大学教师双向流动，吸引了一大批优秀科学家进入专任师资队伍。③ 依托中国科学院高水平建制化的队伍、良好的科研环境和雄厚的科研实力，国科大是科研机构探索人才培养新路径的有益实践，是对现有高

① 何华宇.智慧和审慎　勇气与担当——南方科技大学校长朱清时院士访谈录[J].高校教育管理，2014（03）：1-6.

② 林彦红.科教融合理念的创新与实践——以中国科学院大学为例[J].研究生教育研究，2015（04）：27-32.

③ 刘继安，盛晓光.科教融合的动力机制、治理困境与突破路径——基于中国科学院大学案例的分析[J].中国高教研究，2020（11）：26-30.

等教育格局的有益补充。①

此外，还有部分发达省份也正在筹建新型研究型大学。2020 年 3 月，广东东莞市发布《市政府一号文 2020 年行动计划》《东莞市民生项目清单（2020—2021）》（东府办〔2020〕20 号），将建设一所高质量、高水平的大湾区大学列为民生项目清单第一位。2020 年 7 月，广东省政府审议通过《大湾区大学办学初步方案》，明确大湾区大学将着力打造成为一所以理工科起步的高水平新型研究型大学，建立起"学校＋科研机构＋龙头科技企业"的"科教产合作共同体"，构建人才培养、基础研究、成果转化全过程合作链条。2020 年 11 月，省市共建的中山科技大学选址最终敲定，定位于理工类为主兼顾文商、研究生教育为主、"小而精"的高水平研究型大学，按照"依托产业、引领产业"原则重点设置新一代信息技术、健康医药、物联网、光学工程、人工智能等学科。2021 年 1 月，根据宁波镇海区政府官网发布的《区政府 2020 年 12 月份工作总结》，东方理工大学正开展建设及相关产业落地工作，定位为理工类新型研究大学。由宁波市睿仁荣教育基金会创办，聚焦信息产业与新一代科技革命前沿应用，布局微电子学、人工智能、信息与通信工程等学科研究及交叉学科研究。作为东方理工大学的先行载体，"东方理工高等研究院"定位于社会力量举办、新型非盈利高端科研机构。2021 年 5 月，福建省新增福耀科技大学，由河仁基金会出资设立，将借鉴欧洲、尤其是德国的办学方式，实行错位办学，培养产业工匠式的领导人才。

习近平总书记在 2020 年 9 月 11 日举行的科学家座谈会上强调，"要加强高校基础研究，布局建设前沿科学中心，发展新型研究型大学"。《中华人民共和国国民经济和社会发展第十四个五年规划和 2035 年远景目标纲要》提出"支持发展新型研究型大学、新型研发机构等新型创新主体，推动投入主体多元化、管理制度现代化、运行机制市场化、用人机制灵活化。……分类建设一流大学和一流学科，支持发展高水平研究型大学"。所以，新型研究型大学已经被列入国家发展全局进行考虑，可能在未来得到较快发展。新型研究型大学以及其他体制外高校，在组织结构、体制机制、办学模式等方面与传统高校有显著区别，这些创新和探索或许能破除高校发展的"路径依赖"，为培养创新型人才、破解关键科学技术难题提供新方案。

---

① 陈念宁，谢勇. 中国科学院高等教育办学历史回顾与评析[J]. 中国科学院院刊，2021(01)：97-103.

（三）创造知识还是"发展"冲动

当代，高等教育与经济发展水平之间呈现愈加直接的联系，后者为前者发展提出更高需求，同时也给前者发展提供了重要机遇。进入21世纪以来，中国高等教育版图正在不断被改变，经济动因已经远远超越政府行政布局力量，包括高层次人才的流动、一流大学延伸机构的流动甚至优质生源的流动，都呈现出经济发达地区的"虹吸效应"。广东（尤其深圳）、江苏以及青岛、杭州、合肥等发达地区或者愿意为高等教育"砸钱"的地区，正吸引更多的高水平科教机构落地。这方面的最新动向包括西北工业大学到江苏太仓办异地校区，兰州大学落户江苏南京设立"航空集成电路与新材料研究院"。不可否认，在这个过程中，落地的高等教育机构和落地地区实现了"双赢"，前者获得了发展资源，后者实现了创新资源集聚和区域文化品位提升。只是，对于流出地来说，优质科教资源的流失将损害经济社会发展的追赶能力，这种从西到东、从北到南的单向流动，将进一步拉高地区间本就存在的巨大差距。

这就带来了一个重大问题，基于自由选择的科教资源流动，究竟是知识创造的客观必需，还是大学及地方发展冲动下的非理性选择？从不同角度，对于这个问题的答案可能是不同的。一种观点认为，现代社会经济增长的源泉是由知识或人力资本积累所引起的技术进步，而高等教育是推动科技进步和人力资本投资的主要形式，在国家发展中作用巨大①。一方面，以深圳为代表的发达地区通过增加高等教育投入，汇聚了大量域内外高教资源，最终形成人才资源及其他创新资源的集聚，有利于在竞争中获取优势。另一方面，如前所述，当前大学运行需要的资金支持远非以往可比，发达地区雄厚的财力为大学运行提供了重要保障，由此，"联姻"势在必行。另一种观点则认为，目前高校面临严格的"双一流"指标考核与激烈的院校间竞争，将资源向发达地区流动不过是重压之下高校体量的外延扩张，并没有实现真正的内涵式发展。②

实际上，或许有部分高校仅仅是瞄上了发达地区的经济回报，而罔顾大学文化传承、品牌价值保持和远距离协同成本增加，从长远来看并非理性选择。地方借助政策和地利优势实现了短期内集聚科教资源的"面子工程"，却不能同步实

---

① 赵树宽，余海晴，刘战礼.高等教育投入与经济增长关系的理论模型及实证研究[J].中国高教研究，2011(09)：11-15.
② 王文龙.中国高校异地办学的类型、原因与利弊分析[J].北京社会科学，2020(06)：28-36.

现高等教育与地方发展的深度协同。或许问题还有另一面，即短期内快速引进域外高教资源，带来了巨大的经济压力，也对本地高教生态带来了负面影响。无论如何，地区间的高等教育资源流动可能无法避免，虽然有几年前"不鼓励东部地区高校从中西部、东北地区高校引进人才"以及 2021 年"不鼓励、不支持高校跨省异地办学"等政策规范，但巨大的利益冲动不是一两个文件就能打消的。

三、冲击世界一流的中国道路

到 2035 年，我国将基本实现现代化，跻身创新型国家行列，并到 21 世纪中叶建成富强民主文明和谐的社会主义现代化强国，实现中华民族伟大复兴。"双一流"建设对提升我国高等教育综合实力和国际竞争力意义巨大，是建设教育强国、科技强国的必然选择。从 1998 年提出"要有若干所具有世界先进水平的一流大学"到今天，我们追逐世界一流的脚步从未停止，从"211 工程"到"985 工程"，再到"双一流"建设，中国一直在攀登"世界高等教育高原"的"珠穆朗玛峰"。在中国走向世界舞台中央的过程中，在中国特色社会主义制度不断得到全球承认的当下，"中国特色、世界一流"的"双一流"建设必将引起全球瞩目，也必然为人类社会进步做出贡献，进而在世界高等教育历史上留下璀璨一笔。

随着经济、科技、教育、文化等国际竞争日趋激烈，各国把建设世界一流大学作为重要抓手，借以提升全球竞争力。从建设路径来看，不外乎三种：一是择优建设少数现有的具有实现一流潜力的大学（即择优式）；二是鼓励现有的一些大学合并，通过协同合作发展成为世界一流大学（即合并式）；三是从头创建新的世界一流大学（即新建式）。[①] 就中国实践来看，基本上是第一种模式为主、第三种为辅，第二种模式已经基本上退出历史舞台。截至 2015 年，先后有 30 多个国家和地区出台了具有本国（地区）特色的"世界一流大学创建计划"，[②]其中既包括发达国家，如德国的"卓越倡议"、法国的"卓越大学计划"、韩国的"BK21 - PLUS 工程"和"世界高水平研究中心大学建设计划"、日本的"21 世纪 COE 计划"与"全球 COE 计划"等；也包括不少发展中国家，如印度的"卓越潜力大学"计划和"创新大学"计划，俄罗斯的"5 - 100 计划"和"联邦创新型大学计划"、中国的"双

① Jamil Salmi,刘念才. 建设世界一流大学之路[A]. 王琪、程莹、刘念才主编,世界一流大学：国家战略与大学实践[C]. 上海：上海交通大学出版社,第 3 - 4 页.
② 刘宝存,张伟. 国际比较视野下的创建世界一流大学政策研究[J]. 比较教育研究,2016(06)：1 - 8.

一流"建设等。相关国家世界一流大学建设计划的具体内容，将在本书第一章中呈现。

我国"双一流"建设自 2016 年开始实施，至今已有六年。纵览各国相关政策动议，"双一流"建设力度无与伦比，各地方、各高校的建设热情已经被充分调动，在一些显性指标上正在实现快速追赶。阶段性建设成果包括学科结构不断优化、队伍水平不断提升、人才培养成效显著、科研和社会服务能力不断提升、文化建设有序推进、国际交流合作持续开展等。[①] 2020 年下半年，先后有 26 所"双一流"建设高校向社会公布首轮"双一流"建设自评和专家评议结果，其中清华大学称"已经全面建成世界一流大学"，北京大学称"全面实现了'双一流'建设近期目标"，中国人民大学称"整体进入世界一流大学行列"，北京航空航天大学称"高质量全面完成了各项建设任务，具备了世界一流大学的主要特征"等等。

从公开资料看，我国"双一流"建设成效比较显著，但也有不少学者也从多个角度论证了我国大学整体实力与世界一流大学仍存在不小差距的事实。从世界大学排名情况来看，根据 ARWU、QS 和 THE 近五年排名，我国大学在人才培养维度上进步较小，在科学研究维度上出现了两极分化的现象，国内顶尖大学如清华大学、北京大学在卓越研究和国际化维度上仍有一定差距。[②] 从大学自身汇报成绩情况来看，存在过于注重罗列数字和典型，缺乏深刻的经验总结和思想性的提炼，深层次、基础性、颠覆性的科研成果少等问题，且多把问题归功于客观原因。[③] 所以，中国一流大学距离世界一流大学究竟有多远，以及还需要多长时间才能真正实现世界一流，从不同角度会得到不同答案。深刻的认识可能需要全景的把握，客观数据只是一个侧面，潜藏在表象之下的发展态势、治理结构、学术文化等，可能更能决定一所高校在这场"一流竞争"中的最终胜率。

无论是部分维度上的快速进步，还是在表征根本性质量上的差强人意——正如在本书第七章中所呈现的，我们都需要反思走过的路。其中，探讨中国顶尖大学快速成长的"密码"，并从中探究中国高等教育发展的经验范式则尤为必要，

---

① 高耀，王莉莉."双一流"建设的阶段性成效评估与问题剖析——基于 36 所高校《"双一流"建设 2018 年度进展报告》的内容分析[J].中国人民大学教育学刊，2020(04)：96-116.

② 赵江涛，胡华.世界大学排名视域下我国"双一流"高校的建设成效与差距[J].高教探索，2021(07)：27-33.

③ 瞿振元，张炜，陈骏，郝清杰，林梦泉，王战军，秦惠民.深化新时代教育评价改革研究（笔谈）[J].中国高教研究，2020(12)：7-14.

所以我们可以从大学、高等教育两个角度来"刻画"这个内在规律。

宏观的高等教育体系之核心问题在于处理高等教育与社会系统之间、政府与高等教育之间以及中央政府与地方政府之间在举办高等教育上的关系。近几十年的高等教育是以改革为起步(以 1985 年颁布的《中共中央关于教育体制改革的决定》为代表),并以持续的改革为根本推动力的,如图 0-1 所示。同时,在阶段性重大政策推动下,高等教育不断嵌入经济社会发展的大循环,并最终实现需求牵引发展的逻辑特征。政府除了给予高等教育强大的制度保障外,还通过不断强化资源投入来"拔出"高等教育体系中的"先进分子",进而实现总体繁荣。而随着与社会之间距离的拉近,以及面向社会办学的基本面塑造,高等教育在利用社会化资源方面取得显著进步。随着国际化水平不断提升,中国高等教育嵌入了全球高等教育系统,进行着创新要素的频繁流动。其中,中外合作办学、企业办大学(并不一定是"University")、社会力量办大学等形式,以及广泛存在的异地分校或校区、大学地方研究院等,都在填补高等教育资源供给总体不足方面扮演了重要角色。上述体制外机构,与一些新体制高等教育机构(如中国科学院大学)一起,构成了中国高等教育体系更新的基本图景。

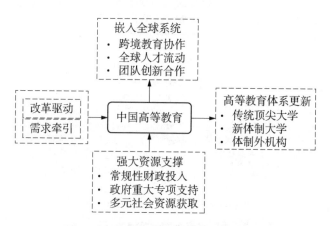

图 0-1　中国高等教育发展的基本范式

再具体来看大学层面,如图 0-2 所示。在急剧变革的时代,领导力对于中国一流大学建设具有根本性意义,因为能否形成集中统一、高质高效的领导核心以及治理体系,关系能否及时地抓住重要机会而实现跨越式发展,以及能否维护好公共关系。显然,即便是部属高校或中央直管高校,依赖于中央政策的支持,也不能脱离地方/行业发展环境，这也是其敏于外部需求并获得合法性的重要方面。如在社会主义新农村建设、西部大开发、脱贫攻坚及乡村振兴、破解"卡脖子"关键技术、"讲好中国故事"等历次重大政策倡议下，以及在地方重大政策行动（北京市的"北京高等学校高精尖创新中心"建设计划、广东省的"高水平理工科大学"建设计划）中，大学都能普遍地跟进并实现举措创新，进而实现了一流建设的加速度。事实上，一流大学与社会之间的紧密互动已经在塑造其发展的总体面貌。比如，大学的学科结构调整就一定程度上反映了社会需求的变化，而类似地方合作处、发展联络办等部门的建立也与此有同样的逻辑。无论如何，本书也认为，大学的根本使命依然在于自身的学术性发展，即从事原始意义上的知识生产，进而围绕声誉提升来获得长久的、可持续的生存空间。这就是一流大学的"发展内核"，主要包括会聚拔尖人才、开展高水平研究、培养高质量人才及其深层次的传承卓越文化，是一所中国大学最可持续的重要因素。

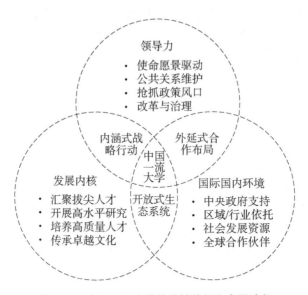

图 0-2　中国一流大学的关键特征和发展路径

四、本书的主要内容

在高等教育、科学研究、产业变迁、社会治理等方面的百年未有之大变局背景下，本书着眼于宏观层面的政府政策和中观层面的院校实践，描绘我国大学追求世界一流的历程、经验和前景，并尝试提炼其背后蕴含的高等教育发展规律和世界一流大学建设规律，为高等教育研究者、院校和政府政策制定者提供参考，同时为关心一流大学建设的社会公众提供基本素材和观察视角。

本书共包括三篇内容。

第一篇为"动议与梦想"，描绘国内外世界一流大学建设政策全貌。包括"绪论"和第一、二章。

"绪论"概览 20 世纪后期以来我国奋力打造世界一流大学的政策历程及其社会影响，并尝试提出我国高等教育发展和一流大学建设的基本范式。

第一章以全球为视界，主要描述进入 21 世纪前后，全球各国启动的"世界一流大学"（或 TOP 大学）建设动议，重点阐述这些动议提出的背景、内容、成效及存在的问题或争议，同时提出了线性演进的一流和强势推动的一流两种路径。关注范围包括美国、欧洲、东亚等国家和地区。

第二章以历史为主轴，回顾新中国成立以来中国追求一流大学的政策历程，客观评价重点建设行动成效，并提出新时期新阶段一流建设政策的优化方向。

第二篇为"改革与发展"，呈现我国世界一流大学建设的总体状态。包括第三、四、五章。

第三章以学科会聚为侧面，阐释学科会聚的基本理念，总结国内外一流大学推进学科会聚并进而实现一流发展的几种路径，展示了四所世界一流大学在应对重大创新挑战中的学科会聚表现，最后映照我国一流大学推动学科会聚的前景。

第四章以国际化为中心，进一步明确国际合作与交流是大学自中世纪以来的鲜明特征，呈现我国一流大学在人员往来、科学研究、国际化实体建设等方面快速提升国际化水平的主要表现，阐释国际化牵引世界一流大学形成的基本逻辑，并展望实现以我为主的国际合作格局的前景。

第五章以浙江大学为案例，把浙江大学视为中国顶尖大学群体追求一流并实现快速进步的一个缩影，展示其并校发展 20 年历程的典型意义，尝试给出大学变革的中国范式，最后展望面向未来的中国特色世界一流大学发展战略。

第三篇为"反思与展望"，探究我国世界一流大学建设的是非功过。包括第

六、七、八章和致谢。

第六章以发展障碍为靶向，择其扼要阐述阻碍一流实现的沉疴痼疾及深层次矛盾，尤其是以学科为基本单元的资源配置机制，各种良好初衷的改革举措流于无形，以及全社会科学精神缺乏对大学校园的渗透等。

第七章以绩效表现为侧面，以若干表征高等教育发展总体水平和院校水平的重要指标为基本依据，综合判断我国世界一流大学建设政策的成效，并审视其在质量表征上的差距及导致这种状况的评价因素影响。

第八章以终极追问为落脚，溯本求源，尝试回答几个涉及中国一流大学建设中的根本性重大问题：一流大学目标是否可以单纯靠"谋划"而实现、大学还是不是居于社会中心、大学发展与社会发展谁是因谁是果、是不是大学群体的一流才是真正我们需要的一流等。

最后是致谢，同时总结本书撰写过程及不足。

第一章
风靡全球的一流大学建设动议①

    题记：进入 21 世纪,全球许多国家和地区,不论是发达国家(如德国、法国、澳大利亚、加拿大,美国除外),还是后发追赶国家(如印度、马来西亚、俄罗斯)以及新兴发达国家及地区(如韩国、中国香港、新加坡),甚至在全球大学排行榜上寂寂无名的小国(如波罗的海国家丹麦),都启动了建设"世界一流大学"(或 TOP 大学)的动议,并给予大量资源投入。其背后,有重塑高等教育辉煌历史的心理诉求(如德国),也有支持本国经济社会发展的现实考虑(如中国)。虽然总体上这些一流动议尚未从根本上改变世界一流大学群体的总体格局(如汇聚顶尖大学的美国一家独大),这说明一流大学的实现非能一蹴而就,但作为全球高等教育发展的重要趋势,依然值得关注。本章关注部分国家的一流大学建设动议的背景与内容、进展与成效,展现风靡全球的世界一流大学进程。

    进入知识经济时代以来,国家间竞争已主要表现为人力资本竞争,尤其是高水平人才竞争。世界一流大学是培养高水平人才、产出重大创新成果的主要机构,加之世界大学排名话语体系的推波助澜,越来越多的国家和地区启动世界一流大学建设动议并施以重大资源投入。这其中既有老牌资本主义国家的重要动议,如德国的"卓越倡议"、法国的"卓越大学计划"、韩国的"BK21 - PLUS 工程"、日本的"21 世纪 COE 计划"与"全球 COE 计划"等,也包括不少新兴发展中国家的重要动议,如俄罗斯的"5 - 100 计划",以及我国正如火如荼开展的"双一

---

① 本章撰写组：吴伟、何秀、臧玲玲等。

流"建设等。虽然各国在政治、经济、科技、教育等方面的体制差异较大，但在建设"世界一流大学"战略上却呈现惊人的相似。

一、一流的线性演进

如果说我国近现代高等教育与中国古代私学、书院等并无直接联系的话，那么西方国家近现代高等教育的形成则完全是个一脉相承的历史过程，这可能与华夏文明呈现出的顽强的历史延续性恰恰相反。中国近现代高等教育至少经历了洋务运动、民国西学东渐（主要是美、日、德）、新中国成立后全盘学习苏联以及改革开放后努力向美国看齐等若干次历史转折，当前正在探索中国特色社会主义制度下的世界一流大学范式，即"立足中国大地办大学"。而欧美发达国家则不是这样，虽然世界高等教育中心经历意大利→英国→德国→美国等多次迭代转移，但至少自 1088 年意大利建立第一所现代意义上的大学——博洛尼亚大学以来，西方大学渐进性演变的历史逻辑就一直存在。

20 世纪以后，美国成为全球高等教育中心，其在世界一流大学版图上的地位不断强化并最终形成压倒性优势，部分顶尖研究型大学被视为"世界一流"的样板。但不难发现，在美国一流高等教育系统形成过程中，政府强力干涉尤其是重金投入的色彩并不明显，大学更多是在与社会的深层互动中达至一流。美国高等教育历史上唯一一次的政府大规模行动就是 19 世纪后半叶的赠地学院运动，即政府以土地财政手段支持州立高等教育机构发展，只不过这种行动并不直接，也不"强力"，所以其结果仍然可被视为一种"自然生成"。

美国独立后掀起了长达一个世纪的西进运动。随着西进运动的推进，耕种面积不断扩大，农业劳动力严重缺乏。在实用主义教育思潮盛行背景下，为培养社会发展所需的农工专业人才，时任美国总统林肯于 1862 年颁布《莫雷尔法案》。法案规定：联邦政府根据各州的议员数目，拨给每位议员 3 万英亩的赠地，各州应用赠地开办或资助农业和机械工艺学校。[①] 各州纷纷根据法案创建赠地学院，《莫雷尔法案》实施后有 28 个州单独设置了农工学院，其余的州则将土地拨给已有的州立学院成立州立大学或在现有州立大学内增设"赠地学院"，

---

① 杨九斌，卢琴. 艰难中的卓越：《莫里尔法》后美国赠地学院之嬗变[J]. 教育学术月刊，2021(02)：12－19.

但赠地学院在发展初期困难重重。为了扫清发展障碍和巩固实施效果,美国政府又通过了《哈奇法》(1877)、《第二莫里尔法》(1890)、《史密斯—利弗法》(1914)等系列法案。这些法案对美国高等教育系统和社会发展产生了重大而深远的影响,强化了高等教育的社会服务职能,使美国大学群体得以从社会边缘走向社会中心,推动了经济发展和社会进步。在此期间,受到多种高等办学思潮影响,美国第一所研究型大学——约翰·霍普金斯大学创立。《莫雷尔法案》及赠地学院的发展实现了高等教育教学、科研与社会服务的有机统一,实现了高等教育理念的革命性突破,其中的威斯康星大学、伊利诺伊大学,以及麻省理工学院(1865)、康奈尔大学(1868)、普渡大学(1869)等赠地院校更是成长为世界一流大学。

美国世界一流大学真正崛起起于二战阶段。二战的爆发对美国军事研究提出了巨大挑战,这同时也提供了大学参与研究的机会。如麻省理工学院、罗彻斯特大学承担雷达研制项目;哥伦比亚大学、伯克利加州大学、芝加哥大学、明尼苏达大学、威斯康星大学、哈佛大学、康奈尔大学等承担原子弹研制的核心研究工作;加州理工学院承担固体燃料火箭研制工作;约翰·霍普金斯大学承担无线电引信雷达研制工作。[①] 接受联邦政府资助,加快发展战时急需领域,提升了研究型大学科研能力,也开启了政府大规模支持高等教育的先河。1958 年,为回应苏联人造卫星发射成功的国民关切,美国政府颁布《国防教育法》,把国家安全保障同高水平大学建设紧密联系起来,以立法形式把支持高水平大学发展确定为国家行为。[②] 需要指出的是,二战前后联邦政府对部分研究型大学的特殊支持,并不能视为一流大学"自然生成"的反例,因为彼时联邦政府并无打造世界一流大学的主观动机,更未建立相应的制度框架,它只是客观上为若干大学成长为世界一流大学提供了重大机遇。

与此同时,美国大学自身也敏锐地把握住了外部发展机遇,在学习借鉴英国、德国等国的先进办学理念基础上实现了跨越式发展。历史悠久的哈佛大学起初是以英国式的本科生学院为蓝本,模仿牛津大学、剑桥大学而建立,19 世纪初在面临科学技术飞速发展和工业革命兴起冲击之下进行改革,把英国大学传统和德国大学经验进行本土化创造,经过艾略特、劳威尔、科南特等几任校长锐

---

① 廖雅琪. 美国研究型大学对我国一流大学建设的启示[J]. 高教探索,2006(03):68 - 70.
② 李菊琪. 传承、创新与个性化:美国一流大学跨越式发展道路[J]. 复旦教育论坛,2006(03):34 - 37.

意改革，焕发出勃勃生机。哈佛大学继承了欧洲大学特别是柏林大学"大学自治""学术自由"的先进理念，并将实用主义理念贯彻到课程改革和教育管理之中，如设立本科生院、增加专业研究生院、建立选修制度和学分制度，以及提倡"融合人文教育与科学教育于一体"的通识教育等。斯坦福大学在成立之初表现并不显眼，直到二战后抓住与政府合作机遇，通过与工业界深入互动和产业化办学而跃居世界大学前列。卡内基·梅隆大学则敏锐地觉察到信息与计算机科学的发展前景，于1975年创办了计算机科学系，将信息与计算机科学作为发展重点和本校特色，且尤为重视跨学科研究，快速跻身世界一流大学行列。

　　进入21世纪以来，美国高等教育依然占据中心位置，但显然已经觉察到全球竞争的愈发激烈和自身一流垄断地位的危机。美国前教育部部长阿恩·邓肯在州高等教育执行官员协会年会上指出：现在不是固步自封的时候，一些高绩效的国家在教育方面正在赶超我们。[①] 虽然官方文件较少见到"世界一流大学"相关提法，也不存在正式的、一贯的"世界一流大学计划"，但这并不意味着没有世界一流大学建设的动议。[②] 当然，这种动议更多地是一些潜藏和分散在国家战略框架中的具体措施，并被置于创新竞争力提升、人才培养及留住、国家总体安全等视域下。2005年，美国教育部部长玛格丽特·斯普林斯敏锐感知到其他国家对美国的赶超，首次提出"国家综合战略"的概念，通过成立高等教育未来委员会来具体设计战略方案。在其大力推动下，美国教育部出台了"美国高等教育行动计划"，正式实施高等教育"综合国家战略"[③]。面对美国中小学生数学、科学和外语知识普遍不足以及高等教育竞争力下降的现状，2006年总统小布什发起"美国竞争力计划"，旨在通过强化从幼儿园到高等教育机构的数学、科学和外语教育与研究，落实学生资助、研发资助、高质量师资培养等措施，增强教育基础并进而提升国家竞争力。计划的核心在于加强联邦研发活动资助，特别是增加美国国家科学基金会（NSF）资金注入，主要用于研究型大学基础研究和有潜力

① Arne Duncan. The Coming Crossroads in Higher Education [EB/OL]. https://www.ed.gov/news/speeches/coming-crossroads-higher-education, 2020-02-10.

② 事实上，我们可以从当今美国公立大学（无论公立或私立）的办学资金来源来佐证这一点。美国优秀公立大学收入中来自州政府的只占很小一部分，如伯克利加州大学这部分收入只占其总收入的13%，密歇根大学只占9%，而弗吉尼亚大学则低至6%。参见：杜宁凯. 世界一流大学的未来[J]. 刘清伶、陈铸芬，译. 清华大学教育研究，2016（02）：1-5.

③ 陈超. 美国的世界一流大学战略与启示[J]. 中国高教研究，2008（11）：48-50.

的应用研究。① 随后颁布的《学术竞争力资助法案》(*Academic Competitiveness Grants*)、《确保天才进入国家数学和科学领域的资助法案》(*National Science and Mathematics Access to Retain Talent Grants*)和《美国竞争法案》(*America Competes Act*)等为竞争力计划全面实施提供了坚实保障。

2012 年,美国国家研究委员会(NRC)与 NSF、美国国家工程院(NAE)所做政策导向性报告《研究型大学与美国未来:与国家繁荣与安全密切攸关的十项突破行动》(*Research Universities and the Future of America: Ten Breakthrough Actions Vital to Our Nation's Prosperity and Security*)②,这是进入 21 世纪以来美国高等教育史上具有里程碑意义的一份重磅报告。其中提到的十项突破性行动包括:①联邦政府给予研究与发展活动及研究生教育以稳定的资助,保障知识和人才供给;②给予公立研究型大学更大自主权,并推动州政府对州立大学的支持上升;③以商业模式引导研究型大学知识转化过程,缩短创新周期;④改进大学的运行效率和产出,为资助者提供更大的投资回报;⑤在国家优先领域设立资助研究型大学的"战略性投资计划";⑥政府以一致(从所有联邦资助机构到所有公立与私立大学)且透明的方式资助科研全过程的全部费用;⑦减少会降低行政效率的规章与约束;⑧通过提高完成率、缩短教育年限、扩大学生资助等方式增加研究生教育的吸引力;⑨保障多样性基础上强化 STEM 教育;⑩确保美国从国际学生和学者中受益,加大签证和绿卡力度。

与美国一流大学自然生成逻辑相似的是英国。但在这个逻辑之下,有一个显著不同:政府对高等教育发展的干预相对美国要强,虽然这种干预并不是以新增大规模资金投入来体现的。

如今,在不少全球大学排行榜上,英国顶尖大学数量长期仅次于美国,而最顶尖的前十名常常被美英两国瓜分,其大学群体水平可见一斑。英国大学史可以追溯到 800 多年前成立的牛津大学,演变至 16 世纪,建立了包括牛津大学、剑

---

① 陈超. 维持世界卓越:"美国竞争力计划"与"综合国家战略"[J]. 清华大学教育研究,2008(03):72 - 77.

② National Research Council. Research Universities and the Future of America: Ten Breakthrough Actions Vital to Our Nation's Prosperity and Security [R]. The National Academies Press,2012. https://s3. wp. wsu. edu/uploads/sites/618/2015/11/Research-Universities-and-the-Future-of-America. pdf.

桥大学在内6所大学，这些大学被称为古典大学。^① 古典时期的大学享有充分的自治权，具有私人捐资兴学传统，但受教会控制，其功能表现为面向宗教人士提供精英教育和贵族教育。19世纪工业革命蓬勃发展，古典大学因其组织管理效率低、学费昂贵、教学方法因循守旧而无法满足新需要，牛津大学、剑桥大学沦为阶级的保留地，只是训练地主贵族进入政界和为英国国教培养圣职人员的场所，对于国家发展无足轻重。^② 在此背景下，兴办近代大学的运动开始出现。在功利主义思想影响下，一批城市学院出现，最有代表性的是1826年成立的伦敦大学。这些大学招生不受宗教信仰的限制，实行走读制，多由地方捐资兴办，与城市发展联系紧密，尤为重视技术科学。城市学院的出现打破了古典大学垄断英国高等教育的历史，改变了精英教育价值取向。与此同时，古典大学受到影响也开始慢慢转变，牛津大学、剑桥大学增设近代学科，自然学科成为主要学科，建立荣誉学位制度和导师制度，创设克莱伦顿和卡文迪什等著名实验室。

进入20世纪，尤其是第二次世界大战以来，美国、德国等新兴资本主义国家发展迅猛，在很多方面超过了英国，英国深感自身在技术教育方面处于劣势，加之人口的增加和中等教育的扩张，英国大学开始扩张性发展。在实业家和政治家的推动之下，诞生了一批红砖大学，这些大学或是由一些机构改组而来，或是脱胎于原来的城市学院，在推动地方经济发展中起到重要作用。1919年，大学拨款委员会成立，标志着国家正式干预高等教育，其成为政府和大学之间矛盾的"缓冲器"。1963年，英国颁布教育改革法案《罗宾斯报告》(*Robbins Report*)，该报告提出了著名的"罗宾斯原则"，即"应为所有在能力和成绩方面合格的、愿意接受高等教育的人提供高等教育课程"，这标志着英国高等教育正式从精英教育进入大众化阶段。英国高等教育从理念到实践的全面翻新，也使英国大学从传统模式走向现代模式，进入大发展时期。1965年，英国政府开始推行高等教育"二元制"，通过创建30多所多科技术学院，进而构成与传统大学定位迥异、相互补充的职业性、应用型、大众化的教育部门。20世纪80年代初，由于英国经济低迷，通货膨胀严重，政府大幅度裁减对大学的资助经费。1987年4月，英国政府发表《高等教育：应对新挑战》(*Higher Education：Meeting the Challenge*)

---

① 周凌.英国现代高等教育发展对我国"双一流"建设的启示[J].中国高教研究，2017(11)：86-90.
② 王承绪.英国高等教育发展的历史和现行体制述略[J].教育论丛，1983(02)：54-66.

白皮书,特别强调为经济发展提供服务,与工商业建立密切联系,以及公布了《大学学术标准》(*Code of practice for the assurance of academic quality and standards in higher education*),从而确保了教学与研究质量。1992 年,《继续教育和高等教育法》[*The Further and Higher Education(Scot-land）Act 1992*]的通过成为英国高等教育体制结构改革的分水岭,"单一化"改革随之启动,34 所多科性技术学院及一些其他学院脱离地方教育当局管辖,升格为大学,并建立起公平竞争的市场规则,将大学进一步推向市场,于是产生了一批像沃里克大学那样被伯顿·克拉克所称颂的"创业型大学"。①

近十年来,为更好应对经济全球化进程加速、智能时代带来的高等教育新需求等一系列挑战,英国政府大力推行高等教育改革。如 2017 年 4 月发布《英国高等教育和研究法案》(*UK Higher Education and Research Bill*),核心内容包括:改革高等教育运行管理体制,强化以研究卓越框架(REF)为导向的高等教育机构研究与创新,全面推行以教学卓越框架(TEF)为标志的"以学生为中心"的教育评价保障机制,改革高等教育市场准入和竞争机制等。该法案全面强化了政府对高等教育的宏观引导,被业界称为继《罗宾斯报告》之后英国高等教育发展史上又一具有里程碑意义的法案,至少决定了未来二十年高等教育发展的基本态势。此外,英国政府还先后发布实施了《英国科学和创新发展战略》(*Our Plan for Growth：Science and Innovation*,2014 年 12 月)、《英国国际研究与创新战略》(*UK International Research and Innovation Strategy*,2019 年 5 月),从基础科学、前沿研究、科学基础设施建设、创新合作、国际协同、创新知识平台构建、高教评价、人才国际化等多个方面,全面助推英国高等教育发展。② 可以说,"一法案两战略"为英国高等教育提供了很好的战略支持和制度保障,将进一步强化英国高等教育的世界一流地位。

二、一流的强势推动

与英美等发达国家世界一流大学形成更多遵循自然生成逻辑不同,不少亚欧国家的世界一流大学建设属于后发追赶型,即这些国家意识到建设世界一流

---

① 张红霞.英国世界一流大学发展漫谈[J].华东师范大学学报(教育科学版),2016(03):9-12.
② 单鸿波.英国世界一流大学战略规划的共性及思考[J].中国高等教育,2020(09):62-64.

大学的重要性和急迫性，希冀通过多种激励和支持措施推动本国大学向世界一流迈进。这种"重要"和"急迫"，既有来自本国经济社会发展的现实需求，也有来自提升创新竞争力和高等教育全球话语地位的综合考量。虽然政府在这些后发追赶型国家的世界一流大学建设中扮演了重要角色，但是由于各国政治经济体制、高等教育传统与现状等差异，其措施与成效亦略有不同。

（一）德国"卓越计划"

19 世纪中叶至 20 世纪初，德国处于世界高等教育中心和科学研究中心位置，其高等教育理念、结构和模式对世界各国产生了重要影响，尤其是柏林大学的成功创办使德国大学成为许多国家争先效仿的对象。二战后，德国大学逐渐走向衰落，为英美大学所超越。21 世纪初，面对经费预算停滞不前、学生数量不断增加和博洛尼亚改革不畅等困境，加之日益激烈的国际竞争，德国开始实施极具针对性的政策倡议来大力推动高等教育机构卓越化发展。

时任德国联邦政府教育与科学研究部部长的布尔曼提出精英大学计划，即在德国打造数所同美国哈佛大学和斯坦福大学一样的顶尖大学，这在当时引起巨大争议，因为精英一词与德国传统上主张教育均等理念相背离。经过多方博弈，联邦和州政府于 2005 年 6 月根据《基本法》92b 款，通过了"联邦及各州促进德国高校科学与研究的卓越计划"，简称"卓越计划"（*Exzellenzinitiative*）。卓越计划强调绩效竞争，旨在可持续地加强德国作为科学基地的地位，提高德国国际竞争力并凸显大学和科学界优势。2006—2011 年为"卓越计划"一期建设时间，资助资金为 19 亿欧元，2012—2017 年为二期建设时间，资助资金增至 27 亿欧元。46 亿欧元的建设资金 75％由联邦政府提供，25％由大学所在的州政府负责筹措。

"卓越计划"资助项目主要有三个：一是研究生院（Graduiertenschulen），资助研究生院项目来为优秀博士生创设良好的研究环境，从而培养一批面向未来的青年科学家。实际上就是支持部分大学的研究生培养平台建设。二是卓越集群（Exzellenzcluster），鼓励大学建立具有国际知名度和富有竞争力的科研和培训机构，进而使大学能积极与企业、科研机构、其他大学等开展广泛合作。卓越计划要求卓越集群应当成为大学战略规划的重要组成部分，也为处于职业生涯早期的专业研究人员提供良好的训练环境。相当于面向科技前沿和国家重大需求，打造跨学科交叉研究平台。三是战略构想（Zukunftskonzepte），即资助若干大学的"发展蓝图",旨在推动受资助大学发展优势学科,提升国际竞争力,进而成为世界顶尖大学。这三个资助项目规模不同,资助功能不同,但又相互联系,以助于消除德国大学系统结构性缺陷。[①]

　　"卓越计划"入选项目的甄选和评价由德国研究联合会(DFG)和德国科学理事会(Wissenschaftsrat)基于科学和质量导向共同组织实施。大学先提交申请草案,联合委员会进行专家评估后,选择部分大学提交完整申请书,然后以小组会议和现场检查方式对完整的提案进行评估。其中,专家委员会从学术和技术角度对研究生院和卓越集群项目进行决策,战略委员会负责对战略构想进行决策,专家委员会和战略委员会共同组成联合委员会。拨款委员会负责最终的拨款决策,由联合委员会的 26 名科学家与联邦政府和 16 个州的科学部部长组成。卓越计划入选项目的评选标准如表 1-1 所示。

表 1-1　"卓越计划"一期和二期评选标准

	一期标准	二期标准
研究生院	**研究与环境**:科学家素质,研究环境质量,跨学科倾向和附加值,对大学的研究贡献 **资格**:方案质量和吸引力,博士生招聘、支持理念和地位,前期在促进博士研究方面取得的成功经验,融入大学理念,国际网络,平等概念 **结构**:通过与其他机构合作提升价值,组织、管理和基础设施,项目实施和可持续性	
卓越集群	**研究**:国际比较视角下的研究方案水平,独创性和冒险性,对研究领域的影响,跨学科,知识转移和应用 **参与的研究人员**:参与科学家素质,推动青年人才科学教育和职业发展,科学中男女平等理念 **结构**:对大学发展影响,通过与其他机构合作提升价值,组织、管理和基础设施,卓越集群的实施和可持续性	
战略构想	A. 现状 1. 科学成就 2. 对顶尖研究人员吸引力(研究机构结构,基础设施,培养青年人才,招聘条件,国际化程度,国际知名度,平等性,对外合作水平) 3. 研究型教学	A. 现状和实施情况 1. 提升科研绩效 2. 提高对顶尖研究人员的吸引力(研究机构结构,基础设施,培养青年人才,招聘条件,国际化程度,国际知名度,平等,对外合作水平) 3. 研究型教学

[①] DFG. Exzellenzinitiative des Bundes und der Länder(2005 - 2017/2019)[EB/OL]. https://www.dfg.de/foerderung/programme/exzellenzinitiative/, 2020 - 01 - 20.

（续表）

一期标准	二期标准
4. 大学行动能力（自我评估能力，制定战略规划能力，控制能力，内部沟通过程） **B. 战略构想** 5. 方案的目标和现状 6. 目标、战略、行动方面未来愿景的一致性 7. 措施创新性 8. 措施对目标群体和结构的预期影响 9. 对教学的影响 10. 组织和管理 11. 所需资金合理性 12. 可持续性 **C. 大学通过战略构想可持续发展前沿研究潜力（总体评估）** 13. 将战略构想纳入大学长远发展规划 14. 战略构想对大学教学科研、可持续发展的预期影响 15. 大学提升国际竞争力的机会	4. 大学的行动能力（自我评估能力，制定战略规划能力，控制能力，内部沟通过程） 5. 卓越计划一期供资阶段的资产负债表：执行情况和目标的实现情况 **B. 战略构想（继续规划）** 6. 方案的目标和最新现状 7. 战略构想的合理性 8. 目标、战略、行动方面未来愿景的一致性 9. 新措施创新性 10. 措施的预期效果 11. 对教学的影响 12. 组织和管理 13. 所需资金合理性 14. 可持续性 **C. 大学通过战略构想可持续发展前沿研究潜力（总体评估）** 15. 将战略构想纳入大学长远发展规划 16. 战略构想对大学教学科研、可持续发展的预期影响 17. 大学提升国际竞争力的机会

资料来源：DFG. Bericht der Gemeinsamen Kommission zur Exzellenzinitiative an die Gemeinsame Wissenschaftskonferenz[EB/OL]. https://www.bmbf.de/files/1_Bericht_an_die_GWK_2015.pdf, 2021 - 06 - 20.

　　在两期建设期间，共有 80 所大学和 827 份草案参与三个资助项目竞争，最终有 45 所大学、51 所研究生院、49 个卓越集群和 14 个战略构想成功获得资助。根据 2008 年联合委员会报告，"卓越计划"实施效果超越了预期目标：大学科学研究水平显著提高，学科间协作网络不断深化，研究队伍日益国际化；制定了更具战略性的人才政策，受资助大学建立了有组织的博士生培养支持系统，创建了新的职业发展模式；推动了大学功能的差异化，提高了大学的国际竞争力，进而提升了德国科学系统的国际声誉和吸引力并形成了品牌效应。

　　在两轮"卓越计划"实施即将结束之际，德国 2016 年委托国际评估专家委员会对"卓越计划"实施效果展开评估。评估报告指出，"卓越计划"在对德国高等教育发展产生积极影响的同时也带来一些负面影响，如卓越集群容易在大学内部发展成为独立部门，以及"卓越计划"不能解决青年学者职业发展问题甚至会适得其反。委员会建议未来的卓越计划需要更加关注其核心目标即加强德国顶尖研究和提升大学国际竞争力,暂停研究生院资助,集中资助卓越集群和战略构想。这些建议被有效地吸纳进 2016 年通过的卓越战略里。

卓越战略以"卓越计划"为基础,主要资助卓越集群和卓越大学两个项目(具体情况如表 1-2 所示),旨在继续通过推动科学卓越、塑造形象和拓展合作来提升大学能力和水平,进而可持续地强化德国科学高地地位和提升国际竞争力。卓越战略每年提供 5.33 亿欧元资金,为卓越集群和卓越大学分别预留 3.85 亿欧元和 1.48 亿欧元。相较于"卓越计划",卓越战略取消研究生院资助项目,先前从"卓越计划"中受益的研究生院必须寻求其他资助形式,或尝试以"卓越集群"的形式参与,卓越战略资助周期延长到 7 年且持续时间不受限制。

表 1-2 卓越集群和卓越大学项目信息

	卓越集群	卓越大学
目标	为大学或大学网络具有国际竞争力的研究领域相关项目提供资金	在卓越集群基础上,以单个机构或大学网络的形式永久性地强化大学地位,并使其处于国际领先水平
申请资格	两所大学联合资格申请,特殊情况下三所大学也可以申请,并鼓励让非大学研究机构、企业和社会其他行业领域的科学家参与进来	每所大学都可以提交申请:可以是一所大学,也可以是两三所大学组成的网络,鼓励让合作伙伴参与进来。如果要成功申请成为一所卓越大学,该大学应至少获得两个卓越集群项目资助;由两所或三所联合大学组成的网络申请需要总共获得至少三个卓越集群项目批准
资助标准	**研究:** 国际比较和风险开放中研究方案的质量和独创性,研究方案的连贯性及合作的学术生产力,以前对研究领域的贡献,对研究领域未来发展的积极影响 **研究人员:** 参与研究者的学术卓越性,国际竞争力群体构成的多样性 **支持结构和战略:** 职业生涯早期专业研究人员的支持及其学术独立性,机会均等的支持,管理、质量保障、科学交流 **环境:** 大学/大学发展规划的整合-在联合申请情况下各大学的合作结构和贡献,人员配置、财务和基础设施框架,与其他机构合作,以研究为导向的教学,知识成果转化	**与机构有关的战略规划的连贯性和质量:** 提升国际领先地位、知名度和加强合作联系,进一步开展研究型教学、建设研究基础设施、强化知识成果转化等,促进年轻学者及其独立性,保持创新实力并具有永久的机构更新能力,通过联合任命等形式吸引世界各地的杰出科学家以及推动人员发展,促进科学领域平等,大学治理 **与现状相比,所申请措施的质量和结构性增值以及总体概念的长期可持续性:** 评估科研绩效和杰出研究成果获得的第三方资金、研究奖等 **以下一般标准也适用于大学卓越网络的申请:** 合作质量和战略方向、认识到适用于每

（续表）

	卓越集群	卓越大学
	所要求资金的适当性 **大学补助**：大学/大学战略目标的合理性	所申请大学和整个大学网络的措施协同作用以及科学和结构上的增值、网络治理的战略方向和长期可持续性
资助 金额	每年获得 300 万～1000 万欧元	每年获得 1000 万～1500 万欧元

资料来源：DFG. Exzellenzstrategie des Bundes und der Länder—Ausschreibung für die Förderlinie Exzellenzuniversitäten（Förderphase 1. November 2019 bis 31. Oktober 2026）［28. September 2016］［EB/OL］. https：//www. dfg. de/download/pdf/foerderung/programme/exzellenzstrategie/ausschreibung_exzellenzuniversitaeten_160928. pdf，2021－06－12.

　　卓越集群和卓越大学由专家小组和卓越委员会评选。专家小组由 39 位各领域高水平专家组成，均拥有多年海外经历，并取得公认的学术水平。其中，科学理事会主席和 DFG 主席无投票权。卓越委员会由联邦和州政府的专家委员会成员和科学部长组成。卓越战略入选大学，需要每七年接受外部专家评审，如果结果不佳，将面临被淘汰。自 2019 年 1 月 1 日以来，卓越集群资助项目共资助了 34 所大学的 57 个卓越集群。

　　2016 年 6 月 16 日，德国决定实施创新型大学资助计划，资助对象是技术学院和中小型大学。该计划的目标是加强大学在区域创新体系中的战略作用，并支持其与商业界、社会组织的顺畅互动，以及在知识和技术的转移中具有结构性优势并做出杰出贡献的大学。为了实现这些目标，该资助计划旨在以协会、网络和创新形式加强大学、企业和其他社会组织之间的合作。该项计划资金总额为十年内 5.5 亿欧元，由联邦政府和所在州按 90％：10％比例承担。计划要求至少一半的资助金额和至少一半的所选资助案例必须分配给应用科学大学或由应用科学大学组成的大学网络。该计划将运行到 2027 年。① 由科学、商业和社会领域专家组成的独立评选委员会，通过两轮遴选过程，最终确定入选名单。联邦和州政府的代表也是评选委员会成员。2017 年 7 月，最终确定了 48 所受资助大学（分布在 19 个个体项目和 10 个联合项目中），包括 35 所技术学院、1 所艺

① Bundesministerium für Bildung und Forschung. Innovative Hochschule［EB/OL］. https：//www. bmbf. de/bmbf/de/forschung/hightech-strategie-2025/innovative-hochschule/innovative-hochschule. html，2021－08－17.

术和音乐学院以及 12 所大学和教育学院。[①]

(二) 法国"卓越大学计划"

作为欧洲高等教育近代化的先驱,2003 年法国仅有三所大学进入上海交通大学世界大学学术排名前 100 名,作为法国研究力量领头羊的大学校或研究机构也名落孙山。当然,有不少观点认为,法国大学在世界大学排行榜中表现不佳的原因可能是:教学和科研分离,专业研究工作多由研究机构承担;大学运行经费长期不足;高等教育系统民族化倾向明显,国际联系相对薄弱;与地区发展联系不足等。但无论如何,都显示出法国高等教育体系在全球化竞争时代逐渐疲软的态势。为此,法国采取择优提升和协同混合两种方式重塑高等教育体系:一方面通过优化大学内外部治理模式和营造竞争环境,推进大学自治与组织变革,并选择更具竞争力的大学予以重点支持,如"卓越大学计划"和"卓越实验室计划";另一方面通过优化财政预算制度,整合国际化教学研究资源,推进大学与地方、企业协同发展并面向国际开放,如建设高等教育与研究集群。

为了打造 5~10 所具备国际竞争力和国际视野,且能与剑桥大学、哈佛大学等相媲美的世界一流大学,法国政府于 2010 年启动"卓越大学计划"(Initiatives d'Excellence,IDEX)。该计划是法国近年实施的大型国家建设工程——"未来投资计划"(Investissements d'avenir)的重点建设项目。"卓越大学计划"的目标是改变高等教育和科学研究格局、密切大学和研究机构间的协作关系,进而提升大学国际知名度和吸引力,吸引全球顶尖教师、研究人员和学生,同时孕育经济增长潜力并加速创新成果转移转化。该计划获得 77 亿欧元财政资助,其中在前四年的试用期内,被选中的大学可获得部分资金以支撑项目初始实施,试用期结束后,经过审核认证的学校将获得资本捐赠,这笔捐赠最高可达 10 亿欧元。

"卓越大学计划"的项目征集由法国国家研究署负责,它也提供常设基金支持,两轮项目征集分别在 2010 年和 2011 年展开。项目评审由洛桑大学前校长、欧洲大学协会(EUA)主席拉普(Jean-Marcrapp)领导的国际评审团负责,评审团里评估人员几乎全部来自美国、英国、德国、瑞士、瑞典、巴西、葡萄牙等其他国

---

① Bundesministerium für Bildung und Forschung. 48 Hochschulen zur Förderung in der ersten Wettbewerbsrunde "Innovative Hochschule" ausgewählt [EB/OL]. https://www.bmbf.de/bmbf/shareddocs/kurzmeldungen/de/48-hochschulen-zur-foerderung-ovative-hochschule-ausgewaehlt.html; jsessionid=D93E319BFA5622BA6F1EF5C0314A2BB1.live381,2021-08-17.

家，且许多不是公共部门的研究人员，而是研究管理人员和私营部门研究人员。

　　项目选择基于四个标准：一是卓越的培训，即项目实施机构（大学、大学校、博士生学校）提供的各级创新培训（执照、硕士、博士学位）；二是卓越的研究，包括卓越的设备、卓越的实验室等；三是与社会经济环境和国际伙伴关系密切；四是有效实现项目战略的治理能力，包括目标和路径、人力资源政策、资源配置等。[①] 在预选拔阶段，评估标准具体有 12 项：科学研究的区域竞争力与影响力；科学研究愿景及其质量；教育培训的吸引力与协调性；教育的研究方向与创新性；经济合作及转型与升级能力；政策的欧洲化与国际化程度；管理的可信度与有效性；管理中定向、转换及组织能力；实施路径及程序操作；管理程序与控制的有效性；资源配置模式的质量；人力资源管理政策的目标和活力。正式选拔阶段的标准更为严格：①项目目标与整体协调，尤其是科学研究与教学和培训的协调；项目规划与实施涉及组织、人力资源和项目运作方面的协调；②项目的卓越性，包括科研质量、政策及教育培训的质量、竞争力与参与度；③项目管理与变革发展，包括追求高度自治及均衡治理、通过为项目利益相关者提供长期可持续发展的结构性目标；④项目执行能力的可信度，包括人力资源及资金的实体资源和动态资源配置、项目实施区域中资金的有效利用率、执行能力可信度的参考路径、项目资源配置各利益相关者的关联性与参与度。[②]

　　"卓越大学计划"共收到 17 份申请，第一轮于 2011 年 7 月选出 3 个项目，即波尔多大学、斯特拉斯堡大学和巴黎文理大学，这 3 个项目充分展现出其优势，包括建立大学和研究机构联盟、有能力实现设定的目标，以及预计在今后 10 年内成为世界一流大学。第二轮于 2012 年 2 月选出索邦大学、索邦巴黎西岱大学、巴黎-萨克雷大学、马赛大学和图卢兹大学五个项目。由于需要资助卓越实验室等，卓越大学资助总经费最终为 63.5 亿欧元，而不是最初宣布的 77 亿欧元。四年的试用期后，马赛大学、波尔多大学和斯特拉斯堡大学三所大学获得"卓越大学计划"永久资格，索邦大学、巴黎萨克雷大学和巴黎文理大学处于缓期

① Ministère de l'Enseignement supérieur et de la Recherche. Investissements d'avenir：Initiatives d'excellence［EB/OL］. https://www. enseignementsup-recherche. gouv. fr/cid51351/www. enseignementsup-recherche. gouv. fr/cid51351/www. enseignementsup-recherche. gouv. fr/cid51351/initiatives-d-excellence. html，2021 - 06 - 12.

② 张惠，刘宝存. 法国创建世界一流大学的政策及其特征［J］. 高等教育研究，2015(04)：89 - 96.

状态,图卢兹大学和巴黎西岱大学两所大学的资助被中止。

为吸引和留住高水平科学家,2010 年法国启动"卓越实验室计划"(Laboratoires d'excellence),旨在于所有学科和领域培养卓越实验室,鼓励通过招聘研究人员和投资创新设备来增强科学潜力,促进高精尖研究成果产出。卓越实验室计划所选择的实体应当:具有极高国际化水平和高风险研究项目;有提高国际知名度的强烈愿望;符合国家优先发展事项;能够造福社会并与经济、知识、文化有机结合;可能对高等教育系统产生连锁反应;其发展纳入申请机构的战略框架;参与人才培养特别是硕士和博士培养;其治理体系能保证方案得到有效执行。具体评估标准包括:一是团队和基础设施水平,如具有极高水平或极具潜力的科研人员、科研成果达到国际最高水平、获得科学奖项和国际奖学金、高水平基础设施、国际化的团队和基础设施的开放性;二是研究项目的雄心和关联度,如主题属于欧盟优先发展事项、具有对高水平或高潜力科学家和学生的吸引力战略、跨学科贡献;三是研究项目在创新和经济增益方面的潜力,如创新成果对行业的潜在影响、对公共政策和公共辩论等方面的潜在影响、加强成果转移转化的战略;四是对人才培养的投资,如参与硕士和博士课程并重视这些课程的评价和国际影响力、对博士硕士毕业生在高等教育机构和公司就业的贡献;五是组织与管理水平,如其监管机构对实验室财政、人力资源、战略提供保障,实施监测以衡量目标的有效实现;六是监管机构,如将该项目纳入监管机构的战略框架、合作伙伴致力于确保项目的成功;七是项目链接其他资源能力,如提出 10 年以上的预算预测、必须建立起合作伙伴关系以吸引新资源进而确保项目可持续发展。[①]

"卓越实验室计划"和"卓越大学计划"相互交织,建设卓越大学包含建设高水平实验室,获得多个卓越实验室项目的大学可以申请"卓越大学计划"。卓越实验室总资助经费为 10 亿美元。在第一轮,卓越实验室共收到 241 个项目申请,其中 100 个项目获得资助(83 个项目被国际评审团选定为 A 类,17 个项目被评为 B 类)。第二轮共收到 195 个项目申请,其中 71 个项目获得资助。在 171 个项目里,14.5% 分布在数学科学领域,24% 分布在人文社科领域,20% 分布在物质和能源领域,14.6% 分布在环境科学领域,26.9% 分布在生物

---

① ANR. LABORATOIRES D'EXCELLENCE LABEX[EB/OL]. https://anr. fr/fileadmin/aap/2010/ANR-AAP-LABEX-2010. pdf, 2021 - 06 - 12.

健康领域。①

(三) 日本"全球顶尖大学项目"

　　长期以来,日本政府高等教育投资集中在少数国立大学,直到 20 世纪 80 年代,受到高等教育大众化、学生运动、全球化、政府预算紧张等挑战,这一局面才得以改变。进入 20 世纪 90 年代,在新公共管理运动的推动下,政府通过一系列措施,包括修订《建立大学标准》,设立竞争性资助计划,从而放松对大学的管制。② 2001 年以来,政府推动大学重组和整合,引入私营部门管理方法和绩效驱动的第三方评价制度,对于改善高等教育面貌发挥了重要作用。值得注意的是,日本在不少报告中均指出其高等教育国际化水平不高问题,并为此提出在STEM 领域早期追赶成功的基础上再接再厉,进一步推进大学国际化。日本通过 21 世纪卓越中心、全球卓越中心、世界顶级国际研究中心倡议、构筑国际化据点项目等各种竞争性资助计划来为大学提供基于绩效导向的资金支持。

　　2014 年,日本文部科学省启动"全球顶尖大学项目"(Top Global University Project),旨在通过建立日本大学与海外顶尖大学的联系和推进大学改革来推动国际化,以及为拥有世界顶级水平教育和研究项目的大学和能够推动日本高等教育国际化的全球大学提供优先支持。全球顶尖大学分为两种类型:一是世界一流大学(A 类顶尖大学),该类大学拥有世界一流教育与研究水平并有可能跻身世界百强大学之列,计划选择 10 所左右大学,每所每年资助经费为 5 亿日元;二是全球牵引大学(B 类国际化大学),该类大学能够引领日本高等教育国际化的大学,并不断推陈出新,计划选择 20 所大学左右,招生规模超过 1 000 人的 B类大学每年经费为 3 亿日元,未超过 1 000 人的每年经费为 2 亿日元。

　　入选的全球顶尖大学需要达到国际化、治理和教育改革三方面绩效目标,具体包括:一是国际化指标,如增加从国外大学获得学位的全职外籍教师和日本教师数量、国际学生在学生总数中的比例、出国学生数量、英语授课课程数量、获得外语语言学位学生数量、达到外语水平学生数量、发展英语教学、住在国际宿

---

① Ministère de l'Enseignement supérieur et de la Recherche. 71 lauréats pour la vague 2 de l'appel à projets Laboratoires d'Excellence〔EB/OL〕. https://www. enseignementsup-recherche. gouv. fr/cid59337/71-laureats-pour-vague-appel-projets-labex. html,2021 - 06 - 12.

② OBA, JUN. Creating World-Class Universities in Japan:Policy and Initiatives〔J〕. Policy Futures in Education,2008,6(5):629 - 640.

舍的日本学生人数、灵活的学术日历(在全校范围内引入季度制);二是与治理有关的指标,如实施年薪制、任期跟踪制度和聘用高素质行政人员(熟练掌握外语);三是教育改革,如引入课程编号系统、在本科入学考试中引入托福等外部考试、由学生进行评估的课程数量。①

　　2014 年 9 月,日本 13 所大学被选为顶尖大学,24 所大学被选为国际化大学,共计 37 所大学入选全球顶尖大学项目(名单如表 1-3)。从入选名单看,A 类大学多为实力雄厚的综合性研究型大学,B 类大学既有历史悠久的人文类大学,如东京艺术大学、东京外国语大学等,又有在某一特定学科领域具有显著办学特色的单一学科大学,如丰桥科学技术大学、会津大学等,还有办学历史虽短却又鲜明国际化办学特色的大学,如国际教养大学等。② 入选大学并非一劳永逸,在最长为 10 年的项目实施期间需要经过多轮考核评价,包括资助开始后的第 4 年、第 7 年的中期考核和第 11 年的终期考核。这些考核结果关系到入选大学的资助经费分配,如果被评价为难以或无法实现目标,则需要重新进行审查,甚至中止资助。

表 1-3　日本首批入选顶尖大学名单

A 类"顶尖大学"		B 类"国际化大学"		
国立大学(11 所)	私立大学(2 所)	国立大学(10 所)	私立大学(12 所)	公立大学(2 所)
北海道大学、东北大学、东京大学、名古屋大学、京都大学、大阪大学、广岛大学、九州大学、筑波大学、东京工业大学、东京医科齿科大学	庆应义塾大学、早稻田大学	千叶大学、东京外国语大学、东京艺术大学、长冈科学技术大学、金泽大学、丰桥科学技术大学、京都工艺纤维大学、奈良先端科学技术大学院大学、冈山大学、熊本大学	国际基督教大学、芝浦工业大学、上智大学、东洋大学、法政大学、明治大学、立教大学、创价大学、日本国际大学、立命馆大学、关西学院大学、立命馆亚洲太平洋大学	国际教养大学、会津大学

资料来源:日本学术振兴会. について. スーパーグローバル大学創成支援事業　採択事業一覧[EB/OL]. https://www.jsps.go.jp/j-sgu/h26_kekka_saitaku.html,2021-08-25.

① MEXT. Top Global University Project [EB/OL]. https://tgu.mext.go.jp/en/about/index.html, 2020-12-20.
② 刘宝存,张梦琦.创建世界一流大学政策的国际比较研究[M].北京:北京师范大学出版社,2020:85.

2017 年，全球顶级大学项目计划委员会设立专家评估小组对入选大学在推动大学改革和彻底国际化方面的努力进行中期考核和评估。经评估，6 所大学表现优异，被评为 s 级；25 所大学被认为可以通过继续努力进而达到目标，被评为 a 级；6 所大学被认为需要进行更进一步的改善和努力才能达到目标，被评为 b 级。通过此次评估可以发现入选大学取得了一些阶段性成效：一是体制机制改革，多所大学将教育改革、国际化纳入中期目标中，并进行人事管理、组织机构、外国人参与决策等体制机制改革，进一步强化校长主导的管理体制；二是积极与海外大学进行战略合作，包括开展国际共同学位计划，设立国际共同研究生院，申请海外大学的教育研究单元，与多个海外伙伴学校共享课程等；三是构建良好的国际学习环境，丰桥科学技术大学、国际教养大学等设置了留学生和日本学生共同学习的进修空间以及配备国际学生宿舍；四是改革入学考试，除了托福等分数应用于所有学科的入学考试之外，还采用新的国际标准，对入学考试数据和入学后成绩数据进行分析，实施了多维度的入学选拔；五是对具有优势的研究领域加大资金投入；六是吸收国际顾问委员会的意见，通过大学治理和运营的改革来推动国际化；七是通过吸引捐赠等方式增加自有资金以保持稳定的资金流。尽管取得了一些成效，然而总体上在接收外国留学生人数和日本学生中有海外留学经历的人数等指标上表现不佳。[①]

2020 年进行了第二次中期考核，8 所大学被评为 s 级，25 所大学被评为 a 级，4 所大学被评为 b 级。通过 7 年建设，37 所大学外语授课科目数较建设前增加了约 2.5 倍，有海外留学经历的学生人数是建设前的 1.8 倍，但在具有一定语言水平的学生人数指标上表现不佳。设置新学部、采用慕课和翻转课程等新的教学方式、实施本科转专业制度、开展国际官产学研合作等举措是入选大学在 2017 年评估之后开展的创新行动。[②] 两次评估结果如表 1－4 所示。

---

① 日本学术振兴会について. スーパーグローバル大学創成支援事業　中間評価結果の総括［EB/OL］. https://www. jsps. go. jp/j-sgu/data/kekka/h29_sgu_chukan_kekkasoukatsu. pdf，2021－08－20.

② 日本学术振兴会について. スーパーグローバル大学創成支援事業　令和 2　年度中間評価結果の総括［EB/OL］. https://www. jsps. go. jp/j-sgu/data/kekka/r2_sgu_chukan_kekkasoukatsu. pdf，2021－08－20.

表 1-4　2017 年和 2020 年全球顶级大学项目评估结果

评价标准	含义	2017 年评估	2020 年评估
s 级	表现优异，预计可以实现目标	6 所：丰桥科学技术大学、名古屋大学、筑波大学、国际基督教大学、创价大学、上智大学	8 所：东北大学、名古屋大学、国际教养大学、国际基督教大学、芝浦工业大学、上智大学、创价大学、立命馆亚洲太平洋大学
a 级	通过继续至今为止的努力，可以达到目标	25 所：北海道大学、东北大学、东京大学、京都大学、大阪大学、广岛大学、东京工业大学、东京医科齿科大学、庆应义塾大学、早稻田大学、千叶大学、东京外国语大学、东京艺术大学、长冈科学技术大学、金泽大学、京都工艺纤维大学、奈良先端科学技术大学院大学、冈山大学、芝浦工业大学、东洋大学、日本国际大学、立命馆大学、关西学院大学、立命馆亚洲太平洋大学、国际教养大学	25 所：丰桥科学技术大学、筑波大学、北海道大学、东京大学、大阪大学、广岛大学、东京工业大学、东京医科齿科大学、庆应义塾大学、早稻田大学、千叶大学、东京外国语大学、东京艺术大学、长冈科学技术大学、金泽大学、京都工艺纤维大学、奈良先端科学技术大学院大学、冈山大学、东洋大学、日本国际大学、立命馆大学、关西学院大学、明治大学、法政大学、立教大学
b 级	为达到当初目标，需要考虑建议等，进行更进一步的改善和努力	6 所：熊本大学、九州大学、会津大学、法政大学、立教大学、明治大学	4 所：熊本大学、会津大学、京都大学、九州大学、
c 级	鉴于迄今为止的表现，可以认为存在难以实现目标的问题，需要缩小财政资助规模	0 所	0 所
d 级	鉴于迄今为止的表现，可以认为实现目标非常困难，需要中止财政资助	0 所	0 所

资料来源：日本学術振興会. について的《スーパーグローバル大学創成支援事業中間評価結果の総括》和《スーパーグローバル大学創成支援事業令和2年度中間評価結果の総括》两份文件。

(四) 韩国"21 世纪智慧韩国工程项目"

20 世纪 90 年代末,在知识经济蓬勃发展、人口老龄化危机严重、研究人员地位较低背景下,韩国相继启动一系列高等教育项目,以提升高等教育质量和国家形象。1999 年,韩国教育和人力资源开发部启动"21 世纪智慧韩国工程项目"(The Brain Korea 21, BK21)。该项目旨在建设具有国际竞争力的研究型大学和课程,同时强化建设与区域行业联系紧密的大学。BK21 计划迄今为止经历四个阶段:一是从 1999—2005 年,资助金额为 12 亿美元,二是从 2006—2012 年,资助金额为 21 亿美元,三是从 2013 年 9 月 1 日到 2020 年 8 月 31 日,在 BK21 基础上推出 BK21 PLUS,四是 2020 年 9 月 1 日到 2027 年 8 月 31 日,将投入 4 080 亿韩元,每年资助 19 000 名硕博士生。

在 BK 21 第一阶段,其总体目标主要包括建设世界一流研究型大学、建设专业研究生院、改变高等教育系统。BK21 第二阶段目标与第一阶段相似,最终都旨在通过建设世界级研究型大学来培养具有国际竞争力的高水平人才。但两个阶段存在细微差别,如第一阶段专注于实现大学的卓越,而第二阶段则强调专业的卓越,以及第一阶段强调机构改革,第二阶段鼓励大学加强与产业之间的联系以及建设区域研发集群。[①] 两阶段政策变化如表 1-5 所示。

表 1-5　BK21 第二阶段针对第一阶段的调整

第一阶段(问题)	第二阶段(调整)
过于强调研究开发的成果,人才培养的目标被弱化	更加强调人力资源开发,强调与研发部门的协调
过度要求大学进行制度改革	引导大学进行与自身发展直接相关的制度改革
各学科领域设定的具体目标之间差异太小	各学科领域设定更符合学科特色的具体目标

资料来源:刘宝存,张梦琦.创建世界一流大学政策的国际比较研究[M].北京:北京师范大学出版社,2020:102.

但是两个阶段过后,韩国大学的研究质量、机构自治、国际化程度等方面仍亟待提升,因此,韩国政府在 BK21 基础上又启动 BK21 PLUS 项目,实际上就是

---

① Mi-Jung Um. Centre of Excellence as a tool for capacity-building Case study: Korea [EB/OL]. https://www. oecd. org/sti/Draft_OECD%20synthesis%20report_final. pdf, 2021-04-20.

BK21 的第三阶段。具体举措有：一是提高研究生教育质量，完善研究型大学制度，如建立以质量为中心的绩效管理系统；二是加强地方大学教学和研究能力，提高对地方大学的支持力度，使地方大学与中小企业建立密切联系；三是通过产学研合作进行硕博人才培养；四是培养数码多媒体、文化创意、时尚设计、旅游业及信息安全等社会急需领域的专业人才；五是加强业务管理；六是提高研究人员和研究生资助额度。BK21 PLUS 项目主要分三个资助计划，包括全球性人才培养、专业性人才培养和面向未来的创意性人才培养。评估标准主要包括教育能力、研究能力和制度改进与支持三方面。而新近启动的 BK21 第四阶段则充分回应第四次工业革命兴起、高级研究人员需求日益增长、研究型大学角色拓展、其他国家科研评价更注重科研质量等方面的趋势，强调在科研项目评价中强化质量评价、引入代表性成果评价、培养创新型人才等。①

　　BK21 之外，韩国自 2008 年开展世界一流大学建设工程（WCU），将引入海外知名学者为重点，旨在提升大学的国际化水平和研究质量，作为对 BK21 的补充。WCU 主要通过三个路径来吸引海外学者：一是通过开设新兴专业和学科，吸引和聘用具有较高研究水平的海外学者作为专职教授，并与国内教授进行联合研究，引进对象为海外大学、研究所、企业的教授/研究员，引进方式包括以教师、特聘教授、研究教授等多种形式进行聘任，聘用期限至少 3 年；二是在国内大学设立实验室，吸引海外学者以专职教师身份到国内大学系或研究所，与国内教授进行联合研究，助理教授及以下级别的学者需要保证 3 年以上的专职工作，副教授及以上级别的学者需要保证 3 年以上且每年至少 1 个学期的专职工作；三是邀请世界一流学者（包括尖端核心技术领域）作为客座教授，学者需要每年在国内从事连续两个月的学术活动（如联合研究计划、讲座活动及其他实验室咨询活动），世界一流学者应为诺贝尔奖获得者、美国工程院研究员等学科领域内的高水平学者和尖端核心技术的拥有者。从支持领域看，纳米、生物、能源科学以及等关涉国家创新动力的关键学科领域得到倾斜性关注，此外交叉型、复合型学科也格外受到重视。②

---

① 4 단계 BK21. 사업소개 [EB/OL]. https://bk21four. nrf. re. kr/sub01/sub101/list. do，2021 - 04 - 20.

② Academic Research Promotion Divison. National Project towards Building World Class Universities 2008 - 2012 [EB/OL]. https://www. moe. go. kr/sn3hcv/doc. html? fn=b4a20a160692c9ddcadebd971a0cfe1d&-rs=/upload/synap/202109/，2021 - 09 - 09.

通过实施 BK21 和 WCU，韩国高等教育质量和水平得到较大提升。根据世界大学学术排名（ARWU），首尔大学是唯一一所从 2003 年到 2011 年一直跻身前 200 名的韩国大学；根据 THE 排名，首尔大学和韩国科学技术院自 2004 年以来一直保持在 200 名以内。韩国学者在 SCI 期刊上发表的论文数量大幅提升，从 1998 年的 10 739 篇增长到 2010 年的 39 843 篇。国际学生和国际教师人数均显著增加，国际学生从 2004 年的 16 832 人增加到 2010 年的 83 842 人，国际教师从 2000 年的 1 226 人增加到 2009 年的 3 807 人。国内外学者一致认为韩国大学至少在科学和工程等领域已经达到世界一流水平。然而，韩国国内对其一流大学建设系列项目仍存在着较大争议，包括项目选定的精英大学资源倾斜将加剧大学之间不平衡发展、经费向科学与工程学科领域过度倾斜将加剧学科间差距、以量化指标为核心的评价体系将滋生学者短期功利行为等。①

（五）新加坡新型大学建设

自 20 世纪八九十年代，在国家推进和政府主导下，新加坡高等教育超越了发展阶段说和原始积累说的思维框架，短短二三十年间多所大学进入世界一流大学前列，实现了世界排名的惊人跃升。在最新的 2022 年 QS 世界大学排行榜中，新加坡国立大学、南洋理工大学更是分别名列第 11、12 位，可以看做后起追赶型的典范。作为与中国高等教育体制类似——都是由政府主导且同属亚洲文化圈的新加坡，其建设世界一流大学的经验对我国更具借鉴意义。

20 世纪 80 年代，在全球新技术革命浪潮的推动下，为更好实现经济增长的国家发展战略，新加坡将注意力放在发展高等教育上，不断扩大招生规模。1980 年，新加坡大学与南洋大学合并成立为新加坡国立大学；在南洋大学旧址建立的南洋理工学院在 1991 年纳入原来的国立教育学院，更名为南洋理工大学。两所大学培养大量高质量人才，助力新加坡经济腾飞，形成了新加坡高等教育的人才培养新格局。

这一阶段的新加坡高等教育是国家发展战略与经济结构转型的双重力量推动下的产物，也是新加坡现代大学形成与发展的初步探索与尝试。20 世纪末，为了助力世界一流大学发展，新加坡政府先后颁布了系列国家"科技发展计划"，

---

① Byun K, Jon J E, D Kim. Quest for building world-class universities in South Korea: outcomes and consequences [J]. Higher Education, 2013(65): 645 - 659.

加大对研究和创新的公共投资,投资金额也从"国家技术计划 1995"(National Technology Plan 1995)的 20 亿美元增加到"研究、创新与企业计划 2020"(Research,Innovation and Enterprise 2020 Plan)的 190 亿美元。教育部还设立了"学术研究基金"(AcRF),为新加坡国立大学、南洋理工大学、新加坡管理大学、新加坡科技设计大学等研究型大学提供经费资助。同时,新加坡提出构建类似哈佛大学和麻省理工学院的"东方波士顿"模式,打造服务于本国经济社会发展的"轴心机构"。2008 年金融危机后,新加坡又通过制定"环球校园"计划(A Global School House)等战略规划,吸引世界一流大学在本国设立分校或开展合作办学。[①] 可以说,新加坡政府在该国高等教育迈向世界一流方面起到了决定性作用,不管是战略规划还是充足的财力支持,都强化了新加坡公立大学向世界一流大学迈进的决心,同时这些大学的知识产出和人才培养为新加坡经济快速发展奠定了基础,两者形成了很好的相互促进。

21 世纪以来,新加坡政府通过颁布"公立大学公司化法案"(Corporatisation Project in Singapore's Public Universities)推动新加坡国立大学与南洋理工大学进行公司化改革,根据法案框架制定大学章程与组织管理纲要,积极向世界一流大学跨越。实现自主化办学后,新加坡的大学与政府的关系就变成了教育和科技服务的提供者和购买者的关系。政府改革了大学拨款、收费制度,同时与大学签署了包括政策性协议、绩效协议、质量保障协议等在内的一系列协议,通过协议引导、监督大学而不是直接干预和管理大学。[②] 随着两所大学管理模式的转变,学校经费收入结构也由政府全额资助变为政府与多元渠道捐赠的共同分担模式。在绩效和质量评价方面,政府也通过制定协议机制和质量评估框架对学校发展进行问责评价,形成大学自治与政府问责协同。由此,新加坡大学管理体系呈现出基于大学自治的政府"问责制"模式,在保持国家战略目标的前提下不断下放自治权。这些举措极大地激发了各大学的办学活力,有力推动其大学跻身世界一流大学行列。南洋理工大学最新的办学改革如专栏 1-1 所示。

① 郤海霞,李欣旖.新加坡一流大学演化逻辑与生成路径研究——基于要素的多维视角分析[J].比较教育研究,2020(09):14-22.
② 杨素萍,任初明.新加坡一流大学建设的联动逻辑与崛起机理[J].江苏高教,2020(09):115-120.

专栏1-1　南洋理工大学以学生为主体的跨学科教学体系建设①

　　面对全球发展趋势和本国创新创业情境变化,南洋理工大学(NTU)自2020年7月开启了一系列以学生为主体的教学与社会实践综合改革,重构跨学科教育和创新发展体系,以期让学生能够在多学科交叉的学习环境中,构建自身的多元思维模式,应对不同场景下的未知与挑战。2021年1月,《NTU 2025》颁布,明确支持开展具有重大影响力的跨学科研究,并将跨学科学习作为未来学校发展的关键举措。

　　一是关注六大跨学科研究集群,应对人类社会的重大挑战。《NTU2025》规划中,NTU以解决人类面临的四大挑战为宗旨,打破传统学科边界,重点关注具有重大知识与社会影响力的人工智能与增强智能、弹性城市化与自然生态系统、大脑与学习、健康与社会、未来产业与文化、组织与社会等六大跨学科研究集群,这些挑战包括：减轻对环境的影响;掌握科学、艺术和学习技术;解决技术对人类的影响;应对健康生活和老龄化的需求和挑战。新加坡政府投资250亿新币(合190亿美元)大力推进《研究、创新与企业2025》计划,上述跨学科重点集群将得到学术研究实体机构和项目的资助,确保新加坡未来能够在相关领域确立全球公认的优势地位。六大研究集群及其主要内容如表1-6所示。

表1-6　南洋理工大学重点打造的研究集群

序号	研究集群	主要内容
1	人工智能和增强智能(Artificial and Augmented Intelligence)	通过学校与企业的产学研关系,联合实验室等,进一步完善沉浸式工程生态系统建设
2	弹性城市化与自然生态系统(Resilient Urbanization and Natural Ecosystems)	解决气候变化、自然和城市生态系统生态、人类健康和疾病以及城市环境经济学等问题
3	大脑与学习(Brain and Learning)	开展神经科学、认知科学和学习科学交叉领域的终身学习研究
4	健康与社会(Health and Society)	应对快速老龄化带来的社会挑战,加强应对人类重大健康危机的能力

---

① 根据南洋理工大学官方网站资料整理。

（续表）

序号	研究集群	主要内容
5	未来产业（Future of Industry）	利用第四次工业革命的技术来提升产业水准，进一步推动新加坡创新型经济
6	文化、组织与社会（Culture, Organizations and Society）	探索不同文化、艺术和语言对思维方式和社会价值体系的影响

二是成立卓越教学创新研究中心，顶层设计跨学科活动。NTU 成立卓越教学创新研究中心（Institute for Pedagogical Innovation, Research and Excellence, InsPIRE）统一进行分析与整合全校范围内跨学科领域的科研成果、资源，顶层设计并管理跨学科通识课程。InsPIRE 充分利用各个学院、学科的优势以及相关专家学者资源，加强人才培养、学术研究、科技创新的协同性。该中心重点关注两个方面：①推动学生"科学地学习"，引导学生积极参与新的教学变革，加强自身跨学科学习能力；②强调科教融合，鼓励教师将前沿学术研究成果转化为教学资源，不断迭代更新教育教学内容。

三是建立健全跨学科课程体系，培养学生跨学科学习能力。NTU 坚持"基于问题的学习""基于团队的学习""顶层设计思维"三大核心理念，引导学生开展跨学科学习与研究。跨学科课程采用合作式教学（co-teaching），即一堂课由不同学科背景的老师共同参与，向学生亲自展示跨学科共享知识、协作解决问题的过程，为学生跨学科学习提供示范。

2021 年 8 月起，南洋理工大学的新入学本科生将在大一大二期间必修 7 门跨学科通识基础课程，课程分为两个模块：一是聚焦培养学生在复杂社会背景下的"核心转换技能"（key transferable skills），二是聚焦培养学生应对全球性挑战（Global Challenges）的视野和能力。前者课程包括：跨学科世界中的探索与交流、探索数字化世界、多元文化下的道德与公民意识、未来职业与创业发展；后者课程包括：造福人类的科学技术、可持续发展（社会、经济与环境）、健康生活与福祉。

这 7 门通识课突破了传统学科、甚至文理大类的边界，围绕社会发展和未来挑战引导学生进入跨学科学习。每个课程均由来自不同学科背景的教师开发。为了让学生在跨学科学习中体验头脑风暴的过程，学校还将在选课阶段有计划地打乱来自不同学科的学生，让学生们处于相对陌生的认知、学习环境下，同时引入大量团队合作项目与小组作业，让学生充分沉浸在跨学科学习中。建设跨学科通识课程的主要目的是帮助学生从本科阶段开始深入认识跨领域学习对于社会、自身的价值，也使其在学业早期阶段就能同步了解若干跨学科领域研究前沿，其中包括理工科类技术前沿、人文社科知识和公民素养教育基础，为学生感知未来、探索未来奠定坚实基础。同时，跨学科通识课中所沿用的教学方法也有利于锻炼学生的跨学科思维与实践能力。

此外，NTU不断放开课程选择的自由度，增强弹性，本科生将有机会选择博士阶段的部分课程，参与更具学术性和前沿性的知识探索。2021年8月开始，NTU将从经济学与大数据进行试点，开放首批跨领域学位。同时，NTU与其他大学也即将开启跨校合作，例如南洋理工大学、新加坡国立大学的学生能够互相选对方的部分课程。

四是建立多样化校企合作平台，打造跨学科实践场景。NTU成立产学研平台——NTU全球产业联盟（Global Alliance of industries at NTU, GAIN），其目标是与创新型企业结盟，打造有活力的产学研生态体系，提出具有创新价值的跨领域解决方案。在《NTU2025》规划下，GAIN的相关资源将面向学生开放，为学生提供联合实验室工作机会，丰富学生的跨学科实践场景。GAIN的建设促进了以学生为主体的产学研交流，校企合作推动了创新资源对接，帮助学生将跨学科知识转化为能够服务产业、社会的生产力，并在实践中不断提升学生的综合能力。目前，NTU已有超过200个合作伙伴，形成了强大的产学研网络。部分企业（如包括中国阿里云、德国宝马公司、美国惠普、美国劳斯莱斯、中国微众银行）与NTU合作成立了跨领域联合实验室，可供本科生实习选择。

总体来看，GAIN的各实践平台具有较强的前沿性、国际化、交叉性特征。以惠普-NTU数字化制造实验室为例，惠普公司通过与NTU合作，聚焦3D附加制造、人工智能、机器学习与网络安全等跨领域前沿研究。当前，该实验室仅面向研究者和部分博士生开放，对外仅通过GAIN开展一些研讨会、工作坊与定期的圆桌会谈。未来，实验室的工作机会也将开放给部分本科生，为本科生创造更多认识交叉技术、产业前沿，以及与多领域人才沟通交流的场景，让学生以产业需求为引领在实习过程中更好开展跨学科研究。

(六) 俄罗斯"5-100 计划"

俄罗斯和苏联可谓是传统高等教育强国。苏联的高等教育取得过辉煌成就，但同时也形成了封闭的教育体系。苏联解体沉重打击了俄罗斯高等教育，科学研究与教学分离、经济衰退、人才流失严重、高校缺乏自治权、国际化水平低等导致俄罗斯大学全球排名不断下滑，似乎有被世界一流行列"遗忘"的趋势。20 世纪 90 年代，俄罗斯先后实施"创新大学计划"(Innovative University Programme)、"联邦大学项目"(Federal Universities Project)和"国家研究型大学动议"(National Research University Initiative)等。21 世纪以来，俄罗斯开始将顶尖大学建设作为推动国家创新发展的重要抓手，陆续颁布了一系列加速大学发展的政策措施，旨在充分发挥具有世界一流科教水平的大学在国家创新发展中的作用。[①] 2006 年 3 月，俄罗斯联邦政府总理梅德韦杰夫签发了 N2006 - r 政府令《一流大学发展行动计划，旨在提高其在世界一流研究和教育中心中的竞争力》，这是俄罗斯正式提出创建世界一流大学目标后颁布的第一个国家政策性文件，也是具体实施创建世界一流大学战略的核心计划。后分别于 2012 年 12 月（N 2586 - r 政府令）和 2016 年 3 月（N 422 - r 政府令）进行了修订，最终修订文本见表 1-7。

表 1-7 《一流大学发展行动计划，旨在提高其在世界一流研究和教育中心中的竞争力》
（俄罗斯联邦政府 N 422 - r 政府令，2016 年 3 月 12 日）

序号	举措	执行时间	执行依据	执行部门
组织、经济和政策保障				
1	制定国家对一流大学的支持措施，包括提供资助和补贴；出台提高一流大学在世界一流研究和教育中心中的竞争力委员会的规定	2013 年 1 月	联邦政府法令	教育科学部、经济发展部、财政部、司法部、国家科学院
2	为遴选一流大学制订标准	2013 年 1 月	部门法	教育科学部

① 刘宝存，张伟. 国际比较视野下的创建世界一流大学政策研究[J]. 比较教育研究，2016(06)：1-8.

序号	举措	执行时间	执行依据	执行部门
3	批准提高一流大学在世界一流研究和教育中心中的竞争力委员会的构成	2013 年 1 月	联邦政府法案	教育科学部、司法部、国家科学院
4	针对重点大学向国际评级机构提交的报告提出方法建议	2013 年 1 月	部门法	教育科学部
5	根据国际排行榜排名和遴选标准，组织和开展一流大学评选活动	2013 年 3 月	部门行为	教育和科学部，提高俄罗斯联邦一流大学在世界领先研究和教育中心中的竞争力委员会
6	批准向一流大学提供补贴	每年 5 月	联邦政府法案	教育和科学部，感兴趣的联邦执行机构
7	在独立顾问的参与下制定实施"路线图"	2013 年 4 月	部门法	教育和科学部，入选大学
8	教育和科学部关于从联邦预算中提供一流大学补贴的相关问题修正案	2013 年第一季度	部门行为	教育科学部、经济发展部、财政部、司法部
9	修改联邦执行机构关于为与执行国家任务无关的目标从联邦预算中向俄罗斯联邦和俄罗斯联邦政府管辖的联邦预算和自治机构提供补贴的命令	2013 年 4 月	部门行为	感兴趣的联邦执行机构（国家机构）、经济发展部、财政部、司法部
10	定期组织和举行研讨会，以推动路线图实施	每季度	研讨会议程，向教育和科学部报告"路线图"实施阶段	教育和科学部、入选大学
11	完善大学的管理体系，包括吸引国际专家进入大学的管理机构中	每年	入选大学向教育和科学部报告	教育和科学部、感兴趣的联邦行政当局、入选大学
12	促进俄罗斯同行评审科学期刊发展	2013 年 12 月	部门法	教育和科学部、国家科学院、入选大学
13	对入选大学的国际排名和实施进程进行监测	每年 2 次	部门法案，入选大学向教育和科学部报告	教育和科学部、入选大学

（续表）

序号	举措	执行时间	执行依据	执行部门
14	撰写周期总结报告,并提出到2020年实施该活动所需经济支持建议	每年5月	向联邦政府报告	教育科学部
入选大学的人力资源开发				
15	建立领导层的人才库,并吸引在国内外顶尖大学和学术组织中有丰富经验的专家担任领导职务	2013年8月	入选大学向教育和科学部报告	入选大学
16	吸引国内外顶尖大学和学术组织的青年学者	每年	入选大学向教育和科学部报告	教育和科学部、入选大学
17	通过实习、高级培训、专业再培训和其他等多种形式推动国内外学术流动	每年	学术流动计划,确保至少2%的入选大学研究和教学人员参与	入选大学
18	形成吸引和留住大学青年科研人才的有效机制	每年	入选大学向教育和科学部报告大学	教育和科学部、国家科学院、入选大学
入选大学的教育和研究活动开展				
19	为本科生、研究生、实习生、青年教师的研究和学习提供支持	每年	为至少10%参加相关培训计划的学生以及至少10%的受训人员和青年教师提供支持	入选大学
20	与国外一流大学和学术组织开展和实施合作教育计划	每年	到2015年至少实施80个教育计划	入选大学
21	吸引国外一流大学的学生到入选大学学习,如与国外大学和大学协会开展合作	每年	到2015年,每年吸引多达5%的国外大学学生到俄罗斯大学学习至少1个月	入选大学
22	根据联邦基础科学研究计划,批准在入选大学中长期开展研究,并优先考虑基础和应用研究的国际领先领域	每年	部门法案,研究工作计划	教育和科学部、国家科学院、入选大学

（续表）

序号	举措	执行时间	执行依据	执行部门
23	与国内外顶尖科学家和有潜力的科研组织合作开展研究项目	每年	截至 2014 年,至少有一半入选大学有 1 个项目;2015 年 12 月,每所入选大学最多有 10 个项目	入选大学
24	与国内外高科技公司合作开展研发项目	每年	截至 2014 年,入选大学中至少有一半大学有 1 个项目,2015 年 12 月,每 1 所入选大学最多有 10 个项目	入选大学

资料来源：俄罗斯电子基金法律法规技术文件(俄文),(2016 - 03 - 12)[2022 - 02 - 22],http://docs. cntd. ru/document/902377244.

2012 年 5 月 7 日,俄罗斯总统普京签署第 599 号令,即《关于国家政策在教育和科学领域中的落实措施》,规定中提出"2020 年至少 5 所俄罗斯大学进入世界大学排名的前 100 名"。2013 年 3 月,俄罗斯第 211 号政府法规《提升俄罗斯一流大学在世界领先科学与教育中心竞争力的国家扶持办法》出台,俄罗斯正式启动实施"5 - 100 计划"(俄文：Проект 5 - 100；英文：Project 5 - 100),也即"俄罗斯学术卓越计划"(The Russian Academic Excellence Project)。按照这一计划,俄罗斯政府于 2013 年至 2017 年间每年分别拨资金 9 亿、10.5 亿、12 亿、12.5 亿、13.1 亿卢布用于支持国内一流大学提高科研竞争力。

"5 - 100"计划旨在激发俄罗斯高等教育发展潜力,最大限度提升高等教育在全球教育市场中的地位。计划为期七年,预计到 2020 年,俄罗斯将拥有一批管理高效、享有较高学术声誉、顺应全球发展趋势、能够迅速适应全球变化的顶尖大学。计划实施重点方向包括：①制定和实施能为大学创造长久竞争优势的措施；②推动国际合作,建设基础设施,招聘顶尖科学家、教师、管理人员和学生；③产出顶尖科研成果；④通过开展突破性研究和招聘顶尖科学家,建立良好的学术声誉；⑤制定符合国际标准的教学大纲；⑥推动学界界、工业界和企业之间的合作;⑦扩大教育服务出口。①

2013年春,俄罗斯政府专门组建了"提升竞争力委员会"监督一流大学建设情况,这也是"5－100"计划主要治理机构,职责是审查大学计划报告、提出资助金额建议。提升竞争力委员会成员包括许多国际和俄罗斯学术界代表、负责教育改革的公职人员、知名专家和享有盛誉的学者。计划主要遴选标准包括排行榜排名(ARWU排名在500名以内、THE排名在400名以内、QS排名在700名以内)、享受联邦拨款参加高等教育职业教育的学生人数(至少4000人)、学校国家统一高考最低分(大于64分)、全日制研究生比例(大于4.9%)、教师的科研经费(至少为22万卢布)、每百名教师在Web of Science和Scopus索引到的文章数量(至少5篇)、留学生比例(大于1%)等。② 参与竞争的大学还需提交提升竞争力计划(即路线图),内容可能包括:建立人才储备库以吸引在国际或国内大学有任职经验的专家;帮助青年学者和教职工在其所在研究领域、国际或国内顶尖大学中积累经验;支持面向研究人员的国际国内学术交流活动(包括实习、培训等);改进研究生课程;支持本科生、毕业生、实习生、青年教职员工和研究人员;与国际国内顶尖一流大学联合培养学生;招收外籍学生到俄罗斯学习;合作开展基础研究和应用研究。

共有54所大学提交申请,提升竞争力委员会选择了15所大学,2015年10月又增加了6所大学。这些大学总共招收超过36万名学生,并吸引12名诺贝尔奖获得者任教。为了保障一流大学建设,俄罗斯政府在2013年公布的决议中指出该项目预算为571亿卢布,其中2013年为90亿卢布,2014年为105亿卢布,2015年为120亿卢布,2016年为125亿卢布,2017年为131卢布。2015年,俄罗斯又将该计划延长至2020年,并把2016年和2017年预算增加到145亿卢布。提升竞争力委员会每年根据入选大学的提升竞争力计划实施情况和世界排名情况来确定资助金额。表现较好的有国立高等经济学院、托木斯克理工大学、

① Ministry of Science and Higher Education of the Russian Federation. The Main Goals of The Russian Academic Excellence Project Are [EB/OL]. https://5top100.ru/en/about/more-about/,2021-09-09.

② МИНИСТЕРСТВО ОБРАЗОВАНИЯ И НАУКИ РОССИЙСКОЙ ФЕДЕРАЦИИ. Перечень требований к отбору вузов для получения ими государственной поддержки в целях повышения их конкурентоспособности среди ведущих мировых научно-образовательных центров [EB/OL]. https://docs.cntd.ru/document/499020932?marker=6540IN,2021-09-10.

托木斯克国立大学和圣彼得堡国家信息技术、机械学与光学大学，而圣彼得堡电工大学于 2014 年被提升竞争力委员会认为其提升竞争力计划对国际学生没有吸引力而被停止使用 2013 年第一阶段分配的资金。

从近年来主要全球大学排行榜结果来看，俄罗斯"5－100 计划"确立的总体目标基本上都没有实现，尚未有大学进入全球前 100，其最好大学莫斯科大学也大多排在全球 150 名之外。尽管未有大学进入世界大学排名前 100 名，但"5－100"计划的实施使得俄罗斯高等教育生态发生重大变化，其中最主要的是大学对其作用、职能和任务进行重新思考，认识到俄罗斯高等教育需要融入国际环境，且大学需要在国际竞争领域与应对国家发展挑战之间取得平衡。[①] 有学者比较入选计划大学和未入选大学 2012 年至 2016 年的表现，发现在科研表现和国际合作等方面入选大学表现更为优异，如入选大学在高被引期刊上发表的论文数量从每年 100 篇增长到 300 篇，而未入选大学保持每年约 50 篇发表速度，以及入选大学更加频繁地与国际科研机构进行合作。[②] "5－100"计划的有益经验也为俄罗斯即将实施的"2030 优先事项"奠定了基础。"2030 优先事项"的主要任务是大力推动科研创新以期取得突破性成果，以及组建一批领军大学进而成为整个俄罗斯高等教育体系的火车头，将会有至少 100 所大学参与其中。

三、共通的实施逻辑

世界一流大学已成为高等教育领域热词，体现了伴随全球一体化进程而出现了共通的政策行动。为打造若干世界一流大学，各国推出的重大政策行动已经形成蔚为壮观的世界一流大学建设景象，反映了强烈的世界一流大学诉求。通过对各国一流大学动议内容与成效的综述，可以看出其背后的共通趋势。

（一）政府支持的巨大作用

阿特巴赫（P. G. Altbach）曾对"成功的研究型大学"的特征进行了总结："研究型大学是十分奢侈的机构，比起其他大学，他们需要更多的资金，以吸引优秀的教师和学生，为教学和科研提供良好的基础设施……研究型大学必须有足够、

---

① Regnum. Счётная палата РФ констатировала провал Проекта 5－100 [EB/OL]. https://regnum. ru/news/society/3194336. html, 2021－09－10.

② Agasisti T, Shibanova E, Platonova D, et al. The Russian Excellence Initiative for Higher Education: An Econometric Evaluation of Short-term Results [J]. Social Science Electronic Publishing, 2018.

持续的财政预算,如果资金不足或者其波动过大,它们将难以取得成功。"①可见政府支持在大学发展中的重要作用。即便英国、美国等国家的一流大学主要是通过自我演进而逐渐生成,但是回顾生成历史,不难发现其自我有序演进离不开政府长期而稳定的资金支持与关键时刻的立法保障和引导。而对于二战之后式微的欧洲国家和努力赶超的亚洲国家,在面临 21 世纪初国际竞争日趋激烈、经济危机等困境情况下,政府更是充分发挥"看得见手"的作用,制定并实施世界一流动议项目,投入大量资源,旨在增强大学国际竞争力,进而提升国家形象、抢占科技制高点和掌握国际话语权。

在一流大学建设中,政府一般扮演政策制定者、资金供给者和外部服务者角色,办学水平在根本上取决于大学办学主体性和自主性的发挥,这在英美表现得尤为突出。在政府层面上,美国政府启动"国家综合战略",但不介入大学内部事务,主要通过中介组织影响大学发展战略。大学层面,顶尖大学如哈佛大学、斯坦福大学在牢牢把握与政府合作机遇的同时也在内部不断创新教育教学方式,使传统古老大学重焕生机。部分后发国家②则通过实施一流大学动议项目,为大学发展提供资源保障,建立公平有效的竞争制度,调动起大学改革内生动力,并对市场竞争无法发挥作用的领域如基础研究进行引导和调控。

值得关注的是,虽然后发国家实施以政府为主导的重点建设计划在提升高校的声誉和绩效方面可能发挥着重要作用,但它不能替代对整个高等教育系统的全面改革,③因为其本质上是一种"择优挑选"过程,容易导致大学之间、学科之间发展不平衡,出现两极分化现象,同时政府支持与大学自主之间可能存在的非此即彼也备受关注,这都需要政府以系统化思维思考世界一流大学体系建设,打造良好的高等教育生态系统,激发大学内生动力。

(二) 对服务经济发展的重视

很多国家一流动议在政策目标、资助对象和评选标准上强调大学与区域的

---

① 菲利普·阿特巴赫,贾米尔·萨尔米.世界一流大学:发展中国家和转型国家的大学案例研究[M].王庆辉,等,译校.上海:上海交通大学出版社,2011:18.

② 这里的"后发国家"是指高等教育后发国家或在全球高等教育版图上并不属于美英第一梯队的国家,与其经济发展水平并不直接相关。如法国、德国,经济上属于发达国家,但其高等教育在当前又体现为"后发追赶型国家"。

③ 刘念才,程莹.从声誉到绩效:世界一流大学的挑战[M].上海:上海交通大学出版社,2017:35-40.

深度互动。政策目标上，韩国 BK21 第二和第三阶段强调大学与区域的密切联系，鼓励大学与企业进行科学研究与人才培养。资助对象上，部分国家以地域为出发点，鼓励同一区域内高校联合申请，如法国的巴黎-萨克雷大学由巴黎-萨克雷及周边地区高水平大学和研究机构组成，充分展现出联盟优势，成功入选"卓越大学计划"；韩国 BK21 项目规定申请大学须组成跨校联盟，即包括一所主导大学、一所以上参与大学。评选标准上，许多国家突出大学对区域的贡献和影响力，如法国在预选阶段把科学研究的区域影响列为标准之一，德国则把知识成果转移转化情况纳入资助标准。

在一流动议的目标引导下，入选大学也在实践中积极服务区域发展。如俄罗斯"5－100"计划中不少大学在战略规划中将地方需求纳入优先发展事项，国立高等经济学院就是典型代表，它以卓越为动力，以科研为导向，在服务莫斯科地区发展过程中逐渐形成了多元大学模式，而这种模式在全球卓越研究与地方和国家之间提供了一种平衡。[①] 被伯顿·克拉克视为创业型大学典范的英国沃里克大学（University of Warwick）在亲工业界理念统领下，打破传统的大学组织架构，强化集成的权力中心、扁平化的管理架构、与区域行业产业建立深度协同关系，从 1965 年建立之后短短几十年就跻身英国大学前十名，成为新型大学改革创新的典范。大学与国家区域经济社会关系应是双向互动关系，大学在解决社会问题的过程中创新发展，从某种程度来说社会服务催生了世界一流大学。

（三）与资源分配联动的动态评估

当前各国的一流大学动议大都采取动态管理机制、通过定期评估实现资源再分配，这种竞争机制的引入有利于打破身份固化、激发大学改革的内生动力。如德国以前强调均衡发展，使其在以全球大学排行榜位次为表现的高等教育水平日渐下滑，推动人们反思均衡化发展的弊病。尽管德国学术界就其一流动议项目的必要性和操作方式并未达成一致，但不可否认的是，卓越计划和卓越战略的确给德国高等教育发展带来了许多积极影响。竞争机制的有序进行离不开动态科学公平的考核评估机制建立。日本对入选"全球顶尖大学项目"的大学进行多轮考核，并构建起评级制度。法国、韩国等都建立起严格的评估体系和退出淘

汰制度。德国"卓越计划"第二期中淘汰了第一期入选的 3 所大学,但对被淘汰的大学并未立即停止资助而是给予最高为期两年的缓冲期。法国"卓越大学计划"则给予入选大学四年的试用期。韩国 BK21 PLUS 项目引进不及格制度,在首轮遴选中直接淘汰总分不足 180 分(总分 300 分的 60%)的项目组。

2017 年 1 月,我国教育部、财政部、国家发展改革委印发《统筹推进世界一流大学和一流学科建设实施办法(暂行)》,提出在一流大学和一流学科建设中要"加强过程管理,实施动态监测,及时跟踪指导。以学科为基础,制定科学合理的绩效评价办法,开展中期和期末评价,加大经费动态支持力度,形成激励约束机制,增强建设实效。"同时,提出"根据中期评价结果,对实施有力、进展良好、成效明显的建设高校及建设学科,加大支持力度;对实施不力、进展缓慢、缺乏实效的建设高校及建设学科,提出警示并减小支持力度"①,这种做法有利于打破身份固化,建立高校及学科有进有出的动态调整机制。但在具体实施中,这种动态管理可能会遭遇各种阻力,尤其是大学圈层森严和资源分配固化背景下,以及"双一流"身份的诸多意涵,更使得所谓动态调整面临巨大困难。

---

① 教育部、财政部、国家发改委. 统筹推进世界一流大学和一流学科建设实施办法(暂行)[EB/OL]. (2017 - 01 - 25)[2021 - 06 - 21]. http://www. moe. gov. cn/srcsite/A22/moe_843/201701/t20170125_295701. html.

第二章
长久以来的一流梦想[①]

　　题记：虽然关于世界一流大学的定义众说纷纭，但自现代大学在中国发轫之初，中国人对建设世界一流大学的追求和努力从未停止。而"重点建设，带动整体发展"并非今日之改革发展模板。早在1920年，协和医学院就树立起"要在中国办一个世界第一流医学院"的远大目标。1921年，时任厦门大学校长林文庆强调要"使本校之学生虽足不出国外，而其所受之教育，能与世界各大学相颉颃"[②]。新中国成立以来，热火朝天"赶英超美"的朴素心切、改革开放对知识和创造的渴求、实现中华民族伟大复兴的时代使命，无不使我们把建成若干世界一流大学作为重大任务。至今，已经无人怀疑，拥有若干世界一流大学和大批一流学科，是国家高等教育水平的标志，是国家综合实力的集中体现。在波诡云谲的国际态势、日新月异的科技革命和产业变革下，如何建设中国特色世界一流大学已经成为摆在国人面前的一道必答题。

一、一流起源：新中国成立之前向西方看齐

　　中国近现代意义上的大学肇始于民族危亡之际，以救亡图存、自强求治为使命，引入欧美及日本的大学制度而设立。清华大学老校长梅贻琦于《大学一解》开篇就说，"今日中国之大学教育，溯其源流，实自西洋移植而来，顾制度为一事，

---

① 本章撰写组：徐贤春、严晓莹、吴伟等。
② 洪永宏.厦门大学校史【第二卷】(1921—1949)[M].厦门：厦门大学出版社,1990：138.

而精神又为一事"。他认为,西方大学源自古希腊"一己之修明"的人生哲学,其精神与中国古代太学所教授的"明明德"与"新民"的儒家思想相通。虽在内涵上有相通之处,但太学作为中央官学依附于政治而存在,西方大学则是"学术文化内在逻辑发展到特定阶段的自然结果",两者在各自社会结构中有着不同的功能,太学未能演变出近代意义上的大学。

鸦片战争之败使国人开始睁眼看世界,而中日甲午之战使有识之士进一步认识到当时西方教育制度的可借鉴性,国力强盛不在坚船利炮,而在"穷理劝学"(康有为《教学通设》序)。日本通过明治维新迅速崛起,表明东方文化可以通过学习借鉴西方文明而强盛,同时也为中国提供了一条吸收西方文明成果的自强救国路径。因此,经详细考察之后,清廷于19世纪末期,以"中体西用"为理念,效仿日本大学体制结构设立了京师大学堂,从课程、学时、专业设置到建筑规制、学舍数量皆与日本大学同一体例。京师大学堂的设立标志着中国现代大学教育的开始。但在封建价值观影响下,京师大学堂仍奉行"以忠孝为本,以中国经史之学为基"的传统理念,突出经学地位、延续官本位取向,此时的京师大学堂徒有大学之形而无大学之实。

民国成立后,受德国大学理念影响颇深的蔡元培担任教育总长,主持制定壬子学制和《大学令》等一系列教育法令,取消忠君、尊孔等封建内容,倡导民主共和精神,增加自然科学课时、强调生产技能训练,旨在造就完全人格、发展创造精神,具有明显的反封建性。壬子学制也因此被认为是中国第一部现代学制。蔡元培后又担任北京大学校长,大刀阔斧地进行教育改革,包括废除年级制、采用选科制,组织设立评议会、教授会,设立各科研究所,废科设系,提倡体育、智育、德育、美育和谐发展。正如他在北京大学开学典礼上提出,"大学者,研究高深学问者也",读大学既不为做官发财,也不为分数多寡,只为求得学问。蔡元培还主张平民教育,不看资格和出身,注重以成绩择优录取学生,并循思想自由、兼容并包原则,集聚和引进一大批真正有才华的学者,推行学术自治、教授治校,为北京大学发展营造了自由生长的土壤。蔡元培成功地将德国经典大学理念移植到中国,并将北京大学打造成为引领风气之先的知名高等学府,为中国近代大学制度发展奠定了基础。

与蔡元培齐名、时誉为"北蔡南马"的马君武也将德国大学理念引入国内。作为取得德国工学博士的第一位中国人,他先后三次担任广西大学校长,借鉴德国工科大学模式,以"学以致用"为办学理念,先后开设"理工农矿"四个学院,重金延聘了一批知名教授博士,采购了充裕的图书资料和完善的仪器设备,并身体力行率领师生建设校园,将一所省立初创大学迅速发展为国内著名大学。德国等西方大学制度和知识体系通过蔡元培、马君武等卓越知识分子的理论倡导和身体力行,既从制度突破方面提供可借鉴的资源,又在思想、学理方面改变中国传统中消极的思想积淀,铸就急剧趋新的现代大学结构。①

　　与此同时,通过组团赴美考察,加上以杜威为代表的美国教育家的宣传,以及数万名归国留学生译介大量介绍美国大学教育文章,中国教育界对美国教育的认识不断深入,高等教育体制改革也深受美国教育影响。1922 年,仿效美国学制的"壬戌学制"正式颁布实施,改进原有学制中各学段年限分配不合理等缺陷,取消大学预科,更好地整合高等教育资源,并通过实行选科制和分科教育,发挥师生积极性,兼顾学生升学、就业需要。② 部分留美归国学者通过担任大学校长,积极将美国大学理念融入治校实践中。如郭秉文担任南京高等师范学校(后更名为东南大学)校长,引入美国大学管理制度设立校董会协助校务,充分发挥校董的社会影响力筹措资金,提升学校声誉,将南师由一所地方性师范学校扩充为全国性的综合性大学,并将其迅速发展为与北京大学齐名的国立大学。在学科设置上,东南大学拥有当时门类最齐全的学科,包括文理、教育、农、商、工五大类,既注重偏重学理的学科,也注重偏重应用的学科,以"通才不至于空疏,专才不至于狭隘"为培养目标,为社会培养多种类型的人才。为了更好地服务社会,东南大学还仿照美国大学成立了推广部,开办暑期学校、补习班、函授班,与地方开展产学研合作等。

　　抗战前夕,国内涌现一批高水平大学,处于领先地位的清华大学、北京大学、中央大学等已是世界知名大学,尤其是清华大学在多项核心指标上已逼近美国前20 名左右大学的水准。③ 抗战期间,在极端困难的环境下,中国高等教育仍未停止追求一流的步伐,历时八年的"文军长征",将国内高等教育学术水平推到比肩国际一流的高度,创造了近代中国高等教育的高峰和世界高等教育史上的奇迹,即出现了被誉为"东方剑桥"的浙江大学。1947 年,时任北京大学校长胡适在接受《大公报》记者采访中指出"中国专科以上学校有一百四十单位以上,大家都在吃稀饭,一

① 王飞. 中国现代大学的产生——民国时期中国大学的形成场域与历史蕴义[J]. 现代教育管理,2016 (01)：43-49.
② 周宇清. 1922 年"壬戌学制"仿效美国学制的原因论析——兼论晚清民国时期中国学制的演变[J]. 苏州大学学报(哲学社会科学版),2014(02)：186-190.
③ 刘超. 民国时期研究型大学的兴衰——"中国对世界一流大学的百年追寻"系列之一[J]. 社会科学论坛,2015(01)：163-188.

千年也爬不上去",应当学习日本,"倾全国之力建设东京(大学)及京都(大学)两(个)帝(国)大(学)",他认为政府应制定学术独立十年计划,第一个五年集中精力支持五个大学做到"第一等地位","这五个大学应为北大、清华、浙大、武大及中大,到第二个五年再培植五个大学,以此达到争取世界学术地位,至少要比外国的二、三等大学有地位"。此言论一发引起了一场关于"学术独立"的论战,政府要员、高校校长、知名学者等各界人士就此发表不同见解。① 虽然因战争等原因,这一十年计划未能付诸实践,但这是中国人较早的关于创办世界一流大学的重要设想。

二、一流萌发: 20 世纪 90 年代之前的重点建设

这一时期,国家未明确提出世界一流大学建设目标,但是在高等教育领域已逐步探索提出了"重点建设"的思路,以克服平均用力导致教育质量下降的情况。这中间出台与实施的高等教育建设相关政策和举措,为后续开展世界一流大学建设奠定了良好的理论和实践基础。

(一) 政策提出与实施过程

新中国成立之初,国内高等教育资源匮乏。1949 年全国仅有 205 所高校。1949 年 12 月,新中国第一任教育部部长马叙伦在第一次全国教育工作会议的开幕词上指出:"当前我们的教育工作,要根据总的方针和具体情况及条件,分别先后重轻,找出重点,不能企图百废俱兴,发展是有重点的,百废俱兴必致一事无成"②。在全面学习苏联的政治环境、优先发展重工业的经济战略布局及快速推进社会主义建设的需要等综合环境下,1954 年 12 月,教育部发布《关于重点高等学校和专家工作范围的决议》,将中国人民大学、北京大学、清华大学、北京农业大学、北京医学院、哈尔滨工业大学 6 所学校确定为全国性重点大学。这是我国第一个正式出台的关于高等教育重点建设的政策文件,国家通过师资调配、聘请外国专家、基础设施建设和专业设置等方式对重点高校予以支持。1958—1960 年,由于受到"左倾"思想影响,高校数量激增而教学质量难以保证,国家陆续出台《关于在高等学校中指定一批重点学校的决定》《关于增加全国重点高等学校的决定》等系列文件,通过增加重点高校数量来带动其他高校发展,并强调

---

① 朱鲜峰. 一流大学之梦: 四十年代"学术独立"论战回顾[J]. 读书,2013(02): 96 - 102.
② 何东昌. 中华人民共和国重要教育文献 1949—1975[M]. 海口: 海南出版社,1988: 6.

列入全国重点建设的高校应当把工作重点放在提高教育质量上，未经批准不得自行扩大规模。至1963年，全国重点大学增至68所。

随后，因"文革"特殊时期，高等教育的发展受到一定冲击，重点建设大学政策一度中断。在经历"文革"挫折后，国家进一步意识到高等教育对国民经济社会发展的重要支撑作用，将高等教育发展纳入国家"赶超战略"内容，提出恢复和办好全国重点高等学校，并重新指定88所高校为全国重点大学。到1981年，又陆续新增9所重点大学。此阶段，重点大学战略被前中国高等教育学会会长周远清概括为"一包二统"，即国家包下来、政府统起来。① 如何恢复和发展国民经济是政府的首要任务，国家将有限的资源投入指定高校建设中，高校主要聚焦人才培养尤其是培养经济建设急需人才，而科学研究活动主要由独立设置的科研院所为主，进而形成科教分离局面。

伴随高等教育规模的不断扩大，以及改革开放以来从计划经济向社会主义经济体制的转变探索，1983年5月，南京大学、浙江大学、天津大学、大连理工大学四所大学校长联名建议中央政府增加对高等教育的财政投入，尤其是要拨出专款、大力度地支持部分基础条件较好的高校进行"重中之重"建设。1984年，国务院同意了这一建议，遴选15所高校列入国家重点建设项目和"七五计划"，高校建设经费由国家专项补助投资自此开始。1985年，《中共中央关于教育体制改革的决定》出台，将重点建设范围拓展到了学科建设，并于1987年启动高等学校重点学科的评选工作。经过两年评选，遴选出覆盖108个高校的416个重点学科，随后在学科发展需要的实验室设备、教学条件等方面给予了支持。

表2-1　20世纪60—80年代重点大学政策概览

时间	政　　　策	发文单位	重点建设数量
1954年	关于重点建设高校和专家范围的决定	教育部	6所大学②
1959年	关于在高等学校中指定一批重点学校的决定	中共中央	20所大学③

---

① 周远清.大改革　大发展　大提高——中国高等教育30年的回顾与展望[J].中国高教研究，2008(01)：1-4.

② 包括中国人民大学、北京大学、清华大学、北京农业大学、北京医学院、哈尔滨工业大学。

③ 新增中国科学技术大学、北京工业学院、北京航空学院、北京师范大学、天津大学、复旦大学、上海交通大学、华东师范大学、上海第一医学院、西安交通大学、中国人民解放军军事工程学院、西安军事电信工程学院、中国协和医科大学、中国人民解放军第四军医大学。

（续表）

时间	政　　策	发文单位	重点建设数量
1960 年	中共中央关于增加全国重点高等学校的决定	中共中央	64 所大学①
1963 年	增加浙江大学、厦门大学、上海外国语学院、南京农学院	教育部	68 所大学
1978 年	关于恢复和办好全国重点高等学校的报告	教育部	88 所大学
1981 年	恢复国际关系学院、中国人民大学、南京农学院并新增中国首都医科大学和 5 所农业院校	教育部	97 所大学
1984 年	同意将 15 所高校列入国家重点建设项目的请示报告	国务院	15 所院校②
1987 年	关于评选高等学校重点学科的暂行规定、关于高等学校重点学科评选工作的几点意见	国教委	416 个重点学科

（二）政策特点与实施成效

1. 确立“重点带动一般”的发展战略

这一时期的政策文件都明确要求重点大学在各方面要先行一步，及时总结经验并推广，帮助和带动其他高校发展。到 1981 年底全国共有 704 所高校，重点大学仅占 13.78%。同时，为凸显重点建设大学的示范性和引领性，同时也是因为当时经济条件限制，1984 年更是将列入国家重点建设项目支持的高校缩至 15 所，突出了“重中之重”建设。

2. 明确学科建设是大学发展的重要内容

前期重点大学建设以大学整体为单位，主要承担人才培养、师资培训等任务。改革开放初期，邓小平同志提出“科学技术是第一生产力”“重点大学既是教

---

① 新增兰州大学、吉林大学、南开大学、南京大学、武汉大学、中山大学、四川大学、山东大学、山东海洋学院、同济大学、华东纺织工学院、华南工学院、大连工学院、东北工学院、南京工学院、华中工学院、成都电讯工程学院、西北工业大学、合肥工业大学、北京石油学院、北京地质学院、重庆大学、北京邮电学院、北京钢铁学院、北京矿业学院、北京铁道学院、北京化工学院、唐山铁道学院、吉林工业大学、大连海运学院、华东化工学院、武汉水利电力学院、中南矿冶学院、华东水利学院、北京农业机械化学院、北京林学院、北京中医学院、中山医学院、北京外国语学院、北京政法学院、北京对外贸易学院、国际关系学院、中央音乐学院、北京体育学院。

② 包括北京大学、清华大学、复旦大学、上海交通大学、中国科学技术大学、西安交通大学、北京医科大学、北京农业大学、北京师范大学、北京理工大学、北京航空航天大学、哈尔滨工业大学、西北工业大学、国防科学技术大学、中国政法大学。

学中心，又是科研中心"。重点大学的办学任务转为教学与科研并重。学科作为科研工作的重要载体，开始被纳入国家重点支持范围。这一做法扩大重点支持的范围，给未入选国家重点大学的高校提供获取财政投入的渠道，并在办学经费资源紧张的背景下有效缓解重点高校与普通高校之间的矛盾。

3. 逐步优化遴选机制和支持模式

"文革"前的重点建设对象的产生是指定性或非竞争性的，政府对重点大学的办学目标、任务安排等方面有严格要求。重点大学更多是一种荣誉，而没有实质上的经费资源支持，仅在师资、招生、就业等方面有一些倾斜政策。1984 年以后，重点建设的遴选方式从政府指定转向专家评审，实行"同行评议、择优扶植"，制定较为公开透明的遴选程序，并明确高校、专家和政府的作用。同时，政府设立专项经费，对重点大学和重点学科所在高校按照效率先行、重点支持的方式予以专项资助，即所有入选重点建设的高校能获得国家"综合定额＋专项资助"两个来源的经费支持，这一做法一直延续至今。

4. "项目""工程"概念引入高等教育领域

新中国成立初期，在计划经济体制下，为满足国家经济发展，尤其是重工业优先发展的需要，国家对重点大学的人才培养、科学研究、干部任免等都有明确规定。重点大学建设带有较强的计划性和浓厚的政治色彩，且重点建设目标与任务往往是笼统下达给高校这一"单位"，未落实到具体项目。1984 年后，国家开始根据社会需求设置教育建设项目和目标并予以持续支持，按照推动经济建设的思路发展高等教育，当然同时也强调高等教育发展有其自身规律。高等教育的发展借鉴经济建设领域的项目、工程建设的思路，为后期"211 工程""985 工程""2011 计划"等重点建设专项的出台奠定制度基础。

三、一流深化："211 工程"和"985 工程"

20 世纪 90 年代，随着改革开放的深入和经济全球化的兴起，国家对高等教育高质量发展和拥有若干高水平大学的需求愈加迫切。世界各国也纷纷探索和培育"世界一流大学"（World-Class University），如韩国的"智慧韩国 21 工程"，日本的"21 世纪卓越基地计划"等。此时，国内高等教育规模在重点建设政策的支持下已不断扩大，多层次、多结构的高等教育模式已初步形成，但总体上发展水平与发达国家还有较大差距。为加快从高等教育大国向高等教育强国迈进，在科教兴国、人才强国等总体性国家发展战略下,我国布局并启动实施以"211工程""985工程"为标志的高等教育重点建设工程。

(一) 政策提出与实施过程

1991年,《中华人民共和国国民经济十年规划和第八个五年计划纲要》中提出,要重点推进一批大学和重点学科达到或接近发达国家同类学科的水平。同年,国家教委向国务院上报了《关于重点建设好一批重点大学和重点学科的报告》,建议设置重点大学和重点学科建设项目,并简称为"211计划",这是国家首次提出的"211工程"相关设想。

1993年,国家教委出台了《关于加快改革和积极发展普通高等教育意见的通知》,提出"211工程"已获得国务院原则批准,目标是面向21世纪在全国重点办好100所大学,力争"一批高等学校和学科、专业进入世界先进行列,在教育质量、科研水平和学校管理等方面能与国际著名大学相比拟"。随后,国家教委出台了《关于做好重点建设一批重点学校和重点学科的若干意见》,进一步明确了"211工程"的目标、实施办法等。经过两年的酝酿,1995年11月,《"211工程"总体建设规划》正式出台实施,主要建设内容是学校整体条件、重点学科和高等教育公共服务体系三大部分。

"九五"期间,有99所高校、602个重点学科纳入支持范围,中央专项投入27.55亿元。"十五"期间,有107所高校和821个重点学科纳入支持范围,中央专项投入60亿元。2008年,时任国务院总理温家宝同志主持召开国务院常务会议,听取"211工程"建设工作汇报。会议认为"211工程"取得了明显成效,有力推动我国高等教育整体实力显著增强,并同意"211工程"三期(2007—2011年)建设。"211工程"三期共有112所大学、1073个重点学科纳入支持范围,中央专项投入96.5亿元。

1998年底,教育部发布《面向21世纪教育振兴行动计划》,提出要"相对集中国家有限财力,调动多方积极性,从重点学科建设入手",支持部分高校创建具有世界先进水平的一流大学。1999年1月,国务院批转了该项计划,并以时任中共中央总书记江泽民同志在北京大学100周年校庆上的讲话为指导,定名为"985工程"。这是我国第一项明确以创建世界一流大学为目标而实施的高等教育战略工程,建设内容主要包括创新适应世界一流大学建设需要的体制机制,打造具有世界一流水平的师资队伍,建设一批高水平的科技创新平台和哲学社会科学创新基地，开展高水平的国际交流与合作，改善教学科研条件支撑等 5 个方面。

1999—2003 年，"985 工程"一期有 34 所高校纳入建设范围，中央投入 140 亿元。2004—2007 年，39 所高校纳入"985 工程"二期建设，中央投入 189 亿元。2010—2013 年，"985 工程"三期建设投入 380 亿元。相较于"211 工程"侧重整体办学条件建设和重点学科建设，"985 工程"更注重世界一流大学和一流学科建设，39 所"985 工程"高校目标是建设世界一流大学，获得"985 工程优势学科创新平台"的 37 所高校则着力在若干学科领域打造一流学科群。

2012 年，国家出台《关于全面提高高等教育质量的若干意见》，提出我国高等教育要坚持内涵式发展，进一步强调特色发展、协调发展、创新发展。与此同时，为缓解"211 工程""985 工程"导致的高校间的激烈竞争和矛盾，国家相继出台"特色重点学科项目""985 工程优势学科创新平台""高等学校创新能力提升计划"（简称"2011 计划"）等补充性政策，对更大范围的高等学校提供资源支持。2016 年 6 月，教育部宣布《关于印发"211 工程"建设实施管理办法的通知》《关于印发〈"985 工程"建设管理办法〉的通知》等文件失效，意味着"211 工程""985 工程"两项高等教育重大项目暂时告一段落，重点学科建设项目、"2011 计划"等项目也陆续停止实施。

在上述历次政策出台后，都有一批高水平大学响应，提出世界一流大学建设方案并明确时间表。如清华大学在 1993 年便提出要在建校 100 周年（即 2011 年）之际建成世界一流的、具有中国特色的社会主义大学，并于 2003 年首次公开了建设世界一流大学的时间表，明确要在 2020 年总体建成世界一流大学。北京大学于 1999 年启动世界一流大学建设计划，并于 2004 年制定了《创建世界一流大学规划》，拟通过两个阶段的建设，争取于 2015 年进入世界一流大学行列。2010 年，浙江大学出台"985 工程"总体规划，对世界一流大学的内涵以及中国特色、世界一流大学的目标进行了分析，并确定了建设具有中国特色、浙大特点的世界一流大学目标。复旦大学、中国学科学技术大学、上海交通大学、厦门大学等高校也按照"985 工程""211 工程"相关政策指导，结合自身办学特色和基础，纷纷提出世界一流大学建设目标和建设方案。

（二）政策特点与实施成效

"211 工程""985 工程"的实施，推动一批高校和学科快速提升质量水平，如入选世界大学学术排行榜（ARWU）的高校从 2003 年的 9 所增加到 2014 年的 32 所,进入前 200 名的高校从 0 增长到 6 所,前 300 的高校从 2 所增长到 12 所。 2014 年,THE、QS 两个权威世界一流大学排行榜中,我国至少有 2 所高校进入前 100。不仅如此,"211 工程""985 工程"还起到重点建设的示范作用,带动我国高等教育整体水平加快提升,从根本上提高了我国高等教育整体水平和国际竞争力,逐步缩小了与发达国家之间的差距,并在国内外引起了较大反响,为后续"双一流"建设政策的实施奠定物质基础和制度基础,甚至也再次巩固了以重点建设带动整体发展的理论基础。

1. 形成高等教育中国经验

作为高等教育后发国家,"211 工程""985 工程"推动我国高等教育快速发展,在全球范围内国际影响力不断提升,形成一定的示范效应。同一时期,许多国家和地区也相继出台类似的高等教育发展战略,如韩国的 21 世纪智慧韩国工程、德国精英大学计划以及英国、法国、马来西亚、俄罗斯等国的类似重点建设计划。尤其对于印度、巴西、南非等新兴国家经济体而言,稳固有序的社会基础、强劲有力的政策保障、对外部环境变化与需求的及时反应等"中国经验",比由学术共同体或市场主导的大学发展逻辑更有效,甚至可以说,这些国家对世界一流大学建设技术与过程知之甚少、建设目标含糊不清,以及未来发展不明时,中国模式对其的借鉴意义越大,产生影响的可能性也越大。①

2. 完善重点建设管理机制

"211 工程"按照"公平竞争、择优遴选"的原则,从以往的同行评议、专家评审、政府指定,转向自主申报、可行性论证、申请预审、预备立项、专家评审、政府批准的立项程序,对申报的高校设置了办学思想端正、班子团结有力、教学基本条件达标等前提条件,在一定程度上体现出高校自身的办学意志。同时,围绕重点建设项目的组织实施、资金使用、成果评价等方面出台了一批政策,对项目从立项到实施的每个环节进行了详细规定。此外,分期分批滚动实施制度日益成熟,在建立强调竞争、开放、灵活的管理机制方面开始探索。

3. 建立起多渠道投入机制

"211 工程""985 工程"的全面实施,极大激发了地方政府、中央相关部门以

---

① 陈丽媛,刘念才.世界一流大学建设的中国模式及其国际影响[J].教育研究,2019(06)：105－115.

及社会各界对世界一流大学建设的热情。中央政府通过与地方政府、相关部门合作共建等方式，推动多元化资源注入。"九五"期间，"211工程"总投资有186.3亿元，但是中央投入仅27.55亿元，地方与部门配套103.2亿元，高校筹资55.6亿元，"十五"期间总投入187.5亿元，中央仅投入三分之一；"985工程"一期、二期建设总投入近670亿元，中央投入仅330亿元左右。[①] 广东省等经济实力较为雄厚的地区，地方政府对重点建设高校的投入，远高于中央专项的财政投入。与此同时，随着两项重大工程的影响力不断提升，社会各界对相关高校的发展也日益关注，通过产学研合作、捐赠、设置奖学金奖教金等形式，提供发展支持。

四、一流升级："双一流"建设

"双一流"建设是继"211工程"和"985工程"之后中国高等教育的又一重大国家战略，是中国不懈追求世界一流大学的高阶阶段，"211工程"和"985工程"是"双一流"建设的逻辑起点和继承基础，它们是一脉相承、互相衔接的。[②] 总体看来，"双一流"建设既延续了建设中国特色世界一流大学的目标愿景，又对建设内容、实施机制、支持方式、评价体系等做了一系列创新迭代。

（一）政策提出与实施过程

2015年10月，国务院印发《统筹推进世界一流大学和一流学科建设总体方案》（以下简称《总体方案》），明确了高等教育的"三步走"目标，"到2020年，若干所大学和一批学科进入世界一流行列，若干学科进入世界一流学科前列；到2030年，更多的大学和学科进入世界一流行列，若干所大学进入世界一流大学前列，一批学科进入世界一流学科前列，高等教育整体实力显著提升；到本世纪中叶，一流大学和一流学科的数量和实力进入世界前列，基本建成高等教育强国"。文件提出了"5+5"的"双一流"建设任务体系，将建设一流师资队伍、培养拔尖创新人才、提升科学研究水平、传承创新优秀文化、着力推进成果转化作为"建设任务"，将加强和改进党的领导、完善内部治理结构、实现关键环节突破、构建社会参与机制、推进国际交合作作为"改革任务"。这个文件标志着"双一流"

---

① 伍宸.论高等教育政府资助方式的转变——兼论"985工程""211工程"的存废[J].重庆高教研究,2015
　　(03)：8-14.
② 刘海峰."双一流"建设的继承、创新与推进[J].高等教育研究,2021(01)：1-7.

建设政策正式实施,全面开启了新时代中国特色世界一流大学建设新征程。

2017 年 1 月,教育部、财政部、国家发展改革委联合印发《统筹推进世界一流大学和一流学科建设实施办法(暂行)》(以下简称《暂行办法》),明确了"双一流"建设战略的操作流程和高校遴选标准,并从人才培养、科学研究、社会服务、文化传承创新、国际交流合作等 6 个方面提出了具体要求。国家设立"双一流"建设专家委员会,由政府部门、高校、科研机构、行业组织人员组成,根据标准提出拟建设高校的建议名单。9 月,三部委发布了"双一流"建设高校和学科名单,包括 42 所一流大学建设高校(A 类 36 所,B 类 6 所)、95 所世界一流学科建设高校。年底,各"双一流"建设高校向社会公开了"双一流"建设方案。

与此同时,地方政府纷纷响应"双一流"建设战略,约有 30 个省市相继出台了支持"双一流"建设的指导意见或实施方案。天津市于 2017 年印发了《天津市推进一流大学和一流学科建设实施方案》,谋划了 3 个国家层面建设项目和 5 个市级层面建设项目,目标直指世界一流大学、世界一流学科建设高校和一流应用技术大学、一流高职院校等;辽宁省于 2019 年印发《辽宁省高等学校一流大学和一流学科建设支持方案》,拟于未来五年筹集 70 亿元经费支持大连理工大学等 13 所高校建设等。部分"双一流"建设高校从地方政府获得的资源支持甚至远大于从中央政府获得的支持。

2018 年 8 月,三部委再次联合印发《关于高等学校加快"双一流"建设的指导意见》(以下简称《指导意见》)的通知,进一步贯彻落实党的十九大提出的"实现高等教育内涵式发展"要求,并针对"双一流"建设起步阶段存在的认识不深、思路不清、机制不明、措施不强等问题,从落实立德树人根本任务、探索一流大学之路、打造一流学科高峰、形成建设合力等角度为高校、政府部门等给予指导引导。为综合评估"双一流"建设成效,国家分别于 2018 年底、2019 年 7 月、2020 年 7 月,组织各"双一流"建设高校开展了年度总结、中期评估和期末自评。与此同时,教育部于 2019 年启动"双一流"建设动态监测工作,分别围绕大学、学科建设进展情况提出监测指标体系。

2020 年 10 月,国务院正式发布了《深化新时代教育评价改革总体方案》,明确提出要"制定'双一流'建设成效评价办法,突出培养一流人才、产出一流成果、主动服务国家需求,引导高校争创世界一流"。2021 年 3 月,三部委联合印发《"双一流"建设成效评价办法(试行)》(以下简称《评价办法》),《评价办法》突出质量、服务和贡献，坚持正确评价导向，构建起中国特色、世界一流的"双一流"建设评价体系，并在首轮"双一流"建设的周期总结评价和新一轮"双一流"建设高校的遴选中进行了具体应用。

（二）政策特点与实施成效

目前首轮"双一流"建设已正式结束。2021 年全国教育工作会议上，时任教育部部长陈宝生提到"首轮'双一流'建设成果令人鼓舞、令人振奋"。从部分"双一流"建设高校发布的周期评估专家意见中可以看出，有一批高校已经圆满完成"三步走"的"第一步"目标，其中个别高校"已经建成了世界一流大学"。从软科、QS 等国际权威大学排行榜来看，"双一流"建设高校的排名在不断进步，清华大学、北京大学等国内前列高校已在部分权威大学排行榜中不断靠近甚至已经进入全球前 20，在一定程度上可以说进入世界一流大学行列。

1. 创新遴选机制，更加突出学术导向

与前期的重点建设政策不同的是，国家确立了"竞争优选、专家评选、政府比选、动态筛选"的"双一流"建设高校遴选机制，并"采取认定方式确定一流大学、一流学科建设高校及建设学科。"一方面，"双一流"建设高校的遴选在以往的基础上突出学术导向，重视学者专家意见。国家成立了"双一流"建设专家委员会，由相关部委、高校、科研机构等不同来源的组织代表组成，从遵循学科发展规律的角度，对"双一流"建设高校的遴选及后续的方案编制、中期评估和周期评估提出了专业意见。另一方面，"双一流"建设高校名单是在综合了专家意见、国际国内第三方评价组织意见、政府意见等多方面主客观因素的基础上确定的，具有更强的权威性和说服力。遴选程序上也作出较大改革，由专家委员会首先论证确定遴选标准，并根据标准提出建设高校建议名单，提高了遴选的客观性、开放性、公平性。

2. 实行动态管理，营造良性竞争氛围

针对"211 工程""985 工程"高校身份固化这一突出问题，《暂行意见》中提出实行"总量控制、开放竞争、动态调整"，并明确提出"打破身份固化，建立建设高校及建设学科有进有出动态调整机制"，既对建设过程中出现问题的高校进行调整，也对建设期满后不符合要求的高校进行调整。虽然目前首轮"双一流"建设中期评估、周期评估结果尚未发布，但动态调整机制在政策和实践方面都较以往有了新的突破。2020 年 9 月，各高校完成周期建设自评工作并提交总结报告

后,教育部已组织专家委员会开展评估。按照《暂行意见》的规定,主管部门将"根据期末评价结果等情况,重新确定下一轮建设范围",并对成效特别突出的少数高校及学科加大支持力度。另外,《暂行意见》中首次明确提出从 2016 年开始"每五年一个周期",既为入选高校面向"双一流"建设目标开展长期战略规划提供了时间与资源预期,也为未入选"双一流"建设范围的高校提供机会,有利于构建具有内生活力、动态平衡体系、良性竞争格局的高教生态系统。

3. 实施成效评价,加强过程跟踪监测

《暂行意见》提出要"加强过程管理,实施动态监测,及时跟踪指导"。自 2017 年"双一流"建设高校名单发布以来,主管部门每年都在组织不同维度的总结评估工作,如 2018 年底的年度进展总结,2019 年的中期自评总结,2020 年的周期总结验收,要求高校加强对"双一流"建设进展、成效、典型经验的总结,及时发现存在的问题并予以修正。同时,2019 年启动了"双一流"建设动态监测指标数据填报工作,并发布了《"双一流"建设监测指标体系》,分别面向"双一流"建设高校和建设学科设计了两套指标体系,从党的领导、拔尖创新人才培养、师资队伍建设、提升科研水平、传创优秀文化等维度,兼顾定性指标和定量指标,设计了 120 余个监测指标,其中 90 个左右由建设高校组织填报。《评价办法》正式出台后,突出强调了以立德树人根本任务为牵引,聚焦服务贡献,引导特色发展,鼓励不同类型的高校在不同领域和方向建成一流,将有力扭转以论文、排行榜等为重要依据的评价趋势。

五、一流的传承与演进

纵观新中国成立以来我国高等教育追求一流梦想的进程,可以发现我国始终坚持重点建设、带动全局的战略路径,并秉持稳中求进、继承创新、改革发展的思路继续朝着建成高等教育强国的目标推进。

(一) 追求一流的政策传承与演进

从新中国成立初期确立重点建设政策以来,无论是重点大学、重点学科,还是"211 工程""985 工程""双一流"建设,虽然国家重点支持的范围和方式在变化,但是集中资源重点支持一批高校率先发展的重点建设模式一直延续下来。这种"集中力量办大事"的管理模式,有力推动我国在建设、改革和新时代的各个历史阶段的高等教育快速发展,实现着高等教育与经济社会发展之间的协同共生。

1. 建设目标日渐清晰

经过长期积累，我国高等教育水平持续提升，基础日益扎实，高等教育发展的目标逐渐从国内先进转向世界一流。从三轮"211工程"相关政策文件可以看出，"211工程"建设最初的重点是推动一批高校和学科快速达到国内先进水平；二期目标是大多数高校达到国内领先地位，部分学科接近或达到世界先进水平，同时开始关注全国高等教育公共服务体系建设；到三期则是部分学校建成特色鲜明、优势突出、部分学科达到世界先进水平的国际知名大学。总体来看，三轮"211工程"的建设目标主要是对照世界先进水平，且随着时间的推移逐轮递进和提升。"985工程"一期虽然于"211工程"一期实施期间启动，但是甫一开始便开宗明义地提出推动大学与学科"进入世界一流"的目标。与"211工程"类似，"985工程"也从"进入世界一流"到"建成若干所世界一流大学"再到"跻身世界一流大学行列"逐层递进，并于三期首次明确提出"到本世纪中叶有一批大学屹立于世界一流大学行列，其中一些学校位于世界一流大学前列"的目标。"双一流"建设延续"985工程"的阶段目标，并从追求"世界一流"，升级为同时强调"中国特色"，更清晰地刻画未来50年国家推进世界一流大学建设的时间进度表。尽管国内关于世界一流大学的具体内涵并未形成一致意见，具体的衡量标准也是众说纷纭，但是各项政策在汇聚社会资源、快速提升高校办学水平等方面的积极作用不容置疑。

表2-2　"211工程""985工程""双一流"建设目标

类别	周期	建设目标
"211工程"	"九五"（一期）	面向21世纪，在"九五"期间重点建设一批高等学校和重点学科，并在此基础上经过若干年的努力，使100所左右的高等学校以及一批重点学科在教育质量、科学研究、管理水平和办学效益等方面有较大提高，在高等教育改革特别是管理体制改革方面有明显进展，成为立足国内培养高层次人才、解决经济建设和社会发展重大问题的基地。其中，一部分重点高等学校和一部分重点学科，接近或达到国际同类学校和学科的先进水平，大部分学校的办学条件得到明显改善，在人才培养、科学研究上取得较大成绩，适应地区和行业发展需要，总体处于国内先进水平，起到骨干和示范作用。①

---

① 国家计委、国家教委、财政部：《关于印发〈"211工程"总体建设规划〉的通知》（计社会〔1995〕2081号），1995-11-18.

（续表）

类别	周期	建 设 目 标
	"十五"（二期）	继续重点建设"211工程"院校，使其中大多数学校整体教学、科研水平达到国内领先地位，成为国家和地方解决经济、科技和社会发展重大问题的基地；加强重点学科建设，加大学科结构调整力度，支持发展新兴和交叉学科，力争使其中部分学科接近或达到世界先进水平，建成布局和结构比较合理的高等教育重点学科体系；加快高等教育信息化步伐，增强全国教育和科研计算机网络、高等教育文献信息保障体系及图书数字化资源的服务能力，构建高等学校仪器设备等优质资源共享体系，使高等教育公共服务体系的运行环境得到较大幅度的改善，建立起辐射全国高等学校、带动我国高等教育整体发展的信息服务平台。①
	三期	围绕创新型国家建设，加大学科结构调整、队伍建设和高层次创新人才培养力度，优化重点学科体系的结构和布局，使更多的学科接近或达到国际先进水平；以信息化带动教育现代化，构建具有国际先进水平的高等教育公共服务平台；进一步缩小与世界一流大学的差距，使"211工程"学校成为培养创新人才和解决经济、科技和社会发展重大问题的基地，其中部分学校建成特色鲜明、优势突出、部分学科达到世界先进水平的国际知名大学。②
"985工程"	一期	争取若干所大学和一批重点学科进入世界一流水平③
	二期	为创建世界一流大学和一批国际知名的高水平研究型大学进一步奠定坚实基础，使一批学科达到或接近国际一流学科水平。④
	三期	力争在2020年前后，形成一批达到国际先进水平的学科，使若干所大学跻身世界一流大学行列；使一批学校整体水平和国际影响力跃上一个新台阶，成为国际知名的高水平研究型大学；使一批学校成为特色鲜明的高水平研究型大学。"985工程"建设学校的整体水平、综合实力、自主创新能力进一步提高，国际竞争力显著提升，在造就学术领军人物和集聚创新团队、培养拔尖创新人才、创新机制体制等方面取得突破；为建设创新型国家、实现从人力资源大国向人力资源强国转变做出更大贡献。经过不懈的努力，到本世纪中叶有一批大学屹立于世界一流大学行列，其中一些学校位于世界一流大学前列，为实现我国建成中等发达国家的目标奠定坚实基础。⑤

① 国家计委、教育部、财政部：《关于"十五"期间加强"211工程"项目建设的若干意见》（计社会〔2002〕1505号），2014-10-09.

② 国家发展改革委、教育部、财政部：《关于印发高等教育"211工程"三期建设总体方案的通知》（发改社会〔2008〕462号），2008-02-19.

③ 教育部：《面向21世纪教育振兴行动计划》，1998-12-24.

④ 教育部、财政部：《关于继续实施"985工程"建设项目的意见》（教重〔2004〕1号），2004-06-02.

⑤ 教育部、财政部：《关于加快推进世界一流大学和高水平大学建设的意见》（教重办〔2010〕2号），2010-06-07.

（续表）

类别	周期	建　设　目　标
"双一流" 建设	第一步	到 2020 年,若干所大学和一批学科进入世界一流行列,若干学科进入世界一流学科前列。
	第二步	到 2030 年,更多的大学和学科进入世界一流行列,若干所大学进入世界一流大学前列,一批学科进入世界一流学科前列,高等教育整体实力显著提升。
	第三步	到本世纪中叶,一流大学和一流学科的数量和实力进入世界前列,基本建成高等教育强国。

2. 学科建设的核心地位凸显

学科是高校开展人才培养、学术创新、社会服务等的重要依托,在中国,学科还作为纵向的资源配置的基本单元,因而更具有根本意义。1985 年出台的《中共中央关于教育体制改革的决定》中首次提出"有计划地建设一批重点学科",并指出"重点学科比较集中的学校,将自然形成既是教育中心,又是科学研究中心"。而后国家开展的三轮重点学科评选工作,与"211 工程""985 工程"形成呼应与补充的重点建设效果。"211 工程"将重点学科作为三大建设内容之一,并提出"重点学科建设是核心,是体现教学科研水平的重要标志,是带动学校整体水平提高的有效途径"。"985 工程"的建设内容中虽然没有明确指出学科建设,但是基于所有的"985 工程"建设高校都是"211 工程"建设高校,实际上学科建设也是"985 工程"建设高校的核心任务之一。在"985 工程""211 工程"基础上,"双一流"建设更凸显学科在一流大学建设中的基础性地位,将学科建设明确视作是建设目标而不仅是手段,并进一步强调了"坚持以学科为基础""打造更多学科高峰,带动学校发挥优势、办出特色"。其中对世界一流大学建设高校,既要考核学校整体办学成效,还需要考核入选"双一流"建设学科的学科建设成效情况。同时,"双一流"建设更加强调发挥学科交叉的"催化剂"作用,推进学科的交叉融合,培养交叉复合型人才,要求"探索跨院系、跨学科、跨专业交叉培养创新创业人才机制","以创新人才培养模式为重点,整合多学科人才团队资源,组建交叉学科,促进哲学社会科学、自然科学、工程技术之间的交叉融合"[①]。清华大学、

---

① 教育部、财政部、国家发展改革委:《关于高等学校加快"双一流"建设的指导意见》(教研[2018]5 号),2018 - 08 - 08.

北京大学、浙江大学等高校充分发挥综合性大学学科优势,大力推进学科深度融合,采取了诸多有效的举措,比如浙江大学实施面向 2030 的学科会聚计划、北京大学布局建设前沿交叉学科领域(详见专栏 2-1)等。

专栏 2-1 北京大学深入推进学科交叉融合[①]

依托学科综合优势,推动学科深度融合,在继续保持基础学科优势的基础上,大力发展应用学科,推动基础研究与应用研究协调发展、双轮驱动。面向中长期发展需要,以理学、信息与工程、人文、社会科学、经济与管理、医学等 6 个综合交叉学科群培育新的学科增长点,加强战略性、全局性、前瞻性问题研究,着力提升解决重大问题能力和原始创新能力。面向更长远的未来,布局和建设以"临床医学+X""区域与国别研究"为代表的前沿和交叉学科领域,推进学校的学科布局整体调整;通过人才引进、集群聘任、项目引导、通识课程设置等措施,吸引和培养一批真正有兴趣的学者主动进行学术转向,逐步带动学科结构、机构的调整与设置。"十三五"期间,在理工医科方面成立了应用物理与技术研究中心、前沿计算研究中心、生态研究中心、北京天然气水合物国际研究中心、人工智能研究院、碳基电子学研究中心、能源研究院、国家生物医学成像科学中心(筹)、科技创新研究院、北京大学健康医疗大数据国家研究院、精准医疗多组学研究中心、跨学部生物医学工程系、北京大学—云南白药国际医学研究中心等跨学科研究机构,聚集了若干世界水平优秀团队;牵头或参与建设了多模态跨尺度生物医学成像国家重大科技基础设施、北京激光加速创新中心、轻元素量子材料交叉平台等一批科技设施平台。智慧医疗工程与技术、人工智能、分子光谱学三个学科入选北京高校高精尖学科,建设了未来基因诊断、工程科学与新兴技术两个北京市高精尖创新中心。人文社科方面,成立习近平新时代中国特色社会主义思想研究院、人文社会科学研究院、区域与国别研究院、博古睿研究中心、中华人民共和国史研究中心、全球健康发展研究院等跨学科研究机构,以基础学科为主、推动跨学科交叉研究并促进国际交流合作。

3. 服务国家需求贯彻始终

高等教育发展历史表明,每一次大学的转型升级都是扎根本土的探索与创

---

① 根据公开资料整理。

新。新中国成立以来，无论是模仿"苏联模式"还是向欧美国家学习，我国高等教育领域各个阶段的政策都是面向国家发展需求而制定。在各项政策的指引下，我国高校坚持社会主义办学方向，逐步明确了人才培养、科学研究、社会服务、文化传承创新等基本职能，在服务国家发展过程中不断完善具有中国特色的现代大学治理体系。

新中国成立初期，为加快经济发展，我国实施重工业优先发展战略。高等教育领域面向这一战略目标，开展了全国范围内的院系大调整，大力发展工业院校，列入重点建设范围的高校承担着培养工科人才的重要使命，如"重中之重"政策的 15 所高校中，除了清华大学、北京大学为综合性大学外，其他 13 所高校均为医学、农学等专门领域的高校，重点任务就是为国家培养社会主义建设急需的专门人才。

改革开放后，计划经济体制向市场经济体制转变，国家经济实力快速增长，逐步确立了中国特色社会主义发展道路。在"科学技术是第一生产力"和科教兴国战略的指导下，高等教育领域的重点建设政策也随之进行调整，科学研究成为重点建设高校的重要任务之一，并重点发展了一批与国家经济社会快速发展密切相关的学科。实施"211 工程"就是为我国经济和社会发展战略准备高层次人才的重要决策。"985 工程"三期进一步强调要办出"中国特色、世界水平"，要体现国情并为国家做出突出贡献，而"坚持中国特色、世界一流"就是"双一流"建设的本质要求和核心要义。

（二）新阶段、新问题与新使命

1. 扭转同质化发展趋势并真正实现多元特色发展

高等教育重点支持政策在高等教育快速发展中扮演了重要作用，受到重点建设支持的高校成为各类高校竞相模仿的对象。部分高校在考虑办学定位问题时，仍然盲目追求学科设置综合齐全，不惜花费大量精力用于挖人才、争项目、抢帽子，而很少从服务国家战略需求、改善学术文化根基等百年大计角度确定发展战略。例如，高职院校努力通过兼并扩张的方式，争取实现从专科向本科跨越，本科院校则用尽浑身解数努力争取硕士点、博士点，致力于打造所谓"研究型大学"，"千校一面"现象在"双一流"建设框架下未见有大的改变。有一个例子很能说明问题。近年来随着国家对生命健康领域发展的大力支持（如每年国家自然科学基金经费近一半都与医学有关），不少高校通过自建或者共建的方式建设医学学科的驱动力不断增强,首轮 42 所世界一流大学建设高校中的 30 余所已经建立或者正在筹建医学院并扩充或"收编"相关临床医院,其中有不少是新近所做的努力。

办学自主权的缺失,是导致高等教育同质化趋势的重要诱因。长期以来,我国高校处于政府直接管理之下,在资源获取、组织框架、运行机制甚至职能部门设置上都遵从于政府的行政逻辑。虽然重点建设政策在推动国家高等教育整体水平的快速提升方面取得了较大成效,但有不少声音认为重点建设政策体现了政府对大学自治的过度干预。近年来,政府正在积极开展服务型政府转型,且随着教育领域供给侧改革、放管服改革不断深化,高校在招生、学科专业设置、人事财务等方面的办学自主权在逐步扩大,但是长时间形成的惯性依赖难以完全消解。2021 年出台的"双一流"建设《评价办法》再次强调要"鼓励不同类型高校围绕特色提升质量和竞争力,在不同领域和方向建成一流"。引导不同高校突出办学特色,合理确定办学定位,形成个性化的办学理念和风格,加快治理能力现代化,还需抓住办学自主权这一关键瓶颈。世界一流大学建设的中国模式不仅体现在"集中力量办大学"的优势,更应该体现在权力集中与下放之间如何达到一种促进大学建设的平衡。①

2. 落实动态调整并真正打破身份固化仍任重道远

长期以来,身份固化一直是国家高等教育重点建设政策的沉疴痼疾,重点建设高校的遴选存在较强的政府主导意志。"211 工程""985 工程"均采用中央、国家部委或(省区)、学校三级管理体制,且分别成立了"211 工程"部际协调小组和"985 工程"领导小组,但是小组成员主要为教育部、发改委、财政部等国家有关部委负责人,且"985 工程"甚至未公布高校遴选条件。与此同时,省部级教育科研主管部门分别从人才培养、科学研究、队伍建设等不同方面设立了多个重点建设项目计划,是否入选"211 工程""985 工程"又成为这些计划遴选的重要考虑因素之一。而身份固化所带来的"人为分等"和"阶层固化",还会引起高校间的歧视文化,进而导致不同高校所能争取的社会资源投入产生差距。在多重因素影响下,重点建设高校的身份固化直接导致高等教育资源配置上的"马太效应",部分基础较好的高校可能同时获得多个重点项目的资金支持,而基础相对差一点

---

① 刘莉,刘念才.世界一流大学建设与中国梦[M].上海:上海交通大学出版社,2017:280.

的高校可能因错失一次机会而长期无法得到国家重点支持。如 39 所"985 工程"高校全部同时是"211 工程"建设高校，"2011 计划"等项目建设高校多数也是"985 工程"高校和"211 工程"高校。"双一流"建设启动之初，国家便明确提出要打破身份固化，根据实施成效强化动态调整。然而从首轮"双一流"建设成效评价结果和新一轮"双一流"建设布局来看，动态调整还局限于支持力度大小的调整上，在"有进有出"的"身份调整"上仍未有突破。

事实上，重点建设政策所蕴含的抓主要矛盾、抓矛盾的主要方面的精神内核，与建设高校身份固化的情况并没有必然联系。身份固化的根本原因还在于遴选标准的固化，这一标准并未充分体现高等教育系统多样化和社会需求多样化的规律。长期使用同一标准来遴选重点建设的高校，必然会使身份固化愈发严重，不利于高等教育的多元化、生态化发展。同时，缺乏科学的评价机制支撑，强行打破身份固化，虽然能增强建设高校的紧迫感，提高建设效率，但是很可能导致高校产生急功近利、拔苗助长的倾向，反而不利于世界一流大学的建设。因此，要落实动态调整，真正打破身份固化，关键在于建立多元化的高等教育评价机制。

3. 如何建立符合学科自然生长周期的管理模式

相比"985 工程""211 工程"，"双一流"建设更加突出学科导向，进一步明确了以学科为基础的世界一流建设路径，这既符合高等教育发展的内在规律，也能在充分尊重不同高校独特的历史文化背景下充分发挥办学自主权。从各高校的"双一流"建设方案中可以看出，以若干优势学科为纲、汇聚关联学科资源、形成良好学科生态进而提升院校总体竞争力成为综合性大学的普遍战略选择。大学学科生态系统的稳定发展，需具备多方面的能力，包括从外部吸收集聚资金、项目、平台、人才等维系学科生存最基本的要素的聚合能力，维护内部生态动态和谐并保持学科多样性、主体多元性的协调能力，不断产出高水平创新成果并形成学科新优势的创新能力，以及顺应外部环境变化而不断拓展更迭学科内涵的进化能力[1]。

需要注意的是，"双一流"建设具体实践中，无论是一流大学建设高校还是一

---

① 徐贤春，朱嘉赞，吴伟. 一流学科生态系统的概念框架与评价模型——基于浙江大学的实证研究[J]. 江苏高教，2018(9)：16 - 20.

流学科建设高校,主管部门均指定了具体的重点建设学科,并在动态监测数据填报、中期评估和周期总结等工作中,只关注这一部分学科的建设进展成效。这一做法虽然有利于推动各高校充分关注自身优势学科,加快世界一流乃至顶尖学科的建设进程,但是可能导致部分高校片面地将重点聚焦到少数优势学科上,进而导致本身相对弱势的学科进一步被边缘化,甚至可能被撤并,这不仅不符合学科自然生长周期的更替规律,而且对构建兼容并包、交叉融合的学科文化非常不利,存在人为破坏学科生态体系的风险。事实上,教育部学位中心实施的学科评估正是在破坏学科生态系统发展的角度上饱受诟病(参见专栏 2-2)。

专栏 2-2　一级学科评估影响学科生态形成

学科评估是以教育部一级学科分类为基本框架,对参评各高校的一级学科进行定性或定量评价,并最终给出相同学科的不同高校排名的一种学科建设绩效考察办法。自 2000 年启动至今,学科评估已进行了 20 多年的探索,坚持了稳定的一级指标框架,又顺应国内外研究生教育与学科建设的改革趋势,其在评估理念、评估指标、评估方案、评估方法、评估结果等方面不断优化。2020 年启动实施的第五轮学科评估,进一步"突出诊断功能,强化分类评价,彰显中国特色",以"质量、成效、特色、贡献"为价值导向,突出了立德树人的中心地位。

学科评估是一种重要的政策工具,其核心要义是学术诊断,即为高校提供自我审视、相互比较的契机,为政府掌握高校发展状态和公众了解高校发展概貌提供便利。宏观来看,学科评估引起了社会各界对学科建设的重视,尤其刺激了地方政府的资源投入,诱发了高校间激烈竞争,客观上带动了地方高等教育资源投入,使高校快速聚集了大量办学资源。但是,虽然学科评估具备良好的实施初衷,且在评估操作的"技术"层面已臻于完善,但其对以传统学科为单元的资源配置的固化,进而割裂学科间内在联系的问题较为明显,这显然有悖于创新发展规律和知识生产规律,也不利于形成良好的学术生态和学风作风。

从学科生态系统形成角度来看,学科评估带来了以下三个严重问题:

1. 评估指标同一性与学科发展特色化逻辑的矛盾

我国在学科管理制度上实行自上而下的目录管制,并使之作为资源配置单元加以固化,学科评估就是一种加持手段。学科发展应该倡导差异化、多样性,不但学科门类间差异巨大,即使一级学科、二级学科之间以及不同高校的相同学科间也必然要走差异化发展路线。虽然学科评估已经在多样化指标方面做出了努力，如第五轮学科评估方案中提出按一级学科分别设置 99 套指标体系，不可谓不细致；但只要评估就必然是把相对统一的指标和标准强加到所有参评单位和学科。事实上，这些所谓不同的指标之间看似相互独立而却是高度关联，项目、平台、成果、获奖、人才，是一环扣一环的链条，"一好百好"往往是常态。更为严重的是，同一化操作下得到的评估结果已经被高校、政府和社会公众非理性使用，学科评估的应然使命和理性精神逐渐缺失，对学科声誉及其资源获取能力带来了直接影响。

2. 推动学术高质量发展目标与功利化手段之间严重错位

学科评估只是一种手段，是为了"以评促建"，通过"调结构、补短板"，进而提升总体办学质量。一旦学科评估与资源配置挂钩，就容易变成高校办学的"目的"。官方色彩的评估机构，以及评估结果与资源分配的直接关联，使高校内部从上到下无不看重评估结果，由此带来办学功利化、行为短期化、指标目标化等问题。第五轮学科评估指标虽然很大程度上"强化质量、淡化数量"，但多维融合评价方法仍与学术成果量化数据相关联，学科评估始终无法完全破除"五唯"顽疾桎梏。在此背景下，高校内部很多时候呈现出"冲业绩"的过度焦虑，严重影响从长远角度谋划和推进学科发展的初心使命。因此，仅仅靠学科评估来促进学科建设必然是以学科外在的表象代替了学科真实水平的内涵，是一种落后的高等教育"政绩观"。

3. 与资源配置挂钩的现实逆向撕裂了学科生态体系

学科评估使得通过交叉会聚和协同创新来改善教育、科研质量的目的难以达到。学科评估的客观后果就是办学资源向能够"抢名次""争面子"的学科和方向倾斜，那些校内地位高、既往排名靠前的学科（一般表现为主流学科、传统学科）备受青睐，而无望进入前茅的学科则被关停并转，新兴学科的生存空间被极大压缩。一旦获得了好的评估结果就可以得到政府及所在高校的"恩宠"，导致本来就该交叉融合的学科之间"挖深沟、筑高墙"，所谓优势学科的本位主义、山头主义则大行其道。不同学科之间、不同学科负责人之间，相互抢资源、抢成果愈演愈烈，严重破坏了学科生态与学术风气。高校间的挖人大战也在学科评估背景下被极度放大，高水平教师资源配置表现出了与"经费实力"的严重正相关。

4. 支撑可持续发展的资源保障与配置机制亟需建立

世界一流大学和一流学科建设是一项资金与人才密集型的系统工程。[①]
2010年,时任北京大学校长许智宏院士说"世界一流大学是钱堆出来的"。这一
言论在国内学术界引起轩然大波,有的专家学者以抗战时期资源匮乏的西南联
大、浙江大学为例来反驳,提出世界一流大学的建设重点在软环境建设,而非在
"钱"。但是,作为资源依赖型组织,大学的人才培养、科学研究等各项工作都需
要资金资源支持,哈佛大学、牛津大学、斯坦福大学等世界一流大学的校长也都
是将筹集办学资金作为首要任务。在新的历史条件下,实现高校一流发展无不
需要一流的设施、人才、平台等,而这些投入要素无不是遵从市场定价规律,所以
我们可以明确的是在经济落后地区或落后条件下建成世界一流大学的难度比历
史上任何时代都更大了。

世界一流大学植根于一流的高等教育体系,没有一流的高等教育体系,即
使投入巨额资金都难以甚至无法建成一所世界一流大学。一流的高等教育体
系应当是与国家区域经济社会发展需求相适应,由不同分工、定位、层级的主
体组成,能为世界一流大学涵育提供充分的养分。然而,我国高等教育资源配
置不均衡的矛盾伴随着重点建设政策的实施日益突出,可能对打造一流的高
等教育体系产生负面影响。首先是入选高校区域分布不均衡,如112所"211
工程"建设高校虽然分布于30个地市,但是华北华东两个区域就拥有超过一
半的高校数量,其中华北的32个"211工程"建设高校中,有26个在北京,华
东的30个高校中,上海有10个,江苏有11个。"211工程""985工程""双一
流"建设高校相对集中于经济较为发达的地区。虽然这种局面与高校自身发
展基础具有密不可分的关系,但是两个重大工程背后所蕴含的重大资源、品牌
效应等因素,在一定程度上加剧区域之间高等教育发展不平衡。其次是高校
间获得资金投入差异较大,且不说"211工程""985工程"建设高校与未入选高
校之间巨大的办学经费差异,单入选高校获得中央投入经费数额也是相差悬
殊。如"985工程"一期,北京大学、清华大学获得中央投入各18亿元,超过获
投入数量排位第三的浙江大学的两倍(7亿元),是中南大学、湖南大学等高校

---

① 王建华.人才竞争、资源配置与理念重审:关于"双一流"建设的若干思考[J].中国高教研究,2019
(01):16-21.

所获投入的 9 倍。中央投入经费的差异、各地区经济发展水平等多方面因素，导致高校从地方政府获得的配套经费差异也较大，高校间所能获得的建设经费差距更是呈现进一步扩大的趋势。此外，重点建设高校对所能获得的经费投入及其他资源支持缺乏合理预期也是影响可持续发展的重要因素之一。例如在"211 工程""985 工程"时期，工程前一期结束后到新一期之间可能会有个过渡期，如"211 工程"二期于 2005 年结束后，2008 年才启动三期建设；"985工程"二期于 2007 年结束，而三期则是从 2010 年开始实施的；到"双一流"时期，虽然已经明确了每五年为一个建设周期，但是主管部门未能提前明确整个周期对高校的经费支持额度，而是按照分年度下拨经费，在一定程度上对高校科学制定建设目标、实施方案、重点举措及相关经费预算带来了负面影响。

表 2-3 "211 工程""985 工程"和首轮"双一流"建设高校区域分布

| 区域 | 城市 | "985 工程"高校 | "211 工程"高校 | 合计（占比） | "双一流"建设高校 | | 合计（占比） |
					一流大学建设	一流学科建设	
华北	北京	8	26	32（28.57%）	8	24	40（29.20%）
	天津	2	4		2	4	
	山西	—	1		—	1	
	内蒙古	—	1			1	
东北	黑龙江	1	4	11（9.82%）	1	3	11（8.03%）
	吉林	1	3		1	2	
	辽宁	2	4		2	2	
华东	上海	4	10	30（26.79%）	4	10	40（29.20%）
	江苏	2	11		2	13	
	浙江	1	1		1	2	
	安徽	1	3		1	2	
	江西	—	1		—	1	
	山东	2	3		2	0	
	福建	1	2		1	1	

（续表）

区域	城市	"985工程"高校	"211工程"高校	合计（占比）	"双一流"建设高校		合计（占比）
					一流大学建设	一流学科建设	
华中	河南	—	1	11（9.82%）	1	1	13（9.49%）
	湖北	2	6		2	5	
	湖南	3	4		3	1	
华南	广东	2	4	6（5.36%）	2	3	7（5.11%）
	广西	—	1		—	1	
	海南	—	1		—	1	
西南	重庆	1	2	10（8.93%）	1	1	13（9.49%）
	四川	2	5		2	6	
	贵州	—	1		—	1	
	云南	—	1		1	—	
	西藏	—	1		—	1	
西北	陕西	3	7	12（10.71%）	3	5	13（9.49%）
	甘肃	1	1		1	—	
	青海	—	1		—	1	
	宁夏	—	1		—	1	
	新疆	—	2		1	1	

第二篇　改革与发展

　　改革开放四十多年以来,我国高等教育在产出科学研究成果、培养高水平人才、直接服务经济社会发展等方面取得显著进步,在国家发展全局中的地位不断凸显,这离不开体制机制改革。党的十八大以来,高等教育领域全面深化综合改革呈现多方发力、上下联动、综合协同、蹄疾步稳、广泛深入等特点,其中最为关键的改革事项涉及人事人才制度、科研管理制度、宏观办学体制、国际交流与合作等,带来了极大的"政策红利"。改革之主旨在于破除传统体制机制,着力提升办学活力和师生员工的积极性和创造性,所以"改革"与"发展"具有内在一致性。由于复杂程度高、社会联动性强,高等教育宏观改革以及部分顶尖高校内部的标志性改革,受到广泛关注。改革工作取得明显成效,但也面临效应衰减、阻力加大等现实瓶颈,在穿越"深水区"过程中,需要克服的系统性障碍越来越多。在"双一流"背景下,如何处理学科建设、一流大学总体建设与重点领域改革之间的关系,如何进一步激发师生员工、基层学术组织和各办学单元聚焦、聚力于"一流目标",不断破解制约发展的关键问题,就成为当务之急。

第三章
一流探索中的学科交叉会聚[①]

　　题记：办大学就是办学科，学科是大学的基本单元，虽然学科的口径大小有别、学科的内涵众说纷纭。在千方百计达至一流的探索中，推动跨学科研究、推动新兴学科发展、打造学科生态系统成为重要选择，手段包括塑造崭新的平台和团队、鼓励协同创新、奖励合作成果等。学科交叉会聚是新世纪以来大学应对科技和社会变革而呈现的重要趋势，也是生成一流大学"画像"的一个重要的甚至具有根本性作用的侧面，具有典型意义。2018 年 5 月 2 日，习近平总书记在北京大学师生座谈会上的讲话中指出：要下大气力组建交叉学科群和强有力的科技攻关团队，加强学科之间协同创新，加强对原创性、系统性、引领性研究的支持。本章阐释学科会聚的概念逻辑，梳理国内外若干大学在应对重大创新需求背景下，推进大范围学科交叉、大力度科研范式改革的行动举措，探究学科会聚引领一流大学建设仍然存在的路径障碍及未来展望。

　　当今世界正面临百年未有之大变局，科学技术的发展日新月异，创新范式的迭代呈现加速之势，大学也不得不做出相应改变。正如有人指出的，21 世纪科技发展呈现大融合、大交叉、大汇聚的趋势，学科板块之间通过理论移植、知识互鉴、对象转移等强化交叉会聚，进一步打破领域之分、学科之界和专业之别，为知

---

① 本章撰写组：吴伟、徐贤春、何秀、严晓莹、刘智等。本章部分内容来自两篇已刊文章：1.《学科会聚引领世界一流大学建设的路径探讨》（载于《清华大学教育研究》2020 年第五期，作者：吴伟、徐贤春、樊晓杰、陈艾华）；2.《如何在应对社会重大需求中推动学科会聚？——基于美国部分大学"重大挑战计划"评述》（载于《高等工程教育研究》2020 年第 6 期，作者：吴伟、吴婧姗、何晓薇、郑心怡、张光辉）。

识融合、重组、分化提供方法论,新学科、新专业、新方向、新理论、新思想、新知识不断涌现。[①] 特别是众多具有内在融通特征的混合领域不断兴起,使得大学传统的学术组织体系面临巨大挑战,学科间界限逐渐消失,成为大学发展的长期趋势。源于学科前沿和学科群交叉融合的原创性成果的大量涌现,佐证了会聚技术的崛起与众多非传统知识生产模式的发展,以及学科会聚将成为知识生产的新趋势的预判。[②] 三部委联合印发的《关于高等学校加快"双一流"建设的指导意见》(教研〔2018〕5号)明确指出要"创新学科组织模式,以服务需求为目标,打破传统学科之间的壁垒,加强学科协同交叉融合,构建协同共生的学科体系"。也就是说,"双一流"强调以新的理念和范式,加快学科交叉融合,打造应对重大需求的学科生态系统,这为新时代顶尖学科和顶尖大学建设指明了方向。

一、办大学就是办学科：功过是非

学科是大学的基石,一流学科是一流大学建设的基础,也是一流大学建设的重要内容。伴随"双一流"建设推进,学科建设得到国内大学的空前关注,以学科为抓手的一流大学建设路径基本形成。但是,以学科为基本单元的资源配置机制和学术运作机制,易于造成学科间的组织割裂,进而出现了与学科发展的需求逻辑难以融合的问题。这一问题在国外存在,更多是由学科分化、迭代、重组的自然规律所致,而在国内,因为严密的政府规制管理(如学科目录管理)以及与之密切相关的资源(如"双一流"资源分配)自上而下分配逻辑的加持,这一问题变得愈发严重。

学科水平与大学发展水平之间呈高度相关关系,学科水平在很大程度上影响大学的国际地位和学术声誉。回顾我国高等教育发展史,不难发现学科建设始终与大学建设紧密相连,"办大学就是办学科"这一理念在历次国家高等教育重大战略中都有所体现。1985年,为了培养高质量专门人才,推动改革开放措施顺利实施,《中共中央关于教育体制改革的决定》中提出"根据同行评议、择优扶植的原则,在高等学校有计划地建设一批重点学科",标志着我国重点学科建设制度首次以国家政策的方式提出并得以确立。[③] 1987年,原国家教委组织了

① 吴朝晖. 加快建设更加卓越的创新型大学[N]. 人民网-理论频道,2019-11-26.
② 李晓强,张平,邹晓东. 学科会聚：知识生产的新趋势[J]. 科技进步与对策,2007(6)：112-115.
③ 左兵. 政策导引下的重点学科建设制度分析[J]. 高等教育研究,2006(10)：36-41.

全国第一次重点学科评选,从 5 大学科门类中择优选出 416 个高等学校重点学科。之后在 2001—2002 年和 2006—2007 年的第二、第三轮评选中又选出 964 和 963 个重点学科(不含培育)。1995 年,经国务院批准,原国家计委、原国家教委和财政部联合下发《"211 工程"总体建设规划》,"211 工程"正式启动。"211 工程"全称为"面向 21 世纪重点建设 100 所左右的高等学校和一批重点学科建设工程",其名称突出重点学科建设。《"211 工程"总体建设规划》中更是明确指出重点学科建设是核心。可以说,从那时起,学科建设就成为政府推动高水平大学建设的一个关键抓手,而且在随后 1999 年启动建设的"985"工程和 2006 年实施的"2011 计划"中都得到了坚持。[①]"211 工程""985 工程"以及"优势学科创新平台"和"特色重点学科项目"等重点建设伴以各种资源投入,在一定程度上促使一批重点大学和重点学科建设取得重大进展,我国大学办学水平显著提高。

　　然而,随着大学内外部条件的变化,以选优为导向的重点学科建设制度开始浮现出种种弊端,学科建设陷入了诸多误区和困境。从评选范围来看,历年来重点学科的遴选和建设均是以政府制定的学科专业目录为基础,学科专业目录具有严格、清晰的分类,科学知识被划分为若干独立的学科门类。"条块分割"的学科专业目录加之其与资源配置挂钩实际上人为地竖起学科之间的壁垒,阻止学科之间的交叉、学科人员之间的交往、学科资源之间的共享互通,以此为基础的重点学科建设制度更是助推学科组织日渐独立封闭。从评选标准来看,这种选优导向实际上把高端人才、学位点和各类平台等这些学科构成要素,逐渐转化为各类学科建设的基本指标(比如 SCI 论文数、专利数、政府奖项等),在重点学科上保级或者升级都要达标,短时间、高效率地追赶"指标"成为学科发展的理性选择。[②] 进而,学科自觉发展意识被大幅度削弱,并造成学科发展同质化现象和诱发急功近利、弄虚作假等行为。从建设效果来看,在重点学科建设制度框架下,少数重点学科一枝独秀,而多数的非重点学科则在低水平徘徊,导致同一个大学里的学科发展水平差异极大,优势学科资源过度集中,弱势学科资源难以为继,学科发展的不均衡和学科之间"马太效应"日益明显,另外由于一些重点学科往往集中在少数大学里面,这也间接导致不同大学之间办学水平存在显著差异。

---

① 瞿振元. 刍议学科建设历史、现状与发展思路[J]. 中国高教研究,2020(11):7－12/18.

② 宜勇. 建设世界一流学科要实现"三个转变"[J]. 中国高教研究,2016(05):1－6/13.

　　更有甚者，以学科为单元的一流大学建设模式，还容易阻碍学科交叉和跨学科研究，以及学科生态系统的形成，使得通过交叉会聚和协同创新来改善教育、科研质量的目的难以达到。在学科单元化发展环境下，不少大学学科调整的初衷不是优化学科生态，而是扔掉影响学科绩效表现的"累赘"或"包袱"。这种情况还受到"学科评估"话语（如学科排名）的影响，客观后果就是办学资源向能够"抢名次""争面子"的学科和方向倾斜，那些校内地位高、既往排名靠前的学科（一般表现为主流学科、传统学科）备受青睐，而无望进入前茅的学科则被关停并转，新兴学科的生存空间被极大压缩。长此以往，必然就是学科之间"挖深沟、筑高墙"，所谓优势学科的"本位主义""山头主义"则大行其道。不同学科之间、不同学科负责人之间，相互抢资源、抢成果愈演愈烈，严重破坏了学科生态与学术风气。因此，特定历史背景下的重点学科建设制度尽管能促进单个学科的发展，保障一定的知识生产效率，但是也导致学科逐渐异化为资源配置和学术权力的基本依托，形成了学科之间的森严壁垒。尤其是在产业、区域以及国家重大需求对大学创新成果的渴求前所未有背景下，传统的院系—学科框架严重制约了大学面向社会需求的创新效能提升，而新兴学术领域和交叉领域学科不具备合法性而难以得到重点支持。在学科体系的演进长河中，同一学科衍生出了线性学科群，相邻学科融汇出相关学科群，异质学科作用出了交叉学科群，产业发展孕育出了应用学科群，科技创新前沿和一线社会需求不单纯是通过内敛式的学科建设就能达到，一流学科必然是冲破已有学科束缚脱颖而出的。① 新知识生产范式下，知识交互、整合、创新日益频繁而深入，利益相关者、非科学界和非学术界人士参与的、多层面交互发展、跨越学科界限的趋势日渐凸显。如何平衡好学科性知识生产效率与面向重大需求的创新效能，正是学科会聚要解决的重大问题。

二、明显趋势：从跨学科到学科会聚

　　学科会聚（convergence science，又译为"会聚科学"）是进入 21 世纪前后才出现的概念，与学科群、跨学科、交叉学科等传统概念相比，更加强调应对社会重大需求情境下学科间的有机协同和高效集成。会聚型学科则是学科会聚发展的

---

① 马陆亭.大学应重视学科群建设[J].中国高等教育，2017（10）：35 - 38.

更高阶段,代表着新兴前沿领域的知识生产模式和知识生产组织的成型,典型如当前极其热门的生命科学、物质科学与工程学之间的交叉汇聚所形成的合成生物学。

(一) 从学科群到学科会聚

通过整合多学科领域的专业知识,形成一个全面、综合的框架,以应对特定挑战,体现了对于研究过程模式和研究策略的新思维方式。[①] 超越单一学科的学科体系化发展,通常在原有的专门学科之间相互渗透与融合,并发生非线性相互作用,体现了科学整体系统演化的结果。[②] 而这种学科系统的演化,最终呈现出学科群、学科交叉、学科会聚等不同状态。[③]

学科群是学科融合的初级阶段,即由若干个同类学科或跨门类学科集合而成的学科群体,通过学科之间的依赖、促进、移植等互动行为产生。[④] 学科群既是知识生产内在规律决定的,即自然层面的学科分化与综合,也受社会需求变化的影响,即学科体系之外的拉动作用。学科群通常表现为相近属性学科板块内部形成的簇群,其内部各学科间的联系和协同相对于内外学科间的关系而言更加紧密,但簇群的规模、结构并非一成不变。学科群的出现为大学解决复杂现实问题提供了物质基础,有助于实现学科交叉融合,尤其是多学科方法的相互作用和渗透推动了纳米材料、能源化学、认知神经科学等交叉前沿领域的产生。

20 世纪后期以来,科学正从高度分化转向高度综合,学科体系呈现加速演变迭代之势。尤其会聚技术的崛起打破了传统的单学科知识生产方式,学科会聚成为科学技术发展的重要特征和新趋势。[⑤] 1963 年,Rosenberg 在研究1840—1910 年间美国机床工业技术变革过程中最先使用了"技术会聚"(technological convergence)概念。2001 年 12 月,在美国华盛顿举行的一次各界顶级人物参加的圆桌会议率先提出"NBIC 会聚技术",这是学科会聚理念产

---

① 美国科学院理事会. 会聚观:推动跨学科融合[M]. 王小理,熊燕,于建荣,译. 北京:科学出版社,2015:11.

② 王晶华,施红玉. 从系统科学角度看学科交叉现象[J]. 科学学与科学技术管理,2002(12):5 - 8.

③ 伍蓓,陈劲,蒋国俊,胡建雄,朱朝晖. 学科会聚的起源、模式及影响因素[J]. 高等工程教育研究,2008(12):73 - 78.

④ 胡仁东. 论大学优势学科群的内涵、特点及构建策略[J]. 中国高教研究,2011(8):50 - 53.

⑤ 伍蓓,陈劲,蒋国俊,胡建雄,朱朝晖. 学科会聚的起源、模式及影响因素[J]. 高等工程教育研究,2008(12):73 - 78.

生的源头。"NBIC"是纳米技术（Nanotechnology）、生物（Biotechnology）、信息（Information Technology）、认知（Cognitive Technology）四大前沿技术的英文缩写。在此背景下，人们逐渐认识到，用学科这个轮廓线来刻画知识世界是不够的，而应该推动不同学科的知识会聚交流，从而"把这一种轮廓线慢慢淡化掉，把知识从一张线画变成一幅油画，用丰富的色彩来填满知识的空间"①。继之，许多国家开始高度关注这四大前沿领域之间的融合、会聚和集成，以及会聚技术的进展和前景，创造了新的科技发展方法论并拓展了新的经济发展模式。2003年，美国国家科学基金会（NSF）组织编撰的《提升人类能力的会聚技术》（*Converging Technologies for Improving Human Performance*）报告②和2004年欧盟专家撰写的《会聚技术——塑造欧洲的未来》（*Converging Technologies：Shaping The Future of European Societies*）③研究报告中详细剖析了会聚技术，以及美国和欧洲把会聚技术作为优先研究主题和战略部署的情况。2005年，浙江大学联合香港科技大学举办"学科会聚与科研平台高新技术高峰论坛"，深入探讨了学科会聚的趋势与未来。④

由此，在会聚技术基础上萌生的学科会聚，逐渐成为学科发展的新理念新范式。如今越来越多的研究者关注学科会聚的进展，越来越多的大学探索学科会聚的实践，特别是生命科学、信息科学、物质科学的会聚研究不断涌现激动人心的创新成果，大尺度的学科会聚正在绘制出更加丰富多彩的知识图景。

（二）从学科会聚到会聚型学科

当今世界的科技发展正处在一个转变的关键时刻：从解决原来的高度细化和特定的问题转变为通过整合和协作方法解决复杂的挑战。⑤ 传统上以知识分类为基础、以学科架构为表征的智力组织模式，已经不能适应综合性、交叉性问

---

① 潘云鹤. 推动知识会聚和交流，增强大学自主创新能力[J]. 中国高等教育，2006(Z1)：24-25.

② Mihail C. Roco，William Sims Bainbridge（Eds）. Converging Technologies for Improving Human Performance：Nanotechnology，Biotechnology，Information Technology and Cognitive Science[R]. Springer，2003.

③ Rapporteur A. Nordmann. Converging Technologies—Shaping the Future of European Societies[R]. Office for Official Publications of the European Communities，Luxembourg，2004.

④ 伍蓓，陈劲，蒋国俊，胡建雄，朱朝晖. 学科会聚的起源、模式及影响因素[J]. 高等工程教育研究，2008(12)：73-78.

⑤ 美国科学院理事会. 会聚观：推动跨学科融合[M]. 王小理，熊燕，于建荣，译. 北京：科学出版社，2015：15.

题的解决,也不能真正反映自然现象的全部内在联系[1],这极大地推动了学科会聚的发展。会聚型学科是以人类社会面临的共同的生产、生活重大挑战(grand challenge)问题为导向,在学科内外力量的协同作用下,形成的大跨度、宽领域、网络化并有机融合的学科集成系统。

会聚型学科是学科会聚的重要结果,通常会造就新的学科高峰。不同于基于学科逻辑的一般学科群概念,会聚型学科具有学科会聚的两个内涵特征:一是解决一系列研究问题所必需的专业知识的会聚,二是在支持科学研究及促成相应科学进展向新形式创新和新产品转化过程中涉及的合作网络的形成。[2] 也就是说,通过理论与方法的转移综合,会聚型学科使传统研究对象超出原先的领域和范畴,成为多门学科协同作战的新对象。[3] 而且,会聚型学科不仅促进知识会聚和使组织边界的柔化或组织间的合并与联盟,更重要的是促进思维模式交叉和价值观会聚,进而影响科学活动主体的行为,实现学科的完全会聚。[4]

学科会聚型研究往往是由具体的、引人注目的问题所驱动,即由解决特定挑战的需要所激发。这种挑战可能来自深刻的科学问题或者是来自迫切的社会需求。不同学科(包括人文社会科学)的研究人员聚集在一起,朝着共同的愿景、共同的目标和/或全球挑战努力,他们的知识、理论、方法、数据、研究群体和语言在此过程中越来越多地相互融合或者整合。新的框架、范式甚至学科可以在不同的研究群体之间形成持续的互动,学科会聚型研究进而带来不同学科的深度融合。

综上,学科会聚更加强调革新性、集成性和全程性,超越了传统的交叉学科、跨学科和学科群概念。它不单是创新活动本身,而且很多情况下表现为一种重大挑战领域的社会运动(social movement),旨在推动核心领域的技术、产业、社会的连锁性变革;不单是单个学科的"独唱",而是充分集聚多个院系/学科/机构的多方面创新资源,还代表着研究范式的取长补短;不只聚焦于创新链条的某个环节,而是贯通从基础研究到应用研究再到产品开发甚至市场推广的全过程。

① 路甬祥. 学科交叉与交叉科学的意义[J]. 中国科学院院刊,2005(1):58-60.
② 美国科学院理事会. 会聚观:推动跨学科融合[M]. 王小理,熊燕,于建荣,译. 北京:科学出版社,2015:11.
③ 左金风,温新民. 学科会聚、交叉与科研平台建设[J]. 科学学研究,2005(S1):11-15.
④ 柳洲,陈士俊. 从学科会聚机制看跨学科科技创新团队建设[J]. 科技进步与决策,2007(3):165-168.

与学科群、学科交叉等相比，会聚型学科需要打破传统学科的边界壁垒和组织运行上的思维惯性，在研究领域、研究范式、资源整合、人员协同上做出实质性转变，形成新结构、新模式，并凸显其变革性成效。

（三）学科会聚与跨界融合

跨界融合是大学应对创新范式变化和重大创新需求的战略选择，是学科会聚的重要表现。从普遍意义上讲，大学要始终与外界保持着良性互动，但发展到现在，这种互动的逻辑开始发生变化。早期，大学往往代表着高深学问，与外界互动时高高在上，是单纯的被需求方。但如今，大学与社会的互动变得更加务实和理性，而随着其他创新主体竞争力的提升，大学在知识生产和创新解决方案提供上的垄断地位早已不复存在。所以，无论是争取合法性存在，还是谋求进一步发展，大学都不得不推进跨界融合，成为"运营者"。

随着这种逻辑的变化，大学逐渐跨越了校园的物理边界和大学的组织边界，"政产学研用"概念便由此而来。不管主观意愿如何，大学不得不面对这一现实，即要保持发展活力和创新竞争力，就需要与政府、企业以及其他社会主体开展广泛而深入的合作。随之而来，大学组织架构的逻辑起点开始发生变化，由以往的学科逻辑向单位逻辑转变，并开始选择现实政策与社会需求相结合的路径。尤其是，在应对政府号召的前提下，对社会各界尤其是产业界需求保持及时、灵敏的反应，进而推动高能级创新活动。与此同时，大学组织内部也持续发生变化，不断成为异质性要素的复杂交集，甚至表现为多功能的联合体。专栏 3-1 展示了麻省理工学院跨界融合打造高水平人才培养和科技创新平台的案例。

专栏 3-1　麻省理工学院跨界融合建设苏世民计算机学院[①]

当前，以智能化为核心的第四次工业革命大幕已经拉开，大数据、人工智能等前沿技术不断取得突破，重新定义了人才培养过程、学科结构及创新模式。2018 年 10 月，MIT 宣布投入 11 亿美元设立苏世民计算机学院，这是美国学术机构对人工智能领域最大的一笔投资，其中包括黑石投资公司 CEO 苏世民捐资的 3.5 亿美元，这也是学院名称的由来。作为 MIT 近 70 年来最大一次组织架

[①] 一手资料来自 MIT 官网，中文摘自于浙江大学中国科教战略研究院内部资料《高教信息动态·专报》第 140 期，2021 年 11 月 1 日（作者：朱嘉赞、高颖韬、冯家浩）。

构调整,MIT 苏世民计算机学院旨在成为 MIT 计算机科学、人工智能、数据科学及相关领域的跨学科中心,强化跨领域计算机科学研究、创新计算机科学教育方向、发展多学科交叉互融体系。MIT 校长 L. Rafael Reif 指出,学院的目标是培育"未来的双能力者",即掌握生物、化学、政治、历史和语言学等本领域专业知识,同时也能将计算思维与技术熟练应用于这些领域的高水平人才。

1. 建设概况

MIT 苏世民计算机学院的愿景使命是提升计算领域、跨学科计算、计算的社会与道德应用等三个关键领域的学术能力,从而应对智能时代人类面临的从硬件、软件、算法到人工智能的机遇与挑战。其中,计算领域主要是支持计算机科学和相关领域(如电气工程)的计算需求快速增长和发展;跨学科计算领域重点推动计算机和其他学科域开展合作与融合,实现多学科双赢发展,而非简单地让一个领域服务于另一个领域;计算的社会与道德责任领域则重点关注并引领科学研究和与教学的发展与变革,有效服务产业发展与政府运行。

学院在整合现有计算机课程基础上着重开发了若干跨学科教学与科研项目,致力于与校内其他院系及部门达成创新协作模式,汇聚 MIT 计算机科学、人工智能等多学科力量,推动计算机科学与人工智能领域的持续变革。具体来看,学院在五大方面作出调整:一是重新定义 MIT 在计算机科学与人工智能领域的研究前沿与重点,推动计算、人工智能与其他学科开展跨学科研究;二是设立 50 个新教职岗位,包含 25 名隶属苏世民计算机学院的新教职和 25 名与其他院系共享、由学院与其他兄弟院系联合聘任的"共享"教职;三是创新 MIT 跨学科教学、科研合作模式;四是培养学生成为"双能型"人才,既能熟练使用和开发计算技术,又精于专业领域;五是推进计算领域的公共政策并深化道德伦理教育和研究。

2. 运行机制与特色

不同于 MIT 传统的 5 所学院,苏世民计算机学院拥有独特的创新组织架构与运行模式,通过与校内各院系建立合作关系,将计算机科学真正融入其他课程,搭建跨学科合作"桥梁"。这有利于培养"双能型"人才,使学生具备开发计算技术的能力,尤其是能将快速变化的计算机科学、人工智能领域前沿与其他领域的问题和方法结合起来,进而寻找适应未来发展的途径。

1) 打造学术"共享"结构

苏世民计算机学院成立了组织结构、教师任命、学位工作、计算的社会意义和责任、计算基础设施等 5 个主要工作组。教师任命工作组计划用 5～7 年的时间组建由 50 名新教师构成的学术团队，其中包括 25 名专任教师与 25 名"共享"教师。专任教师职位致力于提高 MIT 在计算机科学，人工智能和决策的多方向领域的学术能力。"共享"教师则与 MIT 其他 5 所学院共同所有，由双方联合聘任，主要围绕六个战略研究领域：计算和网络的社会、经济和伦理影响，计算和自然智能，地球健康相关计算，计算与健康和生命科学，计算和人类经验，量子计算。基础设施组则负责资源调配，集中学校力量为新学院单独建造办公大楼。计算的社会意义和责任工作组主要关注如何在 MIT 内部引入必要的计算伦理对话，强化其他学院开展计算研究和教育的社会影响和责任落实。

学院整合了 MIT 计算领域的实验室、研究平台、研究中心等力量，对此进行统一协调与管理，包括电子工程与计算机科学系、操作研究中心、数据/系统/社会实验室、计算科学与工程中心、计算科学与人工智能实验室、信息与决策系统实验室、MIT 智能探索中心、MIT—IBM 智能实验室、阿卜杜勒·拉蒂夫·贾米尔（Abdul Latif Jameel）机器学习健康诊所等，满足跨多学科的计算教育需求。

2）设立"计算能力＋"专业项目

秉持"计算能力＋"培养理念，利用融合学科与多种实验教学平台的优势，苏世民计算机学院打破了计算机科学与其他学科的界限。目前，MIT 各专业领域学习计算科学或相关联合培养项目的学生大约占 40%，达到了历史最高水平，且比例仍然在增长。MIT 还提供了计算机科学与经济学、生物学、数学、城市规划相结合的本科专业，如计算机科学和分子生物学、计算与认知、计算机科学经济学和数据科学、城市科学规划与计算机科学等。

3）重视人工智能政策与伦理

人工智能和计算科学具有社会和道德责任属性，苏世民计算机学院非常重视人工智能的道德与伦理，它不仅是计算技术和人工智能进步的中心，也是相关政策、伦理研究的中心。学院定期开设论坛，并邀请来自商界、政府、学术界和新闻界以及各国家领导人参与，研究人工智能和机器学习进步的预期成果，并围绕人工智能的伦理制定政策，谋求经济与科技的发展；鼓励科学家、工程师和社会科学家合作分析新兴技术，并为行业、政策制定者和更广泛的研究界服务。此外，为了支持苏世民计算机学院的持续规划，MIT 人文、艺术和社会科学学院院长梅丽莎·纳贝尔（Melissa Nobles）与相关兄弟学院教师共同开发教学原创材料、探讨有关新兴技术的社会和道德层面伦理问题,包括 MIT 的文化愿景、未来人工智能发展的社会影响和道德含义。

4) 深化政产学研 AI 研究

MIT 积极推动"政府—大学—企业"方合作的模式,构筑新型的人工智能研发、教学、创业"孵化"平台,着力提升智能领域的研发能力、教学能力和创业能力。人工智能企业已经成为 MIT 创新生态系统的一部分,它们与学院在人工智能研究及其商业化方面有大量合作,这说明学院产生的项目或者技术能够引起行业的兴趣,具有潜在的商业价值。

在启动苏世民计算学院之前,IBM 投资 2.4 亿美元与 MIT 共建"沃森人工智能实验室"(Watson AILab),致力于建立可信赖、有价值、对社会负责的人工智能系统,实验室目前进行着 80 多个项目的研究组合。苏世民计算机学院以"推进计算并通过计算让世界变得更美好"为目标开展跨学科研究。2019 年,学院与美国空军签署了"人工智能加速器"协议,旨在为人工智能技术创建最先进的、实用的、可持续的人工智能技术发展渠道,使国家在国防和民用领域具有竞争优势。

三、学科会聚引致一流的四种模式

当今世界正在进入全面创新时代,全球新一轮科技革命正孕育兴起,产业变革方兴未艾。创新越来越呈现全球化、协同化、网络化格局,创新范式向着以生态系统为特征的创新 3.0 转型。许多大学纷纷顺应全球科技创新趋势,在促进知识大融通下的学科交叉会聚和跨领域创新上进行探索,形成了新技术推动型、任务拉动型、共同愿景驱动型、科技平台吸引型等各具特色的学科会聚模式,进而推动自身跻身世界一流行列。

(一) 新型技术推动型

新型技术推动型是指随着科学技术蓬勃发展,新兴综合型技术层出不穷,打破了传统单一学科架构,促进学科会聚。典型代表是麻省理工学院智能探索计划。

MIT 是全球工程、自然科学的顶尖机构,近年来在物质科学、信息技术、生命健康等领域的前沿拓展方面走在前列,尤其是人工智能领域。2018 年 MIT

宣布发起智能探索(Intelligence Quest，IQ)计划，融合学科会聚中的生物技术、信息技术和认知科学，开展人类智能的基础研究，开发造福于社会的技术工具，实现人工智能的颠覆性突破。[①] IQ 计划试图回答未来科技变革中的重要问题，比如，在工程学角度上，人类智能如何运作；如何利用深层次的人类智能研发出更智能、更实用的机器，从而造福于社会。[②] MIT 希望创建一个创新共同体，将神经系统科学、认知科学、计算机科学等关键领域结合在一起，借助能引发重大突破的基础研究，加深对智能的理解。除发展和推进智能技术外，IQ 计划还关注人工智能的伦理和社会问题。多学科会聚在该计划中得到充分体现，除了知识协同，更体现在解决重大问题时理论与方法的协同。

该计划依托两大支柱实体项目：一是核心项目(Core)，重点探索人类与仿生人工智能的学习理论，在探究人类大脑工作原理基础上为类人脑提供应用人工智能的学习算法。二是深度链接项目(Bridge)，它将 MIT 在人类智能和仿生人工智能上的研究发现应用于多种领域，集聚全世界最先进的工业和研究型实验室研发平台，并通过定制人工智能解决方案构建未来的实验室、教室和图书馆，以满足麻省理工学院特定部门、实验室、研究中心以及更广泛 MIT 人工智能研究社群需求。

同时，IQ 计划形成致力于处理全球性重大问题的产教联盟，积极推进与全球有识之士合作，注重校内外多主体的协同创新，通过动员全校力量共同参与，充分汇聚校内研究力量；还通过与企业建立合作关系，获得企业赞助和慈善捐赠资金，并显著地提升了 IQ 计划的全球影响力。

在实施第一年，IQ 计划共资助了 100 个科研项目，组织开展了 5 个研讨会以进一步推动在计算、机器人和理解人类智能方面的新发现，与其他实验室合作开发定制 AI 软件以解决各种问题，帮助 IBM 捐赠的超级计算机上线以支持校园内的 AI 研究，以及资助了 181 个本科生研究项目，使得学生通过探索有关人机学习和机器学习问题进而获得宝贵的软件开发经验。[③]

[①] Peter Dizikes. Institute launches the MIT Intelligence Quest [EB/OL]. https：//news. mit. edu/2018/mit-launches-intelligence-quest-0201，2020－4－16.

[②] MIT. MIT Quest for Intelligence [EB/OL]. https：//quest. mit. edu/about/，2020－4－16.

[③] MIT Quest for Intelligence. 2019 Annual Report [EB/OL]. https：//quest. mit. edu/annual-reports/，2021－3－20.

(二) 计划任务拉动型

计划拉动型是指围绕国家重大任务或社会重大需求,以项目为导向,会聚各学科的优秀人才,组建项目梯队,达到学科的融合和会聚,联合攻关。典型代表是洛杉矶加州大学(UCLA)的"重大挑战计划"(Grand Challenge Project)。

UCLA 于 2013 年发布的"重大挑战计划"(Grand Challenge Project)是应对能源、水资源、可持续发展和气候变化等领域重大问题而实施的教育、研究、社会服务的集成性活动。该计划旨在通过整合全校资源共同解决人类社会和当地经济发展面临的重大挑战,并争取发展资源、扩大影响力、布局未来创新领域。UCLA 遵循其提出的"大目标,大影响",已推出可持续洛杉矶项目和抑郁症重大挑战项目。前者目标是 2050 年前让洛杉矶成为完全使用可再生能源并且实现供水自足的城市,后者目标是 2050 年前达成抑郁症患者减半并在世纪末攻克抑郁症的目标。

这两个重大项目旨在将学科会聚中的生物技术、认知科学领域与更多相关学科融合。在项目委员会机制的协调推进下开展,分别形成"150＋40＋1"架构和"100＋25＋1"架构,体现了学科组织交叉的大跨度特征。其中,"150＋40＋1"架构是指:在 1 个目标指引下,整合建筑与城市设计、土木与环境工程、环境健康科学和公共政策等 40 个相关学科的 150 位各自领域专家。而"100＋25＋1"架构是指:在 1 个项目中,整合生命科学、医学、计算机科学和心理学大类 25 个相关学科、100 位各自领域专家。"重大挑战计划"集成了研究开发、人才培养和公众参与等功能,极大地拓展了学术活动的空间和链条,对于提升人才培养质量、改善社会服务水平都有积极意义。特别值得一提的是,UCLA"重大挑战计划"展现了学科会聚背景下研究合作的新范式:通过设定宏大目标,组建强大的团队来寻求解决之道,其中包括:建立强大的专家团队提供战略咨询、跨学科的研究委员会负责组织实施、项目设立、日常管理、团队运行以及学生培养等。重大挑战计划还运用多种方法来确定新项目研究方向和资源分配的重点领域,包括:设立专项基金资助系列项目;举办各类会议论坛;宣传重点项目等。

(三) 共同愿景驱动型

共同愿景驱动型是指不同学科研究者为了共同学术目标主动聚集在一起从事科学探究,典型代表是东京大学"未来社会行动计划"。

日本认为人类社会发展将进入第五阶段,即未来社会 5.0(Society 5.0)。这是一个知识密集型社会,由人工智能和大数据与信息和通信技术的结合提供动力。① 东京大学在 2017 年 7 月推出了"未来社会行动"(UTokyo Future Society Initiative, FSI)。该计划是根据东京大学宪章中服务全球的使命，定位为强化有效合作、服务全球社会、贡献人类未来的重大战略行动，旨在促进科学、技术和创新发展以实现可持续发展目标。FSI 计划通过"可持续发展目标"这一共同愿景融合影响未来全球和公共生活紧密相关的生物技术、认知科学与信息技术，集聚科学、工程、人文和社会科学领域的学术资源，吸引各个重大学科领域的学者一起进行研究，增强大学与产业界间的协作。因此，该计划的提出被视为东京大学转变研究和教育环境的契机，也是链接社会各界和国际伙伴以汇聚多元力量解决重大社会问题的重大机遇。

FSI 计划的可持续发展目标与联合国提出的 2030 年之前需要实现的可持续发展目标(Sustainable Development Goals, SDGs)相一致，包括消除贫困、消除饥饿、健康与福祉、优质教育、实现和平与正义等 17 个目标。SDGs 为促进跨学科的联系与协作提供完整框架，FSI 计划在 17 个目标之下分别开展了多个研究项目，其中大部分项目涉及多个可持续发展目标，各个目标又通过这些项目联系起来。② 因此，FSI 计划尤为鼓励具有自然协同效应的项目开展合作。SDGs 不仅能推动不同学科领域的合作和交流，还能推动产学研不同主体间的协作，东京大学在与工业部门合作时将 SDGs 作为新业务增长点。此外，东京大学通过创设专门的基金，开展论坛、讲习班和讲座等方式支持 FSI 计划和扩大国际影响力。

(四) 学科专业集成型

学科专业集成型是指多个学科研究者长期依托大型科学设施而产生学科会聚，典型代表是新加坡科技设计大学组织新架构。

新加坡科技设计大学(SUTD)始建于 2009 年，为新加坡第四所公立研究型大学，其以突破性创新为特征的学科设置、跨学科研究合作、综合集成型课程而享有卓越声誉。面对未来工程与信息挑战的复杂性和多面性，SUTD 将学科专业结构进行前置性调整，打破学科/院系间相互割裂的布局，超越传统学科框架，

---

① Euan McKay, Tomoko Otake, Joseph Krisher(Eds). FUTURE SOCIETY INITIATIVE：Society 5.0 and the University of Tokyo [R/OL]. https：//www.u-tokyo.ac.jp/content/400103323.pdf，2018 - 11 - 20.

② Makoto Gonokami. Keynote speech by the University of Tokyo President Makoto Gonokami at the Beijing Forum 2018 [EB/OL]. https：//www.u-tokyo.ac.jp/gen01/b_message_beijingforum2018.html，2020 - 04 - 18.

围绕信息技术集成目标和工程前沿方向设置了建筑与可持续设计、设计与人工智能、工程产品开发、工程系统与设计、信息系统技术与设计等五大跨学科专业。[①]

SUTD 的学科会聚更具有全面性，将学科会聚落实到课程设计、教学方式和培养模式之中。SUTD 在注重教授学生工程基础、专业技术、人文艺术、社会科学等多学科理论知识，帮助学生构建完整的设计理论知识体系的同时，更强调以复杂问题为导向，以设计项目为载体，采用小班化教学组织形式，为学生提供嵌入单门课程的 1D 设计体验、跨越多门课程的 2D 设计体验、跨越时间的 3D 设计体验、由学生主导的 4D 设计体验，以及系统综合的顶峰设计体验，形成高度整合的课程体系，在全方位设计体验中循序渐进地加深学生对工程设计的理解以及培养学生多角度看待现实世界的工程问题并学会运用多学科知识去解决问题。

这些世界一流大学立足于全球或区域重大需求，结合自身定位以及学科优势，通过侧重点不同的项目计划或框架体系设计来促进学科会聚。如果说 MIT 的智能探索计划偏重技术层面的话，洛杉矶加州大学、明尼苏达大学双城分校、俄亥俄州立大学、印第安纳大学的重大挑战计划和东京大学的未来社会行动项目则更具有"社会运动"的属性，旨在强调从技术到场景应用的全链条发展，而新加坡科技设计大学的学科专业集成模式则超越传统的大学组织框架，重塑了研究、教育和创新活动体系。

四、应对重大创新挑战的学科会聚动议

自人类社会产生以来，我们从来没有像今天这样面临如此多棘手又复杂的全球性重大挑战（Grand Challenge）：气候变暖、资源短缺、贫富差距扩大、重大疾病突发多发、人工智能带来的伦理问题等，但他们却又必然长期存在。重大创新挑战呈现高度的复杂性、综合性、不确定性、风险性等，大学在应对重大创新需求上既具有知识资产和学术资源的优势，也具有确定校园优先事项、提升社会影响、推进资金来源多元化、培养未来人才等动机，然而由于组织制度障碍和学科文化藩篱，在应对重大创新需求并在与科研机构、企业研发组织的横向竞争中，大学反而常常出现反应迟钝、效率低下的现象。究其根本，传统的院系/学科区

---

① 李肖婧，吴伟，许国动. 工程设计教育的全面革新：新加坡科技设计大学的实践[J]. 高教探索，2019（10）：59-65.

隔和学术组织模式抑制了创新资源的大范围、大跨度会聚协同，不能形成内部集群竞争力。会聚研究以各学科已有重大成就和发现为基础，有力地突破了原有学科壁垒的局限和掣肘，为有效解决重大挑战和复杂问题提供了一个更加有效、更多可能性的解决方案。[①] 可见，应对重大创新挑战是大学开展学科会聚的重要情境，同时也是实现学科会聚的一种重要路径，上文提到的任务拉动型学科会聚模式范例正是部分大学为应对重大创新挑战而发起的重大挑战计划。

重大挑战并没有明确统一的内涵界定，但却在不少国家的政策文本和各行业研究报告中广泛应用，可以说已经达成了某种共识。综合政府部门、社会组织及学术机构给出的阐述，重大挑战总体立足于宏大的研究目标，表现为开放性的重大问题导向，依赖于高额且长期的投入、多学科交叉及其深度融合。由于复杂程度和实施难度都非常高，涉及主体不但多元而且多样，重大挑战应对远非单一学科、单一机构、单一环节所能实现，需要公共和私营部门、多行业、生产者、用户、中介组织等多主体合作，必须动员极大范围的技术力量和创新资源。

重大挑战概念提出的标志性事件是 2008 年美国国家工程院（NAE）发布"21 世纪工程大挑战"（Grand Challenges for Engineering in the 21st Century），彼时由各领域专家评选出人类当前所面临的 14 项工程大挑战，包括可持续能源、清洁用水、网络信息安全、虚拟现实等，并指出"任何一个难题的攻克都会极大提高全球每一个人的生活质量"[②]。此后，欧盟委员会在"地平线 2020"（Horizon2020）科研规划上针对社会大挑战主题倾力资助。2013 年，美国白宫科技政策办公室再次提出"21 世纪大挑战"计划，对能源、教育、环保、卫生、信息技术、制造业、国家安全及太空科技领域提出新目标，并提出调动大学、政府、企业乃至全社会共同努力解决问题的思路。

当前，全美近 20 所大学正陆续发起重大挑战计划，号召学术机构共同致力于重大社会挑战，其间也有利于吸引新的投资和资源、展示研究价值，并鼓励学生、合作伙伴以及更广泛的社区和公众参与[③]。其中洛杉矶加州大学（UCLA）、

---

① 林成华,徐瑞雪.大科学时代的会聚研究——美国"大学主导"的重大挑战计划科研模式创新与启示 [J].教育发展研究,2020(01)：68－76.

② NAE. Introduction to the Grand Challenges for Engineering ［EB/OL］. http://www. engineeringchallenges. org/challenges/16091. aspx, 2020－02－12.

③ Popowitz, M. ＆ Dorgelo, C. Report on University-Led Grand Challenges ［R/OL］. https:// escholarship. org/uc/item/46f121cr, 2018－02－13.

明尼苏达大学双城分校(University of Minnesota，Twin Cities，通常简称UMN)、俄亥俄州立大学(OSU)、印第安纳大学(IU)的重大挑战计划在组织方式与管理机制上的多元模式和共性特征对于推动学科会聚具有很好的借鉴价值。

表 3－1　四所大学概况

院校/维度	洛杉矶加州大学	明尼苏达大学（双城分校）	俄亥俄州立大学	印第安纳大学
学校规模	学生 4.57 万名	学生 4.75 万名	学生 6.83 万名	学生 11.1 万名（其中，鲁明顿校区 4.29 万名）
2017 年度研发总投入	10.77 亿美元（第 12 名）	9.22 亿美元（第 17 名）	8.64 亿美元（第 22 名）	5.40 亿美元（第 45 名）
US News 全球排名	第 14 名	第 47 名	第 45 名	第 136 名（布鲁明顿校区）
所在区域	加利福利亚州洛杉矶市	明尼苏达州双城区	俄亥俄州哥伦布市	8 个校区分散在州内不同城市，布鲁明顿为主校区
重大挑战计划起始时间	2013 年	2015 年	2012 年	2015 年

注：规模数据源于各大学官网，年度研发投入来源于 NSF 对学术机构历年 R&D 投入排名（更新至 2017 年），排名数据源于《U. S. News2020 全球大学排名》。

(一) 重大挑战主题

各大学重大挑战主题立足主体学科和优势学科，进行跨学科资源整合，开展重大研究项目，注重发挥知识创造与社会服务的战略性协同。四所大学都基于本校中长期发展规划布局，形成了各具特色的挑战主题，如表 5－2 所示。

UCLA 重大挑战计划始终从某一具体现实问题出发，并以可衡量的结果为目标。2013 年首先发起的"洛杉矶可持续大挑战"(Sustainable LA Grand Challenge，缩写 SLA GC)，重点关注当地生态系统改善，目标是到 2050 年使洛杉矶在能源、水资源等方面实现 100％可持续发展，使之成为全球生态城市的样板。2015 年学校开始布局医疗与健康领域，发起"抑郁症大挑战"(Depression Grand Challenge，缩写 DGC)，致力于到 2050 年将抑郁症对健康和经济的负面影响减少一半，并且到本世纪末彻底消除。

IU 的三项重大挑战计划体现出大学主动对接、精准服务区域发展的趋势。2016 年启动的"精准健康行动"（Precision Health initiative），旨在广泛应用精准医疗服务改善本州居民健康状况，通过遗传、发育、行为和环境等多重影响因素的系统性研究，优化疾病预防和治疗方案。2017 年初启动的"环境变化准备行动"（the Prepared for Environmental Change initiative），旨在协调社会各界资源和力量，改变本州居民的生产、种植和生活方式，使其能有效应对极端天气及各种次生灾害威胁。2017 年底启动的"应对毒瘾危机行动"（the Responding to the Addictions Crisis initiative），目标是联合印第安纳大学其他七个校区并与工业界、非营利组织和政府协作解决本州毒品成瘾问题。该项目协同了众多合作伙伴，已成为美国针对阿片类药物成瘾危机做出的最全面的州级响应之一，也是由大学发起的最大规模项目。

表 3-2　四所大学的重大挑战主题

学校名称	重大挑战主题
洛杉矶加州大学 （UCLA）	• 可持续洛杉矶 • 抑郁症
明尼苏达大学 （UMN）	• 以可持续的方式养活全世界 • 确保清洁水和可持续的生态 • 构建公正和公平的社区环境 • 通过量身定制的解决方案促进健康 • 增强个人和社区能力以适应变化中的世界
俄亥俄州立大学 （OSU）	• 能源与环境：材料与制造的可持续；可持续且弹性的经济 • 健康与保健：慢性脑损伤；传染性疾病 • 食品生产与安全：食品健康（营养代谢组学）；食品与农业转型 • 可转化的数据分析 • 人文与艺术
印第安纳大学 （IU）	• 精准健康行动 • 环境变化准备行动 • 应对毒瘾危机行动

注：相关信息整理自各校官网。

（二）组织运行管理

组织运行是重大挑战主题得以有效落实的基本保障，而促进多学科交叉、融合和会聚是四所大学组织运行上最明显的特征。

1. 顶层设计与全员参与协同推进

重大挑战计划往往涉及不同学科组织在学科范式、资源配置和评价制度上的矛盾与冲突，需要学校高层的改革魄力和整体设计，以及来自全校各院系及其教师的积极响应和过程参与。

UMN 重大挑战计划由教务长汉森（Karen Hanson）发起，定位为学校十年战略规划"驾驭未来"（Driving Tomorrow）的核心，并明确规定该项目在资源配置和学科建设上为高优先级（high-priority）。2015 年初，教务长召集成立"教务长重大挑战研究战略小组"[①]（Provost's Grand Challenges Research Strategies Team）。这一高层智囊团由 30 名来自各院系的资深教授和杰出教员组成，由人文艺术学院前院长、政治学教授雷蒙德·杜瓦尔（Raymond Duvall）担任主席。

2015 年秋，战略小组先后组织五场全校范围的学术论坛，既为广泛征集关于挑战主题的创意及研究计划，同时也旨在提高全校对重大挑战问题的关注度和参与度。论坛包括教师团队的简要报告、40 分钟的圆桌讨论以及最终点评环节，确保充分研讨从而"自然而然地打破学科藩篱，建立不同学科知识的连结与整合"。约有 450 名教师参与了开放性讨论，贡献出 130 多个创意。在此基础上，战略小组于 2016 年初正式发布"重大挑战报告"[②]，明确学校未来重点规划的五个跨学科研究主题，同时提出分阶段实施重大挑战计划的若干具体建议。

2. 矩阵式跨学科架构激发创新活力

以项目为载体、学科为支撑组建跨学科研究团队是各院校的普遍选择。矩阵式学科组织结构是学科系统与项目系统的有机结合：由学科领导统一实施纵向管理，符合学科发展规律；横向由项目领导实施管理，以解决实际问题为目的[③]。

IU 首个重大挑战项目"精准健康行动"[④]，针对印第安纳州多发疾病研发高度个性化的防治方案，这需要综合考虑个体的基因、环境和生活方式等多重变量，因此需要医学、生物学、信息学甚至社会心理学等多学科领域协同创新。针

① UMN. Provost's Grand Challenges Research Strategies Team［EB/OL］. https://strategic-planning. umn. edu/gc-research-team-members，2019 - 05 - 30.
② UMN. Report of the Provost's Grand Challenges Research Strategies Team［R/OL］. (2016 - 01). https://strategic-planning. umn. edu/sites/strategic-planning. umn. edu/files/gc_research_report_umn_strategicplan. pdf，2019 - 08 - 21.
③ 邹晓东. 研究型大学学科组织创新研究［D］. 杭州：浙江大学，2003：38 - 40.
④ IU. Precision Health［EB/OL］. https://precisionhealth. iu. edu/about/index. html，2019 - 12 - 16.

对大约五分之二的州内居民可能罹患癌症的严峻现实，该计划以破解至少一种本州常见癌症（主要包括多发性骨髓瘤、三阴性乳腺癌）为目标，并致力于治愈至少一种儿童期癌症（其中将小儿肉瘤列为重中之重），以及遏制阿尔茨海默症和预防由妊娠糖尿病引起的2型糖尿病。

为了实现这一目标，IU将这个庞大复杂的研究任务进行横纵分解，如图3-1所示：横向是拟重点攻克的五大疾病，分别对应五个跨学科科研团队；纵向是六根"科学支柱"（scientific pillars），对应六个不同的学科领域，承担从基础研究向临床应用转化的任务。每个支柱的合力支撑，意即多学科会聚融合，共同致力于重大疫病的治疗、治愈与预防。例如，在三阴性乳腺癌研究中，研究者将首先对患者进行肿瘤基因测序，然后采用细胞、基因和免疫疗法这一学科分支的研究思路，对DNA展开当前治疗方案的分析。如果未能确定，则进一步将基因信息引入化学与结构生物学的研究视角和技术手段，以尝试开发新的治疗方案。与此同时，包括所处环境、个体行为等在内的病患数据信息都被记录在案，以便更精确地靶向合适的治疗方案。整个过程将会周而复始、不断迭代，直至研发出有效的疾病治疗方法。

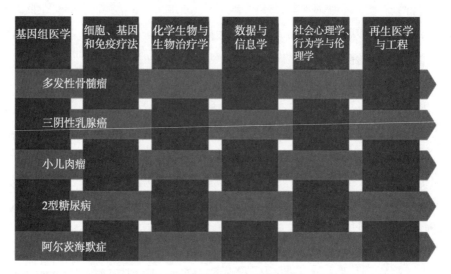

图3-1　"精准健康行动"的矩阵式跨学科组织架构

3. 基于SMART原则的目标与路线规划

重大挑战计划皆立意高远，计划之下设计的研究项目具有长期性、协同性特点，所以清晰的目标和路线指引显得尤为重要。在OSU，项目甚至必须设定明确的投资回报率(ROI)[①],作为判断研究成果的指标之一以及学校开展项目审查的依据。在《大学主导的重大挑战计划》报告中,特别强调项目目标设计的 SMART 原则,即具体的(specific)、可衡量的(measurable)、雄心勃勃的(ambitious)、可实现的(realistic)和相关的(relevant)以及有时限的(time-bound)[②]。从表 5-2 也可以看出,各计划在技术上的"颗粒度"并不一致,可能就是因为综合考虑了现实基础、问题针对、实现可能等多种因素。

UCLA"可持续洛杉矶大挑战计划"以 2050 年为时间节点,启动之日起就向全校教师和外部利益相关者公布了 100%可再生能源供给等三个有挑战性且有具体指向的目标。为确保目标实现,学校专门组织跨学科领导力委员会经过长达两年的审慎研究和充分讨论,于 2015 年底发布《可持续洛杉矶大挑战五年工作计划》[③]。《工作计划》勾勒了未来五年全校应对重大挑战的行动指南和技术路线,明确规定:至少推动 100 个创新研究项目以逐步实现 2050 年可持续洛杉矶目标,并将项目按主题分为能源、水、生态系统健康等三类进行管理,如表 3-3 所示。

表 3-3 基于 SMART 原则的项目目标示例

可持续洛杉矶大挑战计划长期目标	例:能源分主题的研究目标(五年计划)
于 2050 年在洛杉矶市实现以下三个目标: 1. 100%可再生能源供能与满足交通运输需求; 2. 100%洛杉矶本地水资源供给; 3. 改善生态健康和人类健康,具体包括提高本土生物多样性、预防本土物种灭绝、融合发展与自然以促进人类健康、确保每个居民都能在 1/4 英里(约 0.4 千米)内进入绿地或自然区域。	目标 1:扩大可再生能源发电 • 为 2050 年的洛杉矶识别能源资源组合 • 确定扩大可再生能源的政策、管理策略和技术 • 发电和燃料生产
	目标 2:设计一个用于分配和存储可再生能源的集成系统
	目标 3:改进能源消耗管理 • 降低当地交通运输的能源强度 • 减少建筑能耗并改进需求管理
	目标 4:确保能源系统的可持续性

资料来源:根据洛杉矶加州大学官网资料整理。

---

① OSU. About Discovery Themes [EB/OL]. https://discovery.osu.edu/about/discovery-themes-initiative.
② Popowitz, M. & Dorgelo, C. Report on University-Led Grand Challenges [R/OL]. https://escholarship.org/uc/item/46f121cr, 2018-02-13.
③ Gold, M., Rauser, C., Herzog, M., & Lueders, J. Sustainable LA Grand Challenge Five-Year Work Plan (Full Report) [R/OL]. https://escholarship.org/uc/item/7v39j2xt, 2015-12-01.

(三) 资源平台支撑

作为战略性部署，所有四所大学都给予重大挑战计划巨大资源倾斜，同时视之为寻求研究体系革新的突破口。

1. 充沛的资金支持

大量资金支持通常以竞争性资助方式实现，即面向全校或校内外合作团队开放项目申请，经专业评审后对入选团队予以资助。其中，UMN 已有来自 16 个学院、50 多个系的上百名教师组成的 35 个跨学科团队入选，共获得前两年启动资金 700 余万美元。校方也开通社会捐赠、技术转移、企业孵化等渠道，鼓励所有受资助项目以及没有入选的项目，设法获得更多外部支持。UCLA 以中长期视角预测项目所需费用，资助预算以十年为单位，其中，"可持续洛杉矶大挑战"预计达 1.5 亿美元、"抑郁症大挑战"预计 5.25 亿美元。IU 号称启动了史上最大一笔投资，预计在未来 5～10 年投资 3 亿美元以应对 3～5 个重大挑战。OSU 凭借停车场长期租赁管理从外部获得高达 4.83 亿美元的预付款，成为主要经费来源。不同于其他三所大学的以项目为主的投入模式，OSU 另拟投入专项资金 5 亿美元用于跨学科人才引进和相关资源配套[①]，从组织层面强有力支持重大挑战计划的迅速发展并长效运行。

2. 灵活的聘任制度

虚拟群集聘任和联合聘任是美国研究型大学常见的两种跨学科聘任模式。[②] 前者是围绕特定跨学科议题组建虚拟的跨学科集群，教师或研究人员进入其中但实质上仍隶属传统院系；后者是学院间或学院内部系与系之间基于跨学科合作需要而实施的双聘或多聘制度。以 OSU 为例，虚拟群集聘任相对成熟，同时也在尝试建立基于实体跨学科机构的联合聘任制度。

2014 年开始的三年左右时间里，OSU 已有超过 120 名教师通过大挑战计划渠道应聘加盟，并获得终身制和预备终身制教职（tenured and tenure-track），预计到 2020 年还将增加 80 位。部分教师进入虚拟跨学科项目团队，仍属于传统院系管理；还有部分教师进入由虚拟跨学科项目演化而来的实体跨学科研究

---

① OSU. About Discovery Themes ［EB/OL］. https://discovery. osu. edu/about/discovery-themes-initiative, 2020 - 02 - 11.

② 焦磊, 赵庆年. 从"结构"到"准则"：研究型大学跨学科转向的组织行为学研究[J]. 高等工程教育研究, 2019(4)：139 - 144/187.

机构。如学校为挑战计划的重要研究领域——转化数据分析专门成立了独立于传统院系的转化数据研究所(The Translational Data Analytics Institute)①,其中 130 名教职人员中的绝大多数同时隶属于计算机科学、政治学、公共事务、农业与环境科学、工学、医学等各院系。学校还投资 4 200 万美元建设数据分析创新中心,作为该研究机构日常办公、教师开展研究、实验和讨论的场所。教师既可以获得传统院系的支持、开展与数据分析相关的教学工作,又能在研究所获得专属的空间和数据资源,与不同院系的教师开展合作研究。

3. 开放的社会网络

重大挑战往往涉及复杂的社会系统,大学虽然能较好地发挥其人才、学科优势,但只有营造开放共享、互利共生的网络化创新环境,才能确保重大挑战计划可持续推进。四所大学在开拓外部协作渠道上都相当积极。例如,UCLA 于 2017 年春季宣布成立洛杉矶可持续领导力委员会(L. A. Sustainability Leadership Council)②,并由 UCLA 校长布劳克(Gene Block)和洛杉矶市长加尔切蒂(Eric Garcetti)担任主席,成员来自洛杉矶市议会、市政府职能部门、全球顶尖的基础设施服务型企业、信托公司、高科技孵化机构以及加州大学系统兄弟院校、校内相关院系的负责人。组建高规格委员会的目的在于充分调动全社会资源,扩大重大挑战计划在政产学各界的影响力,共同致力于洛杉矶未来五十年甚至更长远的建设。

事实上,UCLA 很早就围绕城市建设问题开展研究合作:其研究人员定期与洛杉矶各地的政府、非营利组织、企业和社区建立联系,并作出对贡献洛杉矶可持续发展的承诺。早在 2012 年,UCLA 就制定了示例性的可持续发展计划《愿景 2021 洛杉矶》(Vision 2021 LA)③,旨在激发政府与社会各界围绕洛杉矶未来开展对话。此外,校内各学科研究人员还从技术、政策、人员培训等方面积极提供环境与能源问题的解决方案。环境与可持续发展研究所于 2015 年开始

---

① UCLA. Big data for good [EB/OL]. https://tdai. osu. edu/about,2020 - 01 - 23.
② UCLA. L. A. Sustainability Leadership Council [EB/OL]. https://grandchallenges. ucla. edu/sustainable-la/team-1,2020 - 01 - 22.
③ M. Gold,Sean. B. Hecht,M. Herzog,C. Horowitz,K. Mika,S. Pincetl,X. Zhang. Vision 2021 LA:A Model Environmental Sustainability Agenda for Los Angeles' Next Mayor and City Council [R/OL]. (2012 - 12). https://www. ioes. ucla. edu/wp-content/uploads/Vision_2021_LA. pdf,2020 - 03 - 01.

定期发布环境报告卡(Environmental Report Card)①。其中开发了一套衡量城市可持续性的指标体系，为识别可持续洛杉矶大挑战的研究重心、制定公共政策提供了科学依据，同时为拓展社会合作网络和吸纳外部资助奠定了良好基础。因此，《大学主导的重大挑战计划》坦言，UCLA"重大挑战"与其说是一个研究计划，不如说是一项社会运动(social movement)。

(四) 总结与讨论

洛杉矶加州大学、明尼苏达大学双城分校、俄亥俄州立大学、印第安纳大学的重大挑战计划各具特色，如 UCLA 重大挑战计划以"洛杉矶可持续大挑战"和"抑郁症大挑战"为核心，建立起全方位的政产学研合作网络，推动学术突破与学科组织创新；UMN 将健康、生态、社会治理等领域的五个重大挑战计划作为学校十年战略规划的核心，在教师主导的开放式讨论中形成全员参与的良好氛围；OSU 斥巨资吸引跨学科人才加盟，同时通过灵活的聘任制度，改革基于传统院系的人事和科研管理模式，为重大挑战计划运行提供有力支撑；IU 通过构建以项目为载体、学科为支撑的矩阵式组织架构，为推动学科会聚、解决印第安纳州面临的各类社会问题，提供开放且灵活的管理空间。尽管这些顶尖大学的重大挑战计划各有侧重，但都在项目组织、资源集成、人事管理等方面进行了突破，探索出超脱于传统学科体系的革新路径，进而实现多学科交叉会聚与集成创新，具体如表 3-4 所示。此外，重大挑战的理念和范式也在美国之外的地区受到重视，如英国在产业战略中列出人工智能与数据、老龄化社会、绿色增长、未来出行等重大挑战，加拿大推出全球健康研究、医疗创意的规模化、孕妇分娩和新生儿、儿童大脑发育等重大挑战，等等。虽然领域不同，但在实施上都体现了学科交叉、跨界融合、创新模式、需求导向等典型特征。

表 3-4　重大挑战案例小结

分析维度	共 同 特 点
主题设定	围绕生命健康、能源环境、面向未来的社会运行等与人类生存与发展息息相关的主题，同时结合国家战略、区域发展急迫问题。

---

① UCLA. Environmental Report Card [EB/OL]. https://grandchallenges.ucla.edu/sustainable-la/report-card，2020-03-01.

（续表）

分析维度	共 同 特 点
项目管理	运作方式自上而下与自下而上相结合,注重顶层设计与全员参与的协同推进;强调清晰、具体、可衡量的目标设计和工作管理。
组织与人事	以项目为载体、学科为支撑的矩阵式组织架构;围绕课题的虚拟集群聘任与基于实体跨学科研究机构的联合聘任模式相结合。
资源保障	基于中长期规划的资金预算;开放的项目竞争性资助;建立政产学研协同的社会网络。

五、我国推进学科会聚的反思

当代科学技术发展对知识综合的要求不断提高,学科的交叉、会聚与融合正是知识综合的倾向在学科发展中的体现。面向这一新要求,当下学科建设最迫切的是要营造有利于学科交叉、会聚的内部运行机制,以学科交叉、会聚促进学科融合,在学科融合中实现知识的综合发展,从而激发大学的创新活力。[1] 同时,学科会聚体现着创新链条的全程性和学科系统的集成性,是学科建设理论的重大创新。众所周知,学科隔离造成跨学科研究困难的问题在我国大学中长期存在,而需要学科间深度融合的学科会聚更难以实现,严重阻碍大学打造学科增长极和创新生长点(关于当前学科交叉及"双一流"建设的实践问题请参考本书附录)。当然,在全球科技版图与创新形态不断重构背景下,学科会聚的内涵结构、发展动力、组织体系、运行机制等问题仍然有待厘清。不少世界一流大学的行动都是从国家战略发展和社会需求出发,强有力地会聚利用跨界资源,并将学科会聚从科研成果产生牵引到社会变革的框架中。因此,面向外部重大战略需求和重大挑战问题,并视之为超脱大学内部原有组织框架、制度规范的合法性制约的逻辑起点或战略契机,应该成为世界一流大学建设的重要选择。

国内一流大学较早开展了项目实施、平台建设、人员互聘等多种跨学科尝试,这些尝试具有重大挑战的部分特征,如需求导向、学科交叉、产学研协作等。如参照斯坦福大学 1998 年成立"BIO－X"中心,上海交通大学于 2005 年也成立

---

① 宣勇,张鹏. 走出学科危机:教育现代化进程中的大学学科建设[J].华东师范大学学报(教育科学版),
　　2021(03):48－58.

了生物前沿领域的同名研究院,致力于跨越学科界限促进科学发现并提供跨学科解决方案。但其间,学科间"形聚神散"的问题依然严重,很难形成集群竞争力,甚至不少冠以交叉、重大、会聚等字眼的平台的积极作用都难孚预期,甚至名存实亡。这表象上源于"五唯"的学术评价体系,但究其根本是以学科为基本单元的资源配置机制破坏了学科生态系统的自然生长规律,导致重大需求的倒逼效应无法充分显现。

在精细化实施路径上,国际一流大学不但有前沿性重大领域的战略布局,而且相应设计了分阶段、可评测和围绕现实问题的技术路线和目标体系,而非仅仅是名义协作,即"事实上却是分成多个小项目各自独立地开展"[①],国内大学一般没有如此清晰;在大范围协同参与上,如项目启动前通过网络讨论、专题会议、学术指导委员会等形式吸引全校师生及政府、第三部门、市民等进行充分讨论,其中所构建的密切的社会网络既是重要的创新生态基础,也是吸纳多方面资源投入的重要手段,国内大学的协作范围也没有如此广泛。此外,与若干世界一流大学的"重大挑战"行动相比,我国大学尚较少聚焦于诸如气候变暖、疾病健康、社会治理等全人类重大命题,这或许源于国家和大学发展阶段的不同,但面向全球一体化的未来愿景,有必要在引领学科发展的重大创新任务的凝练上充分体现命运共同体理念。

因此,在推进一流大学建设过程中,国家层面要加强对社会重大需求研究项目的统筹规划与战略引导,逐步引导大学聚焦于重大创新需求,走学科集群化和创新生态化发展道路,以杜绝学科碎片化、研究形式化。从大学层面看,迫切需要加快适应科研环境、创新范式的转变,立足于全球、国家或区域重大需求,形成适合学科会聚的总体发展战略,在全球范围内推动跨组织、跨地域、跨国界的多主体协同合作,构建高峰凸显、高原崛起、综合交叉、动态发展的学科生态体系,切实改善学术创新面貌。从更长远的历史视角来看,学科交叉会聚只是应对大学发展环境变化的一种手段和路径,能否在我国取得突破,仍然需要较长时间的观察。

---

① 董金华,刘凡丰. 研究型大学跨学科研究的组织模式初探[J]. 中国软科学,2008(3)：81-87.

第四章
国际化视野下的一流建设①

  题记：国际化与建设世界一流大学相伴而生，从初期的互访交流、师资进修、留学生扩招，到联合培养、合作科研，再到联合办学甚至运营实体化国际校区，体现了我国大学走向世界舞台的雄心。此外，大学在构建人类命运共同体中发挥着越来越重要的作用，成为我国走向世界的重要窗口，成为引入外部优质资源的驿站，甚至成为公共外交的重要渠道。在国际化推进过程中，虽然有单纯追求留学生和海外引进教师比例这种外在表现，以致对校园文化建设带来一定负面影响，但仍然不能忽视国际化在缩小中外高等教育发展差距、实现海内外创新资源交流会聚中的重要作用。在坚守思想政治底线的前提下，我国大学必须坚定不移闯出一条具有中国特色的、以国际化带动一流发展的独特道路，必须推动高质量、高效益的实质性国际合作，逐步形成以我为主的合作格局。本章从国际化这个重要侧面来审视世界一流大学建设的诸多问题，希冀省思有关举措经验。

  国际化已经成为世界一流大学的关键特征，也是评价一所大学是否一流的重要指标，因而愈加受到政策和实践的高度重视。如泰晤士全球大学排名前50大学中的大多数都制定有国际化相关的战略规划和政策文本。② 北京大学、清华大学、上海交通大学等13所大学在2021年高校国际化能力建设研讨会中明

---

① 本章撰写组：吴伟、徐从圣、徐吉洪、蔡小东、刘智等。
② 韩双淼,钟周.一流大学的国际化战略：一项战略地图分析[J].复旦教育论坛,2014(2)：10-16.

确提出新的国际发展战略，扩展全球布局的规划。[1] 当前，反全球化和民粹主义的兴起导致高等教育领域"逆国际化"潮流涌动，全球新冠肺炎疫情持续发展、大国战略博弈升级，以及地缘政治分歧加剧，使得留学教育、国际科研合作交流、跨境教育及合作办学都面临一系列风险和挑战。[2] 但是，我们仍要充分相信，国际学术交流的步伐不会停步，这既是大学发展的普遍规律所决定的，也是人类社会在面临各种风险挑战背景下报团取暖的现实需求所期待的。

一、以世界为舞台：普遍的办学规律

英国高等教育史学家哈罗德·金说过："一个人如果不理解过去不同时代和地点存在过的大学概念，他就不能真正理解现代大学"[3]。因此，想要真正理解现代大学的含义以及世界一流大学的历史演进，就必须去了解大学的起源以及过去不同时代和地点存在过的不同的大学概念。本节尝试梳理自 12、13 世纪大学诞生以来的世界大学发展历程，以窥探国际化视野下的世界一流大学建设规律。

（一）从中世纪大学出发

"一切文明社会都需要有研究高深学问的机构来满足它们探求知识奥秘的需要，同时它们也为知识的拥有者和探求者提供各种所需条件"[4]。现代大学滥觞于欧洲中世纪大学。但在欧洲中世纪大学诞生之前，高等教育机构就已经存在了至少几百年，例如中国古代的太学、古希腊的学园、古埃及的爱资哈尔等，都是当时各国级别最高的学问研究中心，现今还有文献将这些办学机构称为"大学"，但严格来说，它们并不是 12 世纪后的真正意义上的大学。现代大学的课程教学模式、正式考试、学位颁发等大学职能，与欧洲中世纪大学是一脉相承的，几乎都是中世纪大学的变式。其中具有典型代表性的两所欧洲中世纪大学是意大利的博洛尼亚大学和法国的巴黎大学。博洛尼亚大学是公认的世界上延续至今

① 清华大学. 高校国际化能力建设研讨会在线举行[EB/OL]. https://news. tsinghua. edu. cn/info/1003/84352. htm,2021 - 01 - 04.
② 韩亚菲,秦琳,蒋凯. 变局与破局：新形势下高等教育国际化的挑战与应对[J]. 大学与学科,2021(03)：80 - 90.
③ 伯顿·克拉克. 高等教育新论——多学科的研究[M]. 王承绪,徐辉,郑继伟,等,译. 杭州：浙江教育出版社,1988：45.
④ 伯顿·克拉克. 高等教育新论——多学科的研究[M]. 王承绪,徐辉,郑继伟,等,译. 杭州：浙江教育出版社,1988：27.

历史最悠久的大学,而巴黎大学也同样是欧洲最古老的大学之一,它们在欧洲乃至全世界高等教育史上都具有重要地位,并成为两类不同大学的典范。

博洛尼亚大学被奉为"西方大学之母",历史要追溯到 11 世纪。当时众多语法学、修辞学、逻辑学、注释学领域的学者齐聚于此,共同评注了古罗马的法典,为后续该校法学的传承奠定了坚实的基础,成为了中世纪著名的法学研究中心。此后,博洛尼亚大学云集了一批著名法学家,如欧内乌斯、格林辛等,大批师生慕名而来,大学学术氛围逐渐繁荣。博洛尼亚大学最具特色的是现在被称为"学生自治"的制度,即学生组织在大学内部治理结构中具有权威性地位,教师的选聘、学费的数额、学期的时限等均由学生决定。除意大利本土的大学外,西班牙、波兰、葡萄牙等欧洲南部大学以及法国大学(巴黎大学除外)等几乎都是博洛尼亚型的学生主导大学,这种大学制度的复制与转移体现了当时欧洲各国之间频繁的师生迁移和学术自由理念,也是中世纪大学国际化特征的一个缩影。

1988 年 9 月 18 日,正值博洛尼亚大学 900 周年校庆之际,来自欧洲大陆的430 所大学校长欢聚一堂,一致认同博洛尼亚大学是其所有大学的母校,并共同签署了《欧洲大学宪章》(*The Magna Charta of European Universities*),重申了大学自治权,拒绝"任何地理或政治所施加的限制"。1999 年 6 月 19 日,欧洲 29国代表在博洛尼亚大学签署《博洛尼亚宣言》,开启博洛尼亚改革进程(Bologna Process),致力于整合欧盟高等教育资源、扩大国家间学历资格框架对接、提升一流大学建设水平,而冠以"博洛尼亚进程",是对博洛尼亚大学为全球高校建设贡献的高度肯定,也充分说明博洛尼亚大学作为近代大学始祖的崇高地位。

巴黎大学与博洛尼亚大学一样,也是自发形成的大学,而欧洲北部地区的大学,几乎都由巴黎大学衍生而来。巴黎大学脱胎于巴黎圣母院,学校的教师几乎均由牧师担任,教皇及其代表具有监督权,整个学校充满了神学教育的色彩。与博洛尼亚大学不同的是,巴黎大学不仅是一所由教师主导的大学,同时还是中世纪神学研究的中心,主要原因在于巴黎作为法国的首都以及一个重要的主教职位所在地,凭借其显要的政治、地理优势,吸引了一批学术大师和知名学者远道而来[①]。随着求学问教的人越来越多,教师和学生开始自行组建行会组织,皇室和教会也相继承认了巴黎大学的合法性地位,但由于早期到巴黎大学求学的学

---

① 陈涛. 大学本质属性探源——基于三所欧洲中世纪大学的分析[J]. 高等教育研究,2016(10):1-9.

生中年龄较小的学童居多，因此教师社团完全掌握了控制权，巴黎大学也逐渐发展为"教师大学"，成为现代大学管理模式的滥觞①。此后，巴黎大学成为欧洲北部绝大多数高等教育机构的模式和标准。1167年，在巴黎大学的英国学者受召回国，在牛津继续从事经院哲学的教学与研究，牛津大学就此诞生。1209年，牛津大学的部分学者创办了剑桥大学，牛津大学与剑桥大学的诞生均与巴黎大学的师生迁移息息相关②。

以博洛尼亚大学为代表的"学生大学"和以巴黎大学为代表的"教师大学"拥有共同的价值观，即学术自由与大学自治。尽管大学在发展过程中受到王权和教权的双重控制，但大学师生通过斡旋为自身争取了诸多特权，例如迁徙自由权、免税权、学位授予权、司法自治权等，这些特权又进一步促进了中世纪大学学术自由的发展③。由于其教学语言均为拉丁语，其教学内容得以在欧洲范围内通用共享，极大地促进了欧洲大范围的文化交流，因此中世纪大学能够不受民族、地域限制，并从欧洲各国招收和吸引学生与教师，这与中国古代的游学以及"行万里路，读万卷书"的办学理念是不谋而合的。基于学术自由和大学自治的国际性和开放性，成为中世纪大学的宝贵遗产，同时也为现代大学所吸收。但到中世纪后期，大学曾经努力争取的特权逐渐被剥夺，导致大学自治权慢慢丧失，大学也逐渐由国际化走向民族化。

中世纪后期，即16世纪至18世纪末期，在文艺复兴运动、宗教改革运动以及近代科学革命等各种因素影响之下，民族化或国家化趋势成为这一时期欧洲高等教育发展的基本特征，由此导致大学诞生时的一些基本特征的消失，其中最明显的是神学对高等教育影响的削弱以及大学国际性的没落。1793年，法国大革命期间，古老的巴黎大学也遭到解散，代表着神学和哲学高峰的巴黎大学逐步淡出人们的视野。伴随传统中世纪大学的日渐衰微，欧洲高等教育机构类型却更加多样化，其多样化主要体现在新型高等教育机构的产生、高等教育设置形态多样化、地域分布更为广泛以及高等教育机构名称趋于多样化、各国高等教育机

① 宋文红.欧洲中世纪大学：历史描述与分析[D].武汉：华中科技大学，2005：33－41.
② 徐建国.从西方大学的起源和发展看现代大学的精神内核[J].北方民族大学学报（哲学社会科学版），2011(02)：131－136.
③ 谢一丹.欧洲中世纪大学的发展对我国"双一流建设"的启示[J].高教研究与实践，2018(02)：18－22/78－79.

构课程内容和结构具有民族性和世俗性等。随着世俗王权势力的加强、宗教改革运动的兴起以及大学间交往的减少等原因,不仅新型高等教育机构基本上均采取了巴黎大学的管理模式,欧洲的一些"学生大学"也开始逐渐转变为"教师大学"[1]。自此,在 17 世纪中期后,教师主导型大学管理模式逐步确立起来。随后以法国大革命和拿破仑帝国为肇始,1789 年法国大革命爆发后不久,资产阶级革命议会于 1793 年通过了《关于公共教育组织法》(*Loi sur L'organization publique*),即"达鲁法案",决定关闭当时尚存的 22 所中世纪大学,在改造部分旧机构的基础上建立各种专门学院、综合理工学院和科学研究机构。其中,专门学院是按照不同学科分别设置的高等教育机构,多为军事、机械、农业、医学等院校;综合理工学院首次引入近代科学内容,并将科学基本理论的学习作为传授实用技术知识的基础;同时还创办了以学术研究为主的科学研究院、医学研究院等科学研究机构。在拿破仑时代,研究机构数量有所增加,且呈现出不同特色,但基本不从事教学活动,即教学与科研相分离。

此时的英国,尽管爆发了人类历史上第一次资产阶级革命,并开启了人类历史上第一次工业革命,但是由于国家对高等教育采取自由和不干涉政策,加之传统自由派大学势力强大,直到 19 世纪初期,相较于法国而言,英国高等教育改革进展缓慢。然而,同时期的美国高等教育开始逐步崛起。美国高等教育的起源可追溯到 16 世纪上半叶,英国等欧洲殖民主义者先后在北美大陆建立殖民地。1636 年位于马萨诸塞的哈佛学院的建立标志着美国高等教育的出现,之后又建立了一些学院,其中包括现今的耶鲁大学、宾夕法尼亚大学、哥伦比亚大学、普林斯顿大学、布朗大学以及达特茅斯学院的前身。殖民地时期建立的这些学院,均是对英国传统中世纪大学模式如牛津大学、剑桥大学的模仿与移植,同时也兼具宗教传播的功能,带有浓厚的宗教色彩[2]。尽管规模不大,但这些学院是美国高等教育的起源,被其他地区的教会所效仿,从而不断拓展、辐射、发展。从另一个视角来看,美国高等教育正是高等教育资源"跨境流动"的重要成果。此外,美国独立战争和南北战争不仅是美国发展历史上的重要转折点,也是美国高等教育史的重要转折点。1783 年美国独立战争结束至南北战争期间,美国开始建立

---

① 黄福涛. 外国高等教育史[M]. 上海:上海教育出版社,2003:85-120.
② 高鹏. 美国高等教育国际化的历程研究[D]. 长春:吉林大学,2015:53-58.

州立大学，私立院校也确立了自身的自主权，同时技术教育（professional education）和专业教育（technical education）开始进入美国高校。这段时期是美国高等教育不断"试误"的时期①。

以铜为镜可以正衣冠，以史为鉴可以知兴衰。大学自诞生之初就具有国际化属性，"大学"的拉丁文"universitas"与宇宙"universe"有着相同的词根，蕴含着无所不包和普遍主义的涵义。中世纪大学"其国际性特征经过一段时期的衰微后，又成为现代大学的重要特征之一，甚至成为衡量大学水平和影响的重要尺度，当今世界一流的大学无一不是国际性的机构"②。与经济、技术领域的国际交流经常受到各种阻碍不同，高等教育领域的国际交流渠道相对通畅，甚至可以说是自由跨越各国边界，其规律就在于大学所具有的探索真理和发现知识的属性。中世纪大学作为一种由学生和教师组成的行业性自由团体，师生出于对知识和真理的渴求而在各国之间自由频繁流动，促进知识的传播与交流，从而进一步推动高等教育的国际交流与合作。

（二）现代大学的演进

在 19 世纪早期，欧洲诸多地区的一些大学依然沿袭中世纪大学的传统，但与此同时，另一些新型大学开始在欧洲、美国和亚洲等地崭露头角，引发了这些国家的传统大学的一系列变革，并为新建立的民族国家的大学奠定了基础③。自 19 世纪初期以来，在康德、费希尔、施莱尔马赫、洪堡等思想家的大学理念影响下，以建立于 1810 年的柏林大学为开端，德国大学开启了世界大学近代化的进程，并逐步形成在世界高等教育史上具有重大影响的德国模式。洪堡在《柏林高等学术设施的内部与外部组织理念》一书中详细阐述了德国大学的办学方针和理念，强调新大学的本质是"客观的学问（Wissenschaft）与主观的教养（Bildung）相结合"，认为大学理应保持"纯粹和自由"的原则，并"通过学习和研究客观纯粹科学或学问实现主观教养"，强调教学与研究相结合是大学的基本办学原则。同时，其他欧洲国家的某些传统、中世纪大学（如海德堡大学）也逐步开始进行改革。

---

① 黄福涛.外国高等教育史[M].上海：上海教育出版社，2003：183－185.
② 贺国庆.中世纪大学和现代大学[J].河北师范大学学报(教育科学版)，2004(2)：22－28.
③ 瓦尔特·吕埃格.欧洲大学史(第三卷)19 世纪和 20 世纪早期的大学[M].张斌贤，杨克瑞，译.保定：河北大学出版社，2013：33.

以洪堡的办学理念和柏林大学的创办为代表的德国模式对全世界各国的高等教育产生了深远影响,以洪堡模式范本创立的大学在世界各国"开枝散叶",德国成为当时蜚声国际的"学术王国"。因此,前往德国学习和考察的师生络绎不绝,其中尤以美国的师生最多,这对美国高等教育的兴起也产生了举足轻重的作用。"从1814年起第一批4名美国学生赴德学习,到第一次世界大战前,约有一万名美国青年和学者到德国大学学习,仅柏林大学前后接纳的美国学生就超过五千人"①。在这一时期,学术和知识的交流几乎是单向进行的,柏林大学则代表高等教育的最高殿堂。这种重视科学研究的精神和秉承"学术自由"的态度,很大程度上影响了后来全球高等教育的格局,为现代大学国际化的进程起到了催化作用。与中世纪大学相似的是,知识的传播与转移依然是大学国际化的核心,"从高层次知识或者某些专门知识的地方转移到较低层次知识或知识空白的地方",实现全球范围内大学的知识更新和迭代②。

伴随着现代大学国际化趋势的日渐加深,加上欧洲各国的工业近代化高潮逐渐到来,欧洲各国高等教育体系开始出现各类新型机构,例如法国的大学校、英国的城市大学等,从而使得高等教育在校生数大量增加,且高等教育机构中与工业发展的相关实用课程也开始大量涌现,但其基本结构并未发生重大变化。受两次世界大战的影响,欧洲各国高等教育在探索中逐渐形成了符合本国国情的教育体系,近代科学技术内容开始进入大学课堂,大学逐步摆脱神学桎梏,高等教育所具有的探索真理和发现知识的属性进一步推动各国之间的国际交流与合作③。与此同时,以"大学输出"为特征的高等教育境外扩张成为这一时期欧洲各殖民国高等教育国际化的主要模式。例如,英国伴随着海外的强势殖民扩张,其高等教育随之输入英属殖民地国家,美洲、大洋洲、非洲和印度等地出现的大学均是以牛津大学、剑桥大学和伦敦大学为蓝本创办的,并在各个方面照搬英国模式,成为英国大学的"殖民地影像"④。

在19世纪初期,大学作为中世纪的遗产,仅存在于欧洲大陆的部分地区,主

---

① 孙承武. 聚焦全球十大名校——巨人摇篮[M]. 北京:京华出版社,2003:81.
② 乌尔里希·泰希勒. 迈向教育高度发达的社会:国际比较视野下的高等教育体系[M]. 肖念,王绽蕊, 译. 北京:科学出版社,2014:82-85.
③ 王英杰,高益民. 高等教育的国际化——21世纪中国高等教育发展的重要课题[J]. 清华大学教育研究,2000:13-16.
④ 张永富. 英国高等教育国际化的发展历程、特征与趋势[J]. 教育评论,2020(6):162-168.

要分布在西欧和南欧，而到 20 世纪中叶就遍布了全欧洲。纵观欧洲各国高等教育改革，在这一时期主要有以下两点变化：一是高等教育内容的转变，传统的中世纪大学以及新型大学经过一系列的变革后依然是培养社会精英的主要机构，同时逐渐完成了自身的角色转变，开始重视科学技术课程的引入和科学研究，延续了中世纪大学的辉煌，如牛津大学、剑桥大学、伦敦大学、巴黎大学、柏林大学等在现今依然是公认的世界一流大学；二是专职培养职业技术人才的教育机构兴起，如法国的拿破仑专门学院模式，英国的城市大学和德国的工科大学和专门学院等，为当时各国的工业化做出了巨大贡献。在国际合作方面，穿越国境的"无形大学"（invisible university）开始出现。"无形大学""是建立在所有对学术知识感兴趣的各民族开放合作的基础之上的，跨域了所有地理和制度的限制，预示着教学的自由式不受任何课程限制"[1]。洪堡理念与德国模式在全球各国的风靡便足以说明国际化在大学强大的生命力中扮演着重要角色。

早在第一次世界大战之前，美国高等教育就已经开始向德国模式转变，建立了以科学研究和研究生教育为主的研究型大学，大批拥有博士学位的留德毕业生返回美国，为美国高等教育发展注入新动力，通过新建以研究生教育为主的研究型大学以及改造英国式学院来完成向德国模式的转变[2]。其中，1876 年约翰·霍普金斯大学的建立标志着美国大学时代的到来，它将研究生的培养放在首位，同时开设本科为研究生院预备优秀人才。而这一时期移居美国任教的德国教师也促进了高等教育的国际交流，在众多的德国移民中，许多人对美国文化和教育的发展做出了巨大贡献。值得一提的是，我国北京大学原校长蔡元培先生正是在借鉴德国大学经验基础上对民国时期的北京大学进行了现代化改造，如倡导教学与科研相结合，提倡思想自由、兼容并包，逐渐使其显现出一流大学风范。另外，美国在全面学习德国模式后开始创建符合本国国情的高等教育体系，逐步探索出一条学习—移植—融合—创新的国际化道路[3]。

19 世纪下半叶，美国高等教育现代化进程加快推进，1862 年实施的"赠地法案"标志着社会服务功能正式纳入大学体系，尤其是通过建立农工大学和州立大

---

① 瓦尔特·吕埃格.欧洲大学史（第三卷）19 世纪和 20 世纪早期的大学[M].张斌贤，杨克瑞，译. 保定：河北大学出版社，2013：75-76.

② 高鹏.美国高等教育国际化的历程研究[D].长春：吉林大学，2015：58-64.

③ 邵光华，施春阳，周国平.区域高等教育国际研究[M].杭州：浙江大学出版社，2016：20.

学全面改善了国家高等教育体系的面貌。在"赠地学院运动"如火如荼的发展过程中,美国高等教育逐渐形成了两种主导观念:一种是以康奈尔大学为代表的"全目标课程"或"通用课程"计划;一种是以"威斯康星思想"(Wisconsin Idea)为代表的大学为社会服务观。在这两种理念的主导下,美国逐步形成了社区学院、四年制学院和研究型大学三级体系的现代高等教育制度。随着高等教育质量问题开始凸显,通识教育课程的开设和跨学科思想开始兴起,如哈佛大学的选修制和芝加哥大学实施的通识教育计划①。

在第二次世界大战期间,美国的参战人数众多,贡献极大,这也导致美国在校生人数出现大幅减少,许多高等教育机构开始招收 18 岁以下未服役的男青年以及各类妇女入学提供速成教育,扩大了高等教育对象与范围。在战时,联邦政府开始大规模介入高等教育,通过财政资助、签订合同等方法让高等教育的科学研究和教学直接为国家战争服务②。

在这段时期,美国高等教育国际化方向逐渐由输入型转为输出型。早在殖民地时期,北美高等教育机构主要效仿英国传统中世纪大学,建立了一批英国式学院。而随着德国大学模式的兴起,美国高等教育开始转向学习德国模式,并逐渐形成具有美国本土特色的高等教育体系。美国国力的不断增强,在向全球展示军事力量和经济实力的同时,也有文化输出的迫切需求,众多教育协会、基金会等社会组织的成立,成为推动美国高等教育国际化的主要力量,如成立于1919 年的国际教育协会在美国高等教育国际化发展历程中做出了巨大贡献。美国政府也将高等教育国际化作为政治手段来扩大美国的海外影响力,其中最具代表性的是 1908 年的庚款兴学③。

(三) 从教育现象到教育规律

二战后,尤其是冷战结束后,世界高等教育国际化进入了新的发展阶段,有学者将当代世界高等教育国际化进程以冷战结束为界点分为两个阶段。在兴起与发展阶段,以美、英、苏为代表的发达国家正处于高等教育国际化的核心位置,这种国际化逐渐受到人们认可,成为各国共识,政治意识形态对高等教育国际化的推动加深了师生的流动性,成为这一阶段的主要表现;在新阶段,经济利益成

---

① 陈学飞.美国高等教育发展史[M].成都:四川大学出版社,1989:102-103.

② 黄福涛.外国高等教育史[M].上海:上海教育出版社,2003:236-239.

③ 高鹏.美国高等教育国际化的历程研究[D].长春:吉林大学,2015:75-94.

为高等教育国际化的新动因,发展中国家从以往的依附状态中逐渐脱离,成为高等教育国际化新的增长点,信息互通成为其新要素①。同时以联合国科教文组织为代表的国际组织逐渐参与到高等教育国际化进程中并日益发挥着重要作用②。

现代高等教育国际化发端于美国,并于 20 世纪 60 年代发展成为一种国际思潮,且在 20 世纪 70 年代以后作为一种全新的概念为学术界所认同。这一进程发生在二战后美国成为超级大国的背景之下。1946 年,美国颁布了《富布赖特法案》,明确规定将出售军火物资所获外汇用于国际教育交流,既资助来本国留学的学生和学者,又资助到其他国家访问学习的本国师生,该法案在美国高等教育国际化历程中具有重要战略意义③。20 世纪 90 年代,伴随着东欧剧变和苏联解体,高等教育国际化开始由国家政治主导向多元支配转变,经济优先发展取代了冷战期间的政治意识形态和价值观的对立与冲突。跨国高等教育合作、高等教育课程的国际化、高等教育国际组织成立与高等教育国际标准的统一与构建成为推动高等教育国际化的多元力量。因此,美国开始转变以往出于政治目的的教育援助,改为以追求经济利益为目标,推动高等教育市场化,经济贸易驱动取代了政治因素的主导④。

在冷战背景下,"铁幕"阻隔了中东欧与西欧双方最基本的高等教育合作以外的所有合作。1967 年欧共体正式成立,但经济方面的合作是其主要目标,直到 1976 年才颁布了《教育领域的行动计划》,高等教育国际化正式启动。而后在 1987 年,欧盟开始发起"伊拉斯谟项目",又称"欧洲共同体关于大学生流动的行动项目",主要聚焦于欧洲内部高等教育的交流与合作⑤。1999 年,欧洲 29 国教育部部长在意大利博洛尼亚签署了《博洛尼亚宣言》,提出要建立"欧洲高等教育区"的设想,提出建立欧洲学分与累积系统(ECTS)并在各国文化和教育多样性的基础上构建相同的学历文凭架构,实现欧洲各国大学学分互通、文凭互认⑥。

---

① 李军,段世飞,胡科. 高等教育国际化的阶段特征与挑战[J]. 高教发展与评估,2020(1):81-91.
② 许文立. 全球化背景下的国际组织与世界高等教育发展[J]. 教育理论与实践,2018(6):3-5.
③ Isabel Avila Ward. The Fulbright Act [J]. Far Eastern Survey Institute of Pacific Relations,1947 (17):197-198.
④ 李军,段世飞,胡科. 高等教育国际化的阶段特征与挑战[J]. 高教发展与评估,2020(1):81-91/116.
⑤ 陈卓. 欧盟高等教育国际化政策发展历程的特色解读[J]. 经济研究导刊,2014(19):283-285.
⑥ 谌晓芹. 欧洲高等教育一体化改革:博洛尼亚进程的结构与过程分析[J]. 高等教育研究,2012(6):92-100.

同时随着欧洲经济政治一体化程度的提高,开始注重加强同世界各国在高等教育领域的交流和合作,并于 2004 年随即发起了"伊拉斯谟世界项目",欧盟高等教育国际化由区域内逐渐向世界其他国家扩散。[①]

从历史发展看,高等教育经历了"国际性→民族化→国际化"的历程。高等教育国际化历程之源头可追溯到中世纪的欧洲大学,无论是以博洛尼亚大学为代表的"学生大学"还是以巴黎大学为代表的"教师大学",知识的普遍性是高等教育机构最本真的追求。因此,学者和学生的国际流动是基于追求知识普遍性的自发求知活动,学术本身成为此时推动高等教育国际化活动的深层原因,可以说"高等教育在萌芽时代就具有国际性,其根本原因在于知识具有普遍性"[②]。此时的高等教育国际化是一种原始形态的国际化,与后来的国际化活动相比,在内涵上更为纯粹、更贴近大学本身的特征。

随着民族国家的兴起,高等教育逐步呈现民族化趋势,进而形成了世界各国各具特色的高等教育模式。在此期间,高等教育国际交流仍然存在,但基于纯粹学术追求的国际化活动逐渐发生了内涵上的变化,学者、学生的个体游学式的国际交流方式渐渐转变为以国家利益、国家本体为出发点的更加结构化、有针对性的活动、项目或计划。这些转变在一定程度上加深了国家间的互相了解,强化了彼此间的文化认同,促进了国际政治及文化环境的整体和谐。但此时的高等教育国际化更彰显政治与文化倾向,并与国家身份、社会需求等紧密联系起来,这与前述的纯粹学术取向是有本质上的差异。正如阿特巴赫所指出的:"国家主义、民族主义的崛起带来了高等教育国际化内涵上的深刻变化,对于普遍性知识追求的学术化取向已经被国家身份、国家需求的发展所替代了,政治的、文化的考量超过了学术的考量"[③]。

冷战结束后,苏联解体,世界逐渐摆脱冷战格局,和平和发展成为全球主题,科技水平的飞速提高推动着全球化趋势的加深,"全球化对整个世界在经济的、政治的和文化的方面都会产生影响,这种影响是一种史无前例的、深刻

---

① 李素琴,胡丽娜. 从"伊拉斯谟项目"到"伊拉斯谟世界项目":欧盟高等教育的国际化发展[J]. 比较教育研究,2010(4):36-40.

② 中国高等教育学会引进国外智力工作分会. 大学国际化:理论与实践[M]. 北京:北京大学出版社,2007:15.

③ Philip G. Altbach. Comparative Perspectives on Higher Education for the Twenty-First Century [M]. Higher Education Policy,1998(11):347-356.

变革的影响"①。高等教育国际化是世界发展的趋势，大学已无法固守象牙塔式的传统教育理念，而是需融入全球化所带来的政治、经济、文化的交流与变革。此时，大学的命运与整个地区、国家乃至世界的命运更加紧密地联系在一起。经济的竞争与战略的考量成为全球化时代高等教育国际化活动的首要考虑因素，主要表现为国际教育研究机构的成立、国际师生交流数量增加、国际交流论坛及活动呈现多层次、多样化、多领域特征②。20世纪末，世界贸易组织（WTO）将教育纳入服务贸易，等于承认了高等教育就学机会是一种具有明确市场价值的商品，高等教育全球化被涂抹上了明显的"市场化"色彩。目前，不少发达国家都把高等教育作为一种产业来看待，至少把大规模吸引留学生置于与提升本国创新竞争力同等重要的地位，如澳大利亚、英国、美国等。美国高等教育系统的市场主导型特征十分明显，甚至出现了大量的"营利性大学"③，如最为典型的菲尼克斯大学（University of Phoenix，又称"凤凰城大学"），这是其扩大多层次高等教育入学机会的手段，更提出了通过市场化甚或资本运作方式运营高等教育机构的要求。

如今，国际化已经成为诸多大学排名系统与机构评价大学办学水平的核心指标之一，也已经成为评价大学综合实力与核心竞争力的重要观测依据。QS、THE、US News 和 AWRU 等大学排名的不少评价指标直接涉及高效的国际化，或者对大学和学科发展的表现进行量化，如国际合作论文数量、国际师生比例、海外专利申请等。为此，世界一流大学把国际化办学作为其保持核心竞争力、提高办学质量的重要手段。2017年，美国教育委员会发布的《美国大学国际化调查报告》显示，近50％被调查的大学表示，学校使命和宗旨中明确阐述了国际化及其相关活动，并将大学国际化作为大学战略规划的重要发展目标。调查还显示，65％的博士学位大学和60％的硕士学位大学还设立了特别小组，专门负责推进国际化战略④。笔者认为，"以世界为舞台"将是人类进入"地球村"时

---

① Philip G. Altbach. Internationlize American Higher Education? Not Exactly [J]. Change, 1998(4)：36 - 39.

② 王英杰,高益民. 高等教育的国际化——21世纪中国高等教育发展的重要课题[J]. 清华大学教育研究,2000(2)：13 - 16.

③ 理查德·鲁克. 高等教育公司：营利性大学的崛起[M]. 于培文,译. 北京：北京大学出版社,2006：9 - 19.

④ 金雷. 美国大学的国际化[N]. 光明日报,2017 - 12 - 20(5).

代之后大学生存的必然趋势。少数全球顶尖大学将进入国际化发展的高阶阶段，逐渐扮演"国际交往中心"角色，成为知识交流中心、智力汇聚中心、创新辐射中心的枢纽，在创新要素的链接、集聚、辐射中发挥重要作用。[1] 如伯克利加州大学正在打造的"伯克利全球校园"，旨在让伯克利这座一流研究型大学成为促进加州及其公民与世界联系的枢纽，将伯克利学者和当地产业与全世界研究者、创新者联系起来，将全球各地的人力资源和金融资本吸引到加州，然后再流向世界各地。[2]

二、从跟跑到并跑：我国大学国际化的百舸争流

众所周知，近代以来的我国高等教育发展经历了多次"断层"，换句话说，高等教育的历史过程并不是连续性的循序渐进。目前，高等教育正从大众化向普及化阶段过渡，建设若干所世界一流大学的需求极为迫切，国际化正是着力点之一。

（一）"中体西用"与中国近代高等教育国际化

中国拥有悠久的教育传统，但"中国古代没有近代意义上的高等教育"[3]，与中世纪起源于欧洲的先发内生型大学制度和学科制度相比，我国的大学制度和学科制度则属于后发外生型[4]。19世纪中叶，洋务派秉持"师夷制夷"思想，创办了一批洋务学堂，进行西文、西艺教育，这是近代中国高等教育的滥觞，部分学堂引进的海外教师体现着那个时代的国际化。洋务运动的指导思想是"中体西用"，即"以中国之伦常名教为原本，辅以诸国富强之术"，这既是西方列强叩关侵略的结果，又是文化上西学东渐的结果。及至19世纪后期，欧美诸国经历了文艺复兴、宗教革命、思想启蒙运动、科学革命、政治革命及工业革命之后，已先后发展成强盛的资本主义国家，而中国彼时依然处在半封建半殖民地的深渊。对此，以康有为、梁启超为代表的维新派倡导，新学校不仅要学习"西文""西艺"，更要学习"两政"。梁启超说："中国不思自强则已，苟犹思之，其必自兴政学始"，并

---

① 吴伟，樊晓杰，郑心怡，陈艾华．打造国际交往中心：大学国际化发展的高阶阶段［J］．北京教育（高教），2021（10）：18－22．
② 杜宁凯，刘清伶，陈铸芬．世界一流大学的未来［J］．清华大学教育研究，2016（02）：1－5．
③ 刘少雪．中国大学教育史［M］．太原：山西教育出版社，2007：1－6．
④ 阎凤桥．论后发外生型学术系统的困境与创新［J］．大学与学科，2020（02）：41－48．

提出，"以政学为主义，艺学为附庸"①。因此，洋务运动可以被视为中国高等教育国际化肇始阶段的标志。具体说来，从 1862 到 1866 年，主要表现为创办外国语学堂，培养翻译人才；1866 年以后，主要表现为创办新式军事学堂，培养近代军事技术和指挥人才；1876 年以后，则主要表现为创办近代科技学堂，培养洋务企业所需要的各种科技人才。② 在"中体西用"阶段，高等教育指导思想重中学轻西学、重德轻技，在方法上以移植与模仿为主，体现着明显的急功近利和盲目性，这也表现在教育内容的浅层化、零碎化，但仍不能忽视其在开启近代高等教育国际化进程中的作用。

进入 20 世纪，由于传统教育制度不再适应时代潮流，清政府被迫推行"新政"改革，建立起近代新式学校教育制度。1902 年 8 月 15 日，清政府颁布由管学大臣张百熙"上溯古制，参考列邦"拟订的《钦定学堂章程》，即所谓《壬寅学制》。自甲午战争到"一战"前，中国近代大学制度受日本影响最大，包括理论层面、制度层面以及实践层面，都弥漫着一种浓厚的以日为师的氛围。例如，大学院即照搬日本的名称，在专科一级设有商船专门学校也是模仿日本教育体制的产物。当时主持制定该学制的蔡元培也承认："至现在我等教育规程，取法日本者甚多"，因日本学制为"变法时所创设，取西洋各国之制而折衷之，取法于彼，尤为相宜"。③ 所以，这一阶段高等教育发展体现着一定的进步性，但总的来看是以日本教育体制模式为蓝本，形成了比清末学制更缺少中国特色的状态，或者说是更接近于日本学制。④

1911 年，辛亥革命爆发，清朝统治被推翻。尽管社会依然动荡，但自清末产生的近代大学在此阶段获得了新发展，成为中国高等教育史上一个极为重要的时期。其间，1917 年经蔡元培改革的北京大学树立了现代大学的典范。抗日战争期间，历经短短八年的西南联合大学更是在极为艰苦的战争环境中，弦歌不绝，在人才培养方面创造了中国高等教育史上的奇迹。⑤ 总的来说，在新文化运

---

① 蒋广学. 中国学术思想史纲要[M]. 南京：南京大学出版社，2014：301.

② 潘懋元，肖海涛. 现代高等教育思想演变的历程——从 20 世纪到 21 世纪初[J]. 高等教育研究，2007(08)：6-11.

③ 高平叔. 蔡元培教育论著选[M]. 北京：人民教育出版社，2017：18.

④ 荀渊. 中国高等教育从传统向现代的转型[D]. 上海：华东师范大学，2002：45-54.

⑤ 姚宇华. 知识生产模式转型视角下大学组织模式变革研究[D]. 武汉：武汉大学，2017：184-192.

动和美国实用主义教育思潮影响下,中国进行了一次规模较大的教育改革,在大学模式发展上,相继移植和借鉴了欧洲(以德国为代表)和美国模式,大学在发展过程中进行了多样化探索,形成了各具特色的模式。这一阶段的国际化特征主要就是体现在力求与本国民族性特征相适应,进行民族化探索。高等教育国际化改革探索表现出"被迫开放→无意识的泛化→单一的价值取向→多元化努力"的演变过程,同时也表现为不断学习、借鉴外国高等教育经验,并将之融入中国传统教育,逐步建立新的高等教育模式的探索过程。[1] 早期南开大学的"土货化"改革参见专栏4-1。

专栏4-1 早期南开大学的"土货化"改革[2]

1904年,张伯苓创办南开中学,到1917年学生已满千人,办学基础日臻完善。当时天津工商业迅速发展,急需大量高级人才。社会需要让张伯苓认识到,"普通教育仅为国民教育之初步,创办高等学校乃是国家发展的根本大计"。所以他"希望南开大学能造出一班有组织能力之人,以发达中国的实业,而谋国家的富强"。1919年秋,南开大学正式宣告成立。

然而,待仿效欧美"武装"之后,完全西化的教育却问题重重。学生难以将课堂中所学的西方知识应用于社会。南开大学的教育体制与中国国情不相符,无法达到张伯苓希望的教育救国、为社会培养强国人才的初衷。要想让私立的南开大学在为国家服务中发挥最大的作用,切合中国国情、密切社会需要的教育改革势在必行。

1924年,南开大学学生会主办的《南大周刊》发表了署名"笑萍"的《轮回教育》一文,指出南开教育实际上是个回路:教员们课上讲的是美国的政治、经济、商业等,学生们"姑妄听之";毕业后到美国去,回国当教员再唬后来的学生。作者发出质问:这样便算救国吗?《轮回教育》事件最终引发教授和学生的严重对立,也促使张伯苓思考学校改革的大问题。实际上,《轮回教育》所触及的问题,并不是南开大学仅有的现象,它击中了中国教育的根本弊病:学校所教的内容,

---

[1] 胡亦武. 中国大学国际化评价及其机制研究[M]. 广州:华南理工大学出版社,2009:63-66.
[2] 本专栏详细内容请参见:《"土货"校长张伯苓》(刊于《中国教育报》2013年4月6日4版,作者为储召生);《中国高等教育现代化进程中的本土化探索——近代南开大学"土货化"的系列改革》(刊于《高等理科教育》2011年第4期,第153-156页,作者为杨珍)

严重脱离社会实际；教育改造社会的功能没有完全发挥出来。中国高等教育是机械地照搬西方还是适应国情走本土化的道路是文章对大学教学提出的关键问题。

随后，南开大学一连串的本土化改革举措出台：1925 年，规定除英文外，所有功课一律改为国语讲授；1927 年，不再使用美国课本，自行编辑教材；1928 年，《南开大学发展方案》最终出台。张伯苓在发展方案中认为，"已往大学之教育，大半'洋货'也"，提出今后南开发展的基本方针是"土货化"，即"以中国历史、中国社会为学术背景，以解决中国问题为教育目标的大学"。这种战略调整，开辟了南开发展的另一走向。同年，南开大学经济研究所成立。研究所广泛开展经济和社会调查，对外发布华北批发物价指数、天津工人生活费指数、上海外汇指数等，经济研究所成为独具特色、驰名中外的研究机构。"南开指数"也成为后来人们了解那一时期中国经济活动的重要资料。

南开大学成名后，人们总是处处拿它与北大、清华等名校相比。张伯苓很坦然，认为私立大学肯定比不过实力雄厚的国立大学，但南开要想在国内占有一席之地，必须利用地处天津卫的优势，把重点放在培养实用性人才上。张伯苓曾把大学比作"造人才的工厂"，把学生比作"货"。他把南开的发展和学生的培养质量紧紧连在一起，"工厂造人才，在社会有用，前途就很大了"。

事实上，观今日之高等教育，在某些不能贯彻"四个自信"的方面，又何尝不是存在着南开大学"土货化"改革前的诸多问题呢？所以这一案例可以给我们以深刻反思。

（二）新中国成立初期跌宕起伏的国际化之路

新中国成立初期，对科学技术人才的渴求非比寻常，高等教育以苏联为师，全面开展与社会主义阵营国家的学生交流、教师交流、办学模式和课程的引进。

1949—1956 年期间，我国共派出各类留学人员（含与苏联援建的工业项目相关而派出的实习人员）约 1.6 万人，其中约 91% 派往苏联[①]。这一时期，学生国际交流是双向的，我国不仅向社会主义国家派出大量留学生，而且接受不少来自社会主义阵营特别是越南和朝鲜的留学生。1950—1956 年，来华留学生累计

---

① 于增富，江波，朱小玉.教育国际交流合作史[M].海口：海南出版社，2001：79.

达到 1 891 人,其中来自越南和朝鲜的有 1 626 人,占 86%①。同时,引进苏联专家和接收新中国成立前出国的留学生,对新中国经济社会建设提供了宝贵的人才支持。1949—1957 年,我国高校共聘请苏联专家 754 人,讲授 1 600 多门课程。我国还于 1949 年 12 月成立"办理留学生回国事务委员会",负责动员和争取当时海外留学生。② 1957—1966 年,在中苏关系恶化及苏联撤回全部专家的背景下,我国高等教育国际化工作开始调整方向,由面向苏联及其联盟国家转向欧洲、非洲、亚洲等非社会主义国家及周边国家。在政策上,我国政府重申"留学生工作,在加速我国社会主义建设、赶上世界先进科学技术水平的历史任务中,是一项重要工作。同时这也是外事工作的一个重要组成部分,对加强同兄弟国家的友好团结和其他国家的文化交流有着重要意义"③。在学生国际交流上,除了继续向社会主义国家派遣留学生外,还加大了向资本主义国家派遣留学生的力度。从 1957 年到 1965 年,向意大利、比利时、瑞士、瑞典、丹麦、挪威等国家派遣 200 余名留学生,主要学习外语和科学技术。④

　　高等教育国际化对中国高等教育发展的意义不仅包括中外人员交流规模的扩大,还包括在与国外大学交往过程中汲取其发展经验,从而促进高等教育改革。⑤ 1949 年 12 月召开的第一次全国教育工作会议确立了新中国的教育方针:以老解放区新教育经验为基础,吸收旧教育有用经验,借助苏联经验,建设新民主主义教育。⑥ 在 1949—1961 年间,我国先后撤销所有教会学校,确立高等教育由国家办学的体制,并对全国高校跨校间的院系进行调整,把高校分为专门学院、专科学校以及综合性大学。此外,对大学某些系和专业设置进行全面的改革。在教学内容上也全面学习苏联。大量引进苏联高校教材,教科书翻译成中文,学习苏联高校的教育学和教育法。⑦ 在这一体制下,大学自治和学术自由基

---

① 李滔. 中华留学教育史录:1949 年以后[M]. 北京:高等教育出版社,2000:286.
② 张俊. 新中国成立初期中国共产党的留学生统战工作研究(1949—1956)[J]. 学术探索,2017(05):103-108.
③ 李滔. 中华留学教育史录:1949 年以后[M]. 北京:高等教育出版社,2000:169.
④ 程希,苗丹国. 出国留学六十年若干问题的回顾与思考(1949—2009 年)[J]. 东南亚研究,2010(01):79-87.
⑤ 胡建华. 高等教育国际化与中国模式[J]. 高等教育研究,2018(03):1-6.
⑥ 贾永堂,罗华陶. 新中国高等教育发展道路的历史考察——基于后发展理论的分析[J]. 高等教育研究,2016(05):1-12.
⑦ 丁玲. 中美大学国际化实践及发展趋势研究[D]. 武汉:华中科技大学,2012:55.

本被忽略，高等教育国际化更像是单边国际化。自20世纪60年代开始，中苏关系逐渐恶化，我国高等教育国际化才开始从单边国际化为主向多边国际化协调发展转变。但是从历史角度来看，学习苏联模式所建立起来的高等教育制度有计划地培养了适应计划经济体制下的国家建设发展需要，其影响至今仍然存在。①

"文革"期间，我国教育遭到极大破坏，前六年停止了高等教育对外交流，在外留学生被召回，不再派出留学生，也不接受外国留学生和专家。1972年，随着中美建交，我国高等教育的对外交流逐步恢复。1972—1978年，我国向49个国家派出1977名留学生，接受来自72个国家的近2100名留学生（1973—1976年），并执行了向法国、英国、加拿大等国派遣少数学者短期讲学的政策。"文革"后期的高等教育国际化工作的恢复与发展，为改革开放奠定了必要基础。②

（三）改革开放后高等教育国际化快速发展

改革开放40多年来，高等教育国际化加速发展，尤其是进入21世纪以来，更是表现出狂飙突进的状态。一系列促进经济增长和提升创新能力的重大政策是主要动因，人员和机构国际化是主要内容和实现形式，高等教育国际化呈现多姿多彩的发展之路。

1. 大规模的人员往来

改革开放带来的直接影响之一是留学教育范围的拓展，留学教育成为国家对外开放的先锋队。初期，以国家公派部分优秀学生到发达国家或地区留学为高等教育国际化的主要形式，为我国经济社会建设培养了大批高层次人才与行业翘楚。进入21世纪，留学教育规模不断扩大、层次不断提升，公派留学为主逐渐转变为自费留学为主；从动因看，经济社会发展"人才驱动"的需求较为突出，这显然与之前大有不同。2016年发布的《关于做好新时期教育对外开放工作的若干意见》，提出打造"留学中国品牌"，重点在于提高留学教育质量，使之成为提高办学水平和增强国际竞争力的重要手段。统计数据显示，1978—2019年，各类出国留学人员累计达656.06万人，其中165.62万人正在国外进行相关阶段的学习或研究；490.44万人已完成学业，423.17万人在完成学业后选择回国发

---

① 胡建华.高等教育国际化与中国模式[J].高等教育研究，2018(03)：1-6.
② 李盛兵.新中国成立70年高等教育国际化特征与趋势[J].北京教育(高教)，2019(10)：69-72.

展,占已完成学业群体的 86.28%。① 此外,2019 年共有来自 202 个国家和地区的 397 635 名各类外国留学人员在 31 个省、自治区、直辖市的 811 所高等学校、科研院所和其他教学机构中学习,其中,中国政府奖学金生占来华生总数的 10.21%。② 正如教育部原部长陈宝生所言:"中国已成为世界第三、亚洲最大的留学目的地国。"③

师资队伍国际化同样是世界一流大学的共同特征。我国在 1979—1998 年间出台了多项政策引进外籍教师,一定程度上实现了外籍教师数量的爆炸式增长④。进入 21 世纪,"以我为主"的国际化特征逐步凸显。但是,与美、德等国家的一流大学相比,我国高校师资队伍国际化水平普遍不高,尤其是外籍专任教师的数量和比例远不能与其比肩。伴随着"双一流"建设全面实施,政府相关部门推出了"高等学校学科创新引智计划""海外高层次人才引进计划""国家公派高级研究学者、访问学者、博士后项目"等项目,对快速提升师资队伍国际化水平起到了显著作用。不少高校也充分利用国家和地方相关支持政策,超常规引进大批全球一流人才或汇聚全球智力。清华大学的"百名人才引进计划""教学骨干排出计划""中青年教师海外研修提升计划",以及浙江大学的"求是特聘教授计划""百人计划"等项目,均是国内一流大学促进师资队伍国际化相配套的计划或政策。当前,有海外知名大学或研究机构博士后工作经历的人才在我国高校人才引进和招聘中炙手可热。统计数据显示,党的十八大以来,70%以上的高水平大学校长、80%以上的两院院士、90%以上的"长江学者",都有海外学习或工作经历。⑤

① 教育部. 2019 年度出国留学人员情况统计[EB/OL]. http://www. moe. gov. cn/jyb_xwfb/gzdt_gzdt/s5987/202012/t20201214_505447. html,2020 - 12 - 14/2021 - 12 - 27.

② 山东教育网. 教育数据:2019 年全国来华留学生数据发布[EB/OL]. http://www. jxdx. org. cn/gnjy/14176. html, 2020 - 02 - 28/2021 - 12 - 29.

③ 陈宝生. 中国已成为世界第三、亚洲最大的留学目的地国[EB/OL]. http://www. moe. gov. cn/jyb_xwfb/xw_zt/moe_357/jyzt_2017nztzl/2017_zt11/17zt11_yw/201710/t20171024_317275. html, 2017 - 10 - 22/2021 - 12 - 29.

④ 刘宝存,张继桥. 改革开放四十年教育对外开放政策变迁的历史考察[J]. 高校教育管理,2018(06):1-13.

⑤ 教育部国际合作与交流司. 聚焦国家战略提供人才支撑留学工作取得显著成绩——十八大以来留学工作情况介绍[EB/OL]. http://www. moe. gov. cn/jyb_xwfb/xw_fbh/more_2069/xwfb_170301/170301_sfcl/201703/t20170301_297675. html,2017 - 03 - 01/2021 - 8 - 28.

　　人员往来是国际化的核心载体，至少承载了文化知识流动、科研水平提升与青年人才培养等意义。随着高等教育国际化的不断深化，人才培养的国际合作与交流逐渐成为院校国际化战略的重要组成部分。清华大学 2016 年制订并实施《清华大学全球战略》，其中的一个主要目标就是培养具备"全球胜任力"的拔尖创新人才。2015 年，清华大学正式成立苏世民学院，旨在面向全球选拔学业优秀、诚实正直、视野开阔、负有责任感、具备领导潜质的青年人才，到清华大学进行为期一年的学习，以此拓宽学生的国际视野、培养综合素质和卓越领导力。这一做法事实上就是在高标准引进国外优质教育资源的基础上，与国内优质教育资源进行整合，开展"以我为主的国际化"。[①] 类似举措还有北京大学燕京学堂。北京大学燕京学堂以"跨文化交流：聚焦中国、关怀世界"为基本定位，依托北京大学人文、社科领域浓厚的历史积淀和师资力量，推动中国问题交叉学科研究；开设中国学硕士研究生项目，以顶尖的师资和国际化的教学方式，培养沟通中国与世界的人才。

2. 宽领域的科研合作

　　科学研究国际化是衡量院校国际化程度的重要指标，对于立足国际学术前沿、提升科技创新能力、促进创新团队建设、提升国际声誉和影响力都具有重要价值。科学研究国际化的主要形式有三种：一是开展国际学术交流，如举办重要国际学术会议、合作发表学术论文、加入国际学术组织等；二是开展国际合作项目，如承担政府间合作项目、民间合作项目、非政府组织国际基金会合作项目等；三是共建国际科研合作平台，如"高等学校学科创新引智计划"（简称"111 计划"）基地建设，与国外大学、科研机构、大型企业等联合建立实验室和研发中心等。

　　学术论文是科研活动的重要产出形式，中外合著论文一定程度上能展现国际科研合作成效。基于 SCI 数据库的统计显示，2015 年我国国际合作论文发文量为 7.1 万篇，而 2018 年收录论文中国际合作论文为 11.08 万篇，同比增长56.1%。2018 年相比 2017 年又增长 1.34 万篇，同比增长 13.8%，国际合著论文已占发表总数的 28.5%；同时第一作者为中国作者的合著论文占全部合作论文的 69.1%，合作伙伴涉及 157 个国家和地区，其中不乏三方合作甚至多方合

---

① 韩亚菲. 中国高校国际化发展新动向——基于北京大学燕京学堂、清华大学苏世民书院案例的分析 [J]. 教育学术月刊，2017(5)：14 - 19.

作,占比分别达到 22.98% 和 25.36%。① "质""量"齐头并进反映了国际科研合作已达到较高水平。

基于国际科技合作的大科学计划和大科学设施建设是高水平科学研究国际化最突出的表现之一。当今世界,在已有框架之上获取对自然图景更为深入和自洽的描绘,只能寄希望于大科学方式,包括大型强子对撞机、国际热核聚变实验反应堆(ITER)等大型研究设施,开展"工程式"大科学研究以及人类基因图谱研究、全球变化研究等"分布式"大科学研究②。组织或参与国际大科学研究计划以及耗资巨大的大科学工程已成为进入国际科学前沿、提升本国科技研究实力和水平以及提升世界一流大学建设水平的重要途径。近年来,我国大学通过参与国际热核聚变实验堆(ITER)计划、国际综合大洋钻探计划、全球对地观测系统等一系列大科学计划,与欧、美、日、俄等主要科技发达地区与国家开展平等合作,为解决全球性重大问题做出了应有贡献,推动我国全面嵌入全球科技创新网络。而随着我国主导建设的重大科研基础设施数量不断增加、先进性不断提升,以及发起国家重大科研议题能力的提升,国际科技合作中的角色地位正在悄悄发生改变。2014 年起,复旦大学筹备发起"人类表型组"国际大科学计划,汇聚了北京大学、清华大学、中国科学院等 30 家国内一流大学和科研院所,同时吸引了美国、英国、德国、日本等国的一流大学、著名科研研究机构进行合作。③ 可以说,大科学工程项目的提出和实施不仅反映了我国国际科技合作的领先地位,也体现了国家对自身科技与战略布局的技术自信,为高校国际化与人才培养提供了广阔的战略发展空间。

重大前沿科技研究项目往往聚焦于解决全人类共同面临的重大问题,承担和主导这些项目对提升我国学者、学术、学科的全球影响力以及我国高校与世界一流大学的对话能力都极有帮助。"走出去"与"请进来"相结合已经成为我国参与国际重大科研合作的重要策略。"走出去"即充分借助国外高水平创新资源,特别是鼓励科研实力强的大学在海外创建研发中心,以利于紧跟科技发展最前

① 科学网.中国科学论文统计结果[EB/OL]. http://blog.sciencenet.cn/blog-1557-1206721.html,2019-11-19/2021-08-29.
② 李晓宇,夏松.我国高校国际科技合作发展研究[J].中国高校科技,2015(09):12-14.
③ 新华网.聚焦生命密码新解读 中国引领"人类表型组"国际大科学计划[EB/OL]. http://www.cnr.cn/shanghai/tt/20181101/t20181101_524401661.shtml,2018-11-01/2021-8-27.

沿,深化与重要合作对象的深度链接。"请进来"则是为了突破科技瓶颈,鼓励我国大学与海外一流大学、科研机构乃至领军型企业开展合作攻关、联合探究等科研合作,旨在突破关键技术。如中山大学与法国民用核能工程师教学联盟共建中山大学中法核工程与技术学院,引入法国在核能工程师培养上的经验、科研实力以及产业资源,现已成为核工程技术高级研发人才培养和先进技术开发的重要基地。浙江大学早在 2005 年就联手浙江省人民政府和美国加州纳米技术研究院三方联合共建浙江加州国际纳米技术研究院,发展战略性前沿的纳米技术及其相关领域。① 专栏4-2 展示了一个高校大型科技创新平台近年来快速推进国际交流与合作,并已经很大程度上实现自身专业领域全球领先的案例。这些案例都充分表明我国若干一流高校不断强化全球科技创新合作的努力,以及在国际科技合作中地位不断提升和话语权不断增强的现实。

专栏4-2　中国科学技术大学火灾科学研究引领全球发展②

2006 年,科技部基础研究管理中心发布的《国家重点实验室运行分析与发展报告：成就篇》中指出,"火灾科学国家重点实验室在火灾科学基础研究领域已成为国际知名的研究基地和学术中心"③。根据权威的消防科学网站(FIRESCIENCE.org)的调查,目前全球共有 900 多所学院和大学开设了火灾科学的相关课程,并设置了相应的副学士学位、学士学位和硕士学位④。此外火灾科学相关的就业数量也逐渐增长,据美国劳工局(BLS)的数据,预计在 2019—2029 年期间,消防调查员和火情研究院的就业增长率会达到 8%⑤。中国科学技术大学于 1992 年组建了火灾科学国家重点实验室,旨在通过前沿科技手段治理火灾、预防火灾,保护人类的生命安全和财产安全以及环境安全。

目前,中国科学技术大学火灾科学研究达到全球顶尖水平,居国际领先地

①　徐丽萍,曹阳,夏文莉.高校国际科技合作的顶层设计研究——来自浙江大学的实践[J].中国高校科技,2017(2)：91-93.
②　根据公开资料整理。
③　吴根,朱庆平,杨晓秋,刘燕美,张峰,危怀安,王炎坤,李学斌.国家重点实验室运行分析与发展报告：成就篇[J].中国基础科学,2006(1)：53-57.
④　FireScience. Fire Science Rankings：Colleges, Universities, and Degree Programs [EB/OL]. https://www.firescience.org/college-degree-rankings-online/,2021-11-20.
⑤　Learn.org. What Is Fire Science? [EB/OL]. https://learn.org/articles/What_is_Fire_Science.html,2021-11-20.

位。其中,该学科以国际合作为抓手,并贯彻"以我为主、强强合作"的方针,逐步在国际高层次研究中掌握了话语权,表现在:

1. 积极主导国际合作项目与基地建设,由从属型合作成功转型为主导型合作

积极与世界各国政府、科研机构、企业建立合作研究项目,包括国家自然科学基金重大国际合作研究项目、科技部国际科技合作专项项目、国家自然科学基金委员会与金砖国家科技创新框架计划合作研究项目等。由中国科学技术大学牵头建设的我国火灾安全领域唯一的国家级国际科技合作基地"大尺度火灾国际联合研究中心"吸引了美国、俄罗斯、葡萄牙、英国的著名科研机构或大学的80余位外国专家前来合作,其中不乏国际顶尖学者,全时工作时间达60个月。该基地于2020年被科技部评估为优秀国家国际科技合作基地,成果入选"十三五"国家科技创新成就展。

2. 形成"请进来、走出去相结合,以国际强强合作提升国际化视野和学术水平"的人才培养新模式

邀请引智专家开设多门国际前沿课程,开设学术讲座和专题学术讨论会共计150场以上;并遴选60余名优秀博士生到引智专家所在国际著名大学和知名研究机构联合培养,其中两位博士生分别于2017和2020年连续两届获得国际火灾安全科学学会最佳学位论文奖(3年评1次,全球每次仅3名);同时,与麻省理工学院、美国国家标准技术研究院(NIST)、香港城市大学等43所海内外知名大学和研究机构联合培养博士生数十人。"面向大尺度火灾防治国家重大需求的研究生创新人才国际化培养模式探索与实践"于2019年获安徽省教学成果特等奖。

3. 国际强强联合极大提升了本学科的国际学术影响力

本学科国际期刊合作论文快速提升,大尺度火灾、高层建筑火灾等研究领域位居国际引领地位,与本学科长期合作的外籍教授荣获2016年度中国政府友谊奖和中华人民共和国国际科技合作奖。学科共有100余人次担任国际学术职务或获得国际重要学术奖励,包括国际燃烧学会、亚澳火灾科学技术学会、国际火灾安全科学学会、英国皇家化学会等,其中不乏副主席以上职务者。本学科成员经常在本领域顶级学术会议作邀请报告。

3. 高水平的合作办学

随着跨境人员交流的日益频繁，高水平、全景式的中外合作办学平台塑造，并全面汇聚境外优质高等教育资源，就成为高等教育国际化的一种新潮流。这种国际合作已经明显体现出国内外优质办学资源整合诉求，以及塑造"为我所用、以我为主"国际合作模式的内在特征。从效果看，这种模式能够实现成建制的中外一流大学间的实质性合作，助力我国师生集群化、深度融入全球顶尖学术圈。比较有影响力的中外合作办学机构包括上海交通大学与美国密西根大学联合举办的上海交通大学密西根学院、西安交通大学与英国利物浦大学举办的西交利物浦大学、武汉大学与美国杜克大学合作创办的昆山杜克大学等。项目层面的中外合作办学更为普遍，并逐渐从头部院校逐步扩散到许多地方院校，对于拉动我国高等教育国际化水平总体提升发挥了积极作用。如西交利物浦大学2020届本科毕业生中，超过86％的毕业生选择继续留学深造，其中38.1％的毕业生进入QS世界排名前10的世界一流大学，80.36％的毕业生进入QS世界排名前100名校①。截至2020年，经教育部批准和备案的各层次中外合作办学机构和项目近2 300个，其中本科以上机构和项目近1 200个，另外我国高校在近50个国家举办了100多个不同类型和层次的境外办学机构和项目。②

我国属于高等教育后发国家，与高等教育发达国家和地区相比，尽管差距正在不断缩小，但高等教育国际影响力仍比较薄弱。当前，部分高校通过与境外世界一流大学进行合作办学，试图在国际合作中居于更高起点，进而提升国际影响力、竞争力和知名度。浙江大学在国际化办学实践中，有计划、有目的地开展中外合作办学，逐步做到"为我所用，以我为主"的主导型国际化，浙江大学国际联合学院（海宁国际校区）就是其国际化战略的最集中体现（参见专栏 4 - 3）。华南理工大学广州国际校区则是围绕新兴交叉学科领域，与剑桥大学、哈佛大学等强强合作，以打造国内顶尖、国际一流的国际示范校区。该国际校区实行部、省、市、校四方共建模式，采用"中方为主，国际协同"的新机制，全面服务国家重大战

---

① 西交利物浦大学. 西交利物浦大学 2020 届毕业生就业质量报告［EB/OL］. https://www. xjtlu. edu. cn/zh/study/why-study-at-xjtlu/employability,2021 - 02 - 19/2021 - 8 - 20.

② 张烁. 教育部等八部门印发意见　加快和扩大新时代教育对外开放［N］. 人民日报,2020 - 06 - 23,第16 版.

略需求,并支撑地方创新驱动发展[①]。我国高校在国内举办的"国际校区"不仅实现了国际化办学活动的资源集聚,提高了国际化工作效率,而且为国际化办学针对性服务区域发展提供了可能路径。

专栏4-3 浙江大学全英式国际校区建设[②]

长期以来,浙江大学坚持国际化办学方向,实施全球开放发展战略,对接世界一流大学和顶尖学科,注重集聚高端办学资源。浙江大学海宁国际校区(国际联合学院)(以下简称"浙大国际校区")是实体型国际化特区建设的典型,其核心在于"以我为主、一对多、高水平"的国际合作办学模式。基于合作理念、实力匹配、区域分布等基本原则,浙大国际校区选取综合排名或单一学科实力居于前列的英国爱丁堡大学和美国伊利诺伊大学厄巴纳香槟校区共同建成2个联合学院,开设生物医学、生物信息学、电子工程、机械工程等专业;同时与美国宾夕法尼亚大学、英国剑桥大学等世界一流商学院建设了国际联合商学院,设有工商管理、金融、全球传播与商务、中国学等专业。同时,距离浙江大学主校区约1小时车程的浙大国际校区,与校本部之间的师资、学生、干部深度交流以及学科专业建设的共生共荣关系,使得二者的协同效应不断凸显。

浙大国际校区致力于培养具有本土情怀、国际视野、全球竞争力和世界担当的一流人才。依托实质性中外合作办学机构,浙大国际校区建立了四年在联合学院学习、颁授中外两个学士学位的"4+0"本科生培养体系,探索中外教授共同指导、颁授中外两个博士学位的研究生培养体系,建成了6个双学位本科和1个双学位博士项目,实行国内外学生同标准招生、培养和毕业。打造接轨世界一流大学的办学新机制,浙大国际校区实行"一院一制"合作办学,中外双方共同开发面向未来的全新课程体系,同时打造了以授课方式、评价办法与全程管理为核心的教学模式,建立了课程审核、师资准入、成绩复核三位一体的教学质量保障机制。校区根据世界顶尖大学标准面向全球汇聚高水平师资,目前校区外籍教师比例达到50%,为实行中外导师共同指导学生提供了条件。

---

① 许青青. 部省市校共建华南理工大学广州国际校区[EB/OL]. http://www. gd. chinanews. com/2017/
  2017-03-16/2/381457. shtmlw, 2017-03-16/2021-8-26.
② 根据公开资料及浙江大学内部资料整理。

　　浙大国际校区打造了一流的国际化校园空间和开放支撑服务体系，依托于全景化的英式校园物理设施，建立了中外趋同的学生管理模式，培育了跨文化交流的生活环境，探索了与一流合作办学相适应的思政和国情教育模式，将思政理论课、形势政策课列入本科生培养方案并与主校区统一要求。在全球担当中讲好中国故事，浙大国际校区面向国际学生开设中国国情教育课程和实践活动，培养国际学生成为讲好中国故事、传播中国理念的积极参与者；借鉴西方大学住宿学院的做法，实行完全住宿式书院制（书院院长由国际知名学者担任），与集中精力搞好专业教育和科研的学院平行。目前，书院在推动学生全面发展中发挥关键作用，成为学生德智体美劳全面发展的重要载体和全球竞争力养成的核心环节，学生导师体系包括学院班导师、学业导师以及书院院长、发展导师、生活导师等。

　　浙大国际校区以国际合作教育样板区为最高目标。经两所外方合作高校评估，国际校区本科生学业水平符合甚至超过两所学校本部标准。在 2020 年，首届本科生交出满意的毕业答卷，绝大部分毕业生前往海内外知名高校深造。在本科教学审核评估、中外合作办学阶段性评估中得到充分肯定，浙江大学爱丁堡大学联合学院还了荣获"2018 年度中英教育合作机构奖"。作为国际合作教育样板区，浙大国际校区已被列入 2019 年 12 月颁布的《长江三角洲区域一体化发展规划纲要》。

　　近年来我国高校境外办学也取得了一定成效，成为高等教育"走出去"的重要表现。高校境外办学起步于 20 世纪 80 年代，但与中外合作办学相比，境外办学规模普遍偏小且发展缓慢，随着国家改革开放的不断深化，境外办学得到快速推动。尤其是"一带一路"倡议的提出，加快了高等教育"走出去"的步伐。目前我国高校境外办学主要有设立境外分校、合作设立机构、开展项目合作、设立培训中心等四种方式。2011 年，老挝苏州大学成为老挝政府批准设立的第一所外资大学，也是我国政府批准设立的第一所境外大学，开设了国际经济与贸易、金融学、中文、计算机科学与技术等专业。2014 年，同济大学在意大利佛罗伦萨建立首个海外校区。教育部还批准了厦门大学马来西亚设立分校、温州大学意大利分校以及北京大学汇丰商学院英国校区、上海大学东京分校等。2022 年年初，据印尼媒体披露，清华大学和麻省理工学院将携手在印尼巴厘岛建立一个新的联合校区，致力于开展科技教育。我国高校在境外"合作设立机构"的比例约占高校境外办学机构和项目的三分之一,且主要集中在亚洲,此类境外办学多体现为中外两所高校之间的校际合作①。截至 2018 年 6 月,我国大陆共有 84 所高校在境外开展办学,而境外办学和机构达 128 个。② 但是,我国高校境外办学时间不长,办学体制机制仍处于艰难摸索之中,办学特色还不够鲜明,办学地域多元化尚且不够,尤其是办学资源渠道尚不畅通,学历学位认证的国际合作也有待加强,此还外面临着严峻的跨文化挑战等。"双一流"高校代表了我国高等教育的最高水平,理应积极参与境外办学活动,为我国高校"走出去"做出表率。据统计,在首批入选"双一流"建设高校的 42 所高校中,仅有 10 所开展了境外办学,仅占我国开展境外办学活动高校总数的 11.9%;所设办学机构和项目共计 12 个,占境外办学机构和项目总数的 9.3%。③ 中外合作办学是我国高校国际化的重要方式,而境外办学可视为中外合作办学的一种"进阶"模式,对加快融入全球教育服务"大循环"意义重大,因此应该得到更多高水平高校的积极响应。

4. 全方位的文化交流

多姿多彩并能为各国人民所接受的先进文化,是一个国家屹立于世界民族之林的最可持久、最具价值的精神力量,必将在民族伟大复兴征程上扮演关键角色。高校是知识传承和知识生产机构,可以为中国文化国际传播提供知识资源、人才基础和载体依托。当前,高校在助推文化国际传播方面主要做了三方面工作:一是培养知华爱华的海外人才,把专业教育与留学生教育充分结合起来,提升中国文化影响力;二是搭建文化传播渠道或平台、创新文化传播方式,如对中华优秀传统文化和"跨文化"的研究以及举办国际会议,以及创造具有国际传播力的文化产品等;三是语言文化推广项目,例如孔子学院和中国学专业的设立等。

近年来,高校注重构建本土化的学术研究体系,并积极构建国际话语体系,"跨文化"研究逐渐兴盛。不少"双一流"建设高校建设方案提出要加强中华文化国际传播的科学研究,如北京大学提出发挥人文社会学科优势,聚焦于"中东研究""俄罗斯和中亚研究"等区域与国别研究领域,围绕"一带一路"重大问题和重点攻关项目,助力中华文化走向国际;北京师范大学着力提出建设具有国际影响

---

① 李淑艳.我国高校境外办学:特点、问题与推进策略[J].高校教育管理,2019(1):98-103.
② 姜泓冰.高校境外办学研讨会举行[EB/OL].http://edu.people.com.cn/n1/2018/0704/c1053-30124722.html,2018-7-4/2021-12-30.
③ 李淑艳.我国高校境外办学:特点、问题与推进策略[J].高校教育管理,2019(1):98-103.

力的文化传播平台和品牌活动，推动中华文化"走出去"和外国友人"走进来"。①

　　孔子学院是另外一种承载中华文化海外传播和教育"走出去"的重要媒介。作为中外语言文化交流的窗口和桥梁，孔子学院一直在人文交流尤其是教育合作交流中发挥着引领与示范作用，尤其是近年来在"一带一路"倡议背景下迎来重要发展契机。截至 2020 年 7 月，全球已有 162 国家（地区）设立了 541 所孔子学院和 1 170 个孔子课堂，已成为世界上最大的语言文化推广机构之一。此外，除了与国外大学、企业、政府、社会团体机构等共建孔子学院外，国内部分高校结合自身学科优势，采用其他形式传播中华文化，促进国际交流与合作。如老挝苏州大学于 2013 年正式设立中文专业，旨在为当地培养具有国际视野和开拓创新精神，以及掌握中国文化、了解当代中国发展的高级专门人才。

　　国际交流合作的本质是不同文化之间的交流、交锋与交融，大学在承载中国文化国际传播功能的过程中，也逐渐成为中外文化交流的重要枢纽，甚至成为缓解经济争端和政治隔阂的中坚力量。在这个意义上，大学拥有巨大的价值空间，包括国家战略价值、大学影响力提升价值、各国人民相知相融价值等。面向未来，我国高校尤其是顶尖大学应立足于促进全球教育发展的战略高度，利用好"中国制造 2025""一带一路"倡议等政策红利，全面提升文化传播活动的溢出效应；同时也要注意消解国际化与本土化过程中产生的排异反应和矛盾冲突，更好地助力我国世界一流大学建设。

三、以"我"为主何时到来？

　　随着国际交往日渐频繁和深入，各国高等教育体系、高等教育政策与高等教育机构都已被全球化所裹挟，我们已经很难想象在一个封闭环境下建设世界一流大学。2016 年，国际工程联盟大会《华盛顿协议》全会全票通过了中国的转正申请，中国成为第 18 个《华盛顿协议》正式成员；2020 年，教育部临床医学专业认证工作委员会以"无条件通过"成绩正式获得世界医学教育联合会（WFME）医学教育认证机构认定，这两件事都说明我国高等教育正不断取得国际实质等效地位，也标志着我国高等教育在"走出去"方面已经取得了阶段性成就。我国

---

① 教育部. 北京师范大学着力推动中华文化国际传播［EB/OL］. http://www. moe. gov. cn/jyb_xwfb/s6192/s133/s139/201908/t20190820_395238. html，2019 - 08 - 20/2021 - 8 - 28.

正尝试打破长期以来对发达国家高等教育的跟踪、模仿和依赖,中国特色高等教育体系建设备受政策追捧。我国在成为世界留学生主要输出国家的同时,也正在成为留学生输入的重要国家;一些高水平大学汲取国际治理经验,逐渐推进以"终身教职制度"为代表的高等教育改革;部分大学的国际竞争力与学术地位显著提升;高水平中外合作办学机构不断涌现。① 我国高等教育国际化已经初步实现由跟跑到并跑的发展过程,也将进一步落实从跟跑到并跑的角色转变,甚至在可见的未来将呈现高等教育国际化的领跑走向。②

(一)"一带一路"倡议的新机遇:从"参与"到"主导"

2013 年,习近平总书记在外交场合提出共建"丝绸之路经济带"和"21 世纪海上丝绸之路"的战略构想,即"一带一路"倡议。以"一带一路"教育合作交流为平台,我国开启了主导区域教育治理变革的新阶段。2016 年教育部制定的《推进共建"一带一路"教育行动》强调"充分发挥国际合作平台作用,借助联合国教科文组织等国际组织力量,推动沿线各国围绕实现世界教育发展目标形成协作机制",进一步深化了"一带一路"倡议中提出的"人类命运共同体"在教育领域的实施路线。"一带一路"倡议不仅是我国主导的新一轮全球化浪潮的标志,也重塑了全球教育治理的话语体系,提高了我国在全球教育治理体系中的话语权,因此也改变了我国参与全球教育治理的方式。③ "一带一路"倡议提出七年来,不仅使来华留学生数量持续增加,更重要的是拓展了我国高校国际发展空间,为中国高等教育走出去,高水平大学汇聚高水平办学资源,提升我国高等教育国际竞争力提供了重要场景。除中东欧以外,沿线国家普遍处于高等教育快速发展的大众化或精英化阶段④,有普遍的高等教育发展诉求。在此背景的推动下,我国正从全球主要的人才流失国向人才流入国转变⑤,由"引进国外优质资源"向"引

---

① 伍宸,宋永华.改革开放 40 年来我国高等教育国际化发展的变迁与展望[J].中国高教研究,2018(12):53-58.

② 刘进,陈劲.改革开放 40 年:面向"一带一路"的高等教育国际化转向[J].河北师范大学学报(教育科学版),2018(05):62-67.

③ 莫玉婉.我国参与全球教育治理的十年回顾与展望[J].河北师范大学学报(教育科学版),2021(04):57-64.

④ 胡德鑫,石哲."一带一路"倡议与中国高等教育国际化的深度融合[J].高教探索,2018(07):10-16/42.

⑤ 刘进,陈劲.改革开放 40 年:面向"一带一路"的高等教育国际化转向[J].河北师范大学学报(教育科学版),2018(05):62-67.

进国外特色资源"转变,正加速构建"以我为主"的高等教育国际化体系[①],极大地提升了我国高等教育国际化的全球影响力和文化软实力。表4-1展示了近年来在"一带一路"倡议背景下,我国大学牵头发起的部分产学研联盟组织。

当下,新冠肺炎疫情叠加逆全球化浪潮,部分西方发达国家实行的教育保护主义使得高等教育国际化进程受到了前所未有的冲击,而我国可能会吸引更多外国留学生来中国留学,特别是一些友好的国家、"一带一路"沿线国家的青年希望到中国来学习。[②] 部分较早参与到"一带一路"倡议的中东欧国家,已经出现与中国学术人才流动的良好态势,后续扩大对华学术人才流动存在可能。[③] 后疫情时代,"一带一路"的全方位高等教育合作将会为提升我国高校国际化水平发挥关键作用。

表4-1 "一带一路"倡议下我国大学牵头的部分联盟组织

序号	联盟名称	功能聚焦/使命任务	参与国家/院校机构	成立时间
1	"一带一路"高校战略联盟	探索开展多边、双边联合境外办学,构建新的人才培养模式、运行管理模式和服务当地模式,推动沿线国家在教育、科技和文化等领域的全方面合作,增进国家互信	兰州大学发起,俄罗斯、韩国、苏丹、乌克兰、土耳其、马来西亚、吉尔吉斯斯坦、英国、澳大利亚等国的170多所大学参与	2015年10月
2	"一带一路"中波大学联盟	推动中波高等教育合作和教育共同体构建,协助中波企业相互往来、入驻,提供中波两国企业的相互投资、销售、文化及法律培训支持	北京工业大学、重庆交通大学、波兰奥波莱工业大学共同发起,中波27所高校(7所北京高校、1所天津高校、7所重庆高校、12所波兰高校)参与	2017年3月
3	"一带一路"国际医学教育联盟	共享资源,以跨学科的方式合作开展医疗卫生的人才培养、学科建设、科技创新和社会服务,提升联盟成员的社会影响力,共同解决全球医疗卫生教育中出现的新问题	中国医科大学召集,中国、乌克兰、吉尔吉斯斯坦、爱沙尼亚、阿塞拜疆、巴基斯坦等15个国家医学教育机构共同发起	2018年5月

① 谭贞,刘海峰. 我国本科高校中外合作办学的历史、现状与展望[J]. 中国高等教育,2019(12):29-35.
② 顾明远,滕珺. 后疫情时代教育国际交流与合作的新挑战与新机遇[J]. 比较教育研究,2020(9):3-7.
③ 刘进,高媛,Philip G. Altbach, Hans De Vit. 阿特巴赫谈新冠疫情对全球高等教育国际化的影响[J]. 现代大学教育,2020(06):31-38.

（续表）

序号	联盟名称	功能聚焦/使命任务	参与国家/院校机构	成立时间
4	"一带一路"铁路国际人才教育联盟	构建铁路国际人才培养体系，制定铁路教育国际标准，实施铁路专业及人才国际认证，推动中国铁路科技、精神、文化的传播，全方位服务"一带一路"铁路建设	西南交通大学和中南大学联合发起，30家高校企业参与	2018年6月
5	"一带一路"南南合作农业教育科技创新联盟	联合沿线农业院校搭建一批具有国际影响力的技术示范中心和基地，推进中国农业企业与农业科技的国际化，探索新时代农林科研、科技服务、人才培养与国际合作的新模式	中国农业大学发起，国内40所农林院校和吉尔吉斯斯坦国立农业大学、以色列希伯来大学等"一带一路"沿线30所院校参与	2018年6月
6	"一带一路"商学院联盟	探索跨国高水平管理人才培养新机制，促进沿线国家的经贸活动、国际产能合作、基建项目落地、科技成果转化及教育资源共享	哈尔滨工业大学、厦门大学、电子科技大学、西北工业大学等九所大学的商学院共同发起，沿线国家20余所商学院共同成立	2018年10月
7	"一带一路"工程教育国际联盟	助力中国工程技术、文化、精神、标准走出去，推动工程科技人才培养、成果转化、数据信息对接等合作，助力"设施联通"	浙江大学牵头，北京航空航天大学、哈尔滨工业大学等国内高校以及马来西亚拉曼大学、塞尔维亚诺维萨德大学等沿线高校，以及中国交通建设集团、阿里云大学、恒逸集团、亚龙智能装备集团等共同发起	2018年11月
8	"一带一路"创新合作研究联盟	加强科技、创新领域的共同研究，应对经济交往中的社会、文化与环境冲突，推动科技要素资源在沿线国家间流动	浙江大学牵头，匈牙利、西班牙、新加坡、日本、俄罗斯、意大利、哈萨克斯坦等国的9所院所参与	2019年11月
9	"一带一路"矿业高校联盟	创新矿业人才培养机制，探索矿业类学科专业共建，推进科技成果转化，推动沿线矿业高校开展更深入的交流合作，服务沿线及欧亚地区发展	中国矿业大学牵头（发起成立），欧亚非11个国家的11所矿业高校和中国相关组织机构参与	2019年11月

资料来源：作者根据公开资料整理。

（二）"双一流"建设的新征程：从"行列"到"前列"

"双一流"建设的核心要义是既对我国过去重点建设政策有继承与发展，又顺应国家发展特别是国际竞争的需要，是国家民族复兴的理想和政策滚动调整相结合的产物。[①] 2015 年国务院印发的《统筹推进世界一流大学和一流学科建设总体方案》提出了三阶段建设目标，明确指出从世界一流行列到世界一流前列，最后"建成高等教育强国"的宏伟蓝图。要衡量"行列"和"前列"，就需要中国大学走向世界，强调国际化，遵照国际标准，按国际可比指标达到一流。[②] "推进国际交流合作"就是"双一流"建设五大"改革任务"之一，具体内容包括：吸引海外优质师资与科研团队；与世界高水平大学进行学生交换、学分互换、联合培养；深度参与国际或区域性重大科学计划、科学工程；参加国际标准和规则的制定等。

目前，C9 高校均已将国际交流与合作作为重点建设任务。浙江大学提出实施顶尖大学战略合作计划、海外一流学科伙伴提升计划与国际合作区域拓展计划，以拓展全球战略伙伴合作网络，加强与顶尖大学的深度合作，提升学校国际竞争力。清华大学目前在北美洲、欧洲、非洲以及拉丁美洲等地推进了国际化合作办学，充分发挥了国际合作与交流处统筹规划的职能。不少高校也立足自身学科优势，以服务国家对外开放战略为导向推进国际合作与交流。厦门大学发起建立"21 世纪海上丝绸之路大学联盟"，发布《厦门宣言》，构筑积极融入"一带一路"建设新平台。河海大学发挥水科学优势，与多家大型国有企业合作，共建"中国港湾—河海大学西非中心"，联合开展"几内亚苏阿皮蒂水利枢纽项目"等国际培训项目。这些国际化举措对实现我国高校从世界一流行列走向世界一流前列起到了巨大作用。

（三）迈向 2035：从"边缘"到"中心"

在大发展大变革大调整的当今世界，推动高等教育国际合作迈向全新高度，是我国进一步提升教育国际影响力和竞争力的重要途径。事实上，大学在助力国家话语权提升中的作用已经超越了传统的三大功能，一流大学应该成为区域创新中心、成果辐射中心、国际交往中心和文化传播中心。这就更加要求我国高等教育在国际化进程中要主动担当"人类命运共同体"的时代使命，从国家整体战略到推进构建"人类命运共同体"的价值追求，努力打造中国特色的高等教育

---

① 马陆亭，刘承波，鞠光宇. 扎根中国大地建设"双一流"[J]. 现代大学教育，2019(03)：11-16.
② 周光礼. 扎根中国大地：创办世界一流大学的方法论[J]. 探索与争鸣，2018(06)：45-48.

体系,迎接高等教育国际化"以我为主"时代的到来。

2019年2月颁布的《中国教育现代化2035》将"开创教育对外开放新格局"列为面向教育现代化的十大战略任务之一,提出"全面提升国际交流合作水平",并明确了未来教育对外开放的总体思路和实践路径。① 2020年6月,教育部等八部门印发的《关于加快和扩大新时代教育对外开放的意见》提出要在新发展格局下,更加主动地加强与世界各国的互鉴、互容、互通,致力于形成更全方位、更宽领域、更多层次、更加主动的教育对外开放局面,也明确提出了"加大中外合作办学改革力度,改进高校境外办学,改革学校外事审批政策,持续推进涉及出国留学人员、来华留学生、外国专家和外籍教师的改革"等系列举措。② 面向2035,更高水平的教育对外开放图景已然绘制,我国高等教育正加快从世界边缘走向中心,为国家、民族和人类做出更大的贡献。但是,基于各种风险挑战的考虑,发展"在线国际化""在地国际化"可能是未来大学国际化的重要战略选择。如"在地国际化"的概念自20世纪90年代末提出后,到2015年已有56%的欧洲大学将其纳入学校战略规划。③

---

① 教育部. 中共中央、国务院印发《中国教育现代化2035》[EB/OL]. http://www.moe.gov.cn/jyb_xwfb/s6052/moe_838/201902/t20190223_370857.html, 2019-02-23/2021-12-30.

② 教育部等八部门印发意见　加快和扩大新时代教育对外开放[EB/OL]. http://www.moe.gov.cn/jyb_xwfb/s5147/202006/t20200623_467784.html, 2020-06-23/2021-11-25.

③ Sursock, A.. Trends 2015: Learning and Teaching in European Universities [R]. Brussels: European University Association, 2015: 45.

第五章
个案研究：浙江大学四校合并发展历程①

　　题记：浙江大学是中国高等教育、中国若干一流大学发展历程的缩影，她的改革奋进、她的绩效成败、她与社会和国家的同频共振，都具有典型性。浙江大学的一流建设并非始于 1998 年，但 1998 年无疑是其发展历程的关键时点。当年，旨在打造世界一流大学的"985 工程"开始实施，同年浙江大学完成四校合并。新浙江大学成立是 1998 年我国高等教育界震撼全国并引起世界高教界广泛关注的两件大事之一。教育部在 1998 年四校合并组建新浙江大学的文件中指出："这是我国高等教育管理体制和布局结构调整的重大举措，对于面向 21 世纪在我国组建若干所规模大、层次高、学科门类齐全的综合性大学具有重要的示范意义"。四校合并后，新浙江大学不但实现了物理上的整合，而且实现了学术创新体系、多样化学科文化的快速融合，并获得了中央政府和地方政府的多方支持，逐渐稳居我国一流大学前列，已成为在海内外有较大影响的综合型、研究型、创新型大学，正加快走向世界一流大学前列。本章通过系统审视和全面回顾浙江大学四校合并二十余年的发展历史，以窥视我国世界一流大学建设的基本脉络，提炼世界一流大学建设的"中国故事"或"中国标准"。

　　"任何类型的大学都是遗传与环境的产物"②。大学作为一种探求知识、传

---

① 本章撰写组：延立军、吴伟、蔡荃、徐贤春、徐吉洪等。
② 埃里克·阿什比. 科技发达时代的大学教育[M]. 滕大春，滕大生，译. 北京：人民教育出版社，1983：16.

播知识、应用知识的学术性组织而存在,大学的环境是其生存的沃土①。大学的环境包括经济、政治和技术等因素,根据姆波特(Gumport)和斯波恩(Sporm)等人的组织适应理论,这些因素的变化给大学带来了控制成本、提高质量、增进效益和扩大机会等新要求②。浙江大学是 21 世纪前后较早实行合并发展的国内一流高校,且从后续发展看也是合并发展较为成功的国内一流高校之一。浙江大学并校二十余年,主动适应政治、经济、科技、国际交流的重大环境变化,是我国高等教育改革发展的一个缩影,生动体现了高等教育内外部关系规律。

一、四校合并后浙江大学的发展历程

(一) 四校合并的决策部署(1998—2004 年)

20 世纪 90 年代有两次专门针对我国进行的、影响我国高等教育政策制定的国际行动:一次是 1993—1994 年应中国政府邀请,由世界银行官员和顾问组成的考察团,分两次对中国进行实地考察,于 1995 年 4 月形成《中国高等教育改革》研究报告书;另一次是世界银行专家组分别于 1998 年 1 月、5 月和 1999 年 7 月对中国教育进行考察后发表了题为《21 世纪中国教育战略目标》的研究报告书。后者提出,中国高等教育发展战略应当优先考虑办学规模的扩展,公立大学分别归属教育部和省级政府管理,各省需要制定优化结构的整体规划,对现有高等学校实行扩充、合并及关闭,并促使民办高等教育进入良性运行的状态③。

基于世界银行的建议,为改革管理条块分割、专业偏窄、科类单一等问题,国家对高等教育进行了重大的体制改革和结构调整。1998 年 12 月,教育部颁布了《面向 21 世纪教育振兴行动计划》,提出“到 2000 年,积极稳步发展高等教育,高等教育入学率达到 11％左右;到 2010 年,高等教育规模有较大扩展,入学率接近 15％,若干所高校和一批重点学科进入或接近世界一流水平”。在此背景下,从 20 世纪末期开始,在全国范围内兴起了高校合并重组热潮。1998 年 9 月,原浙江大学、杭州大学、浙江医科大学、浙江农业大学等 4 所同根同源高校合并组建新浙江大学,成为我国高校中的一艘“航空母舰”。

① 黄元国,文菊. 美国大学与教育、文化环境关系的互动及启示[J]. 高教发展与评估,2005(2)：50 - 54.
② 唐晓玲,王正青. 环境变化与大学管理革新：组织适应的理论视角[J]. 高教探索,2009(3)：28 - 32.
③ 卢晓中. 当代世界高等教育理念及对中国的影响[M]. 上海：上海教育出版社,2001：159.

1. 顺应时代发展潮流

大学所面对的外在环境、影响因素错综复杂，同时，环境之下、因素之间的变化无处不在。国家与世界的价值协调、大学与社会的关系平衡、历史与未来的制度融合，不同力量要素之间形成一股持续张力，始终处于一种互动平衡过程之中。[①] 1952 年院系调整后，我国高等教育全面学习苏联模式，按照计划经济的体制要求，按照学科门类建设文理大学、理工大学和农、医、体育、艺术、师范等专科学校。经过调整，浙江大学部分系科转入其他高校和中国科学院，留在杭州的主体部分被分设为多所单科性院校，后来分别发展为原浙江大学、杭州大学、浙江农业大学和浙江医科大学。伴随我国改革开放和社会主义市场经济体制的确立，这种过于单科设置的高校布局，已经不能适应科学技术综合化和市场经济体制改革的要求。20 世纪 90 年代后期实施的科教兴国战略、人才强国战略，亟待大学回应国家需求，满足国家经济、社会发展以及人民对优质高等教育的期盼。可以说，浙江大学通过四校合并组建综合性大学是应时应势之举。

2. 贯彻中央决策部署

全球化背景下，越来越多的国家在高等教育政策上发力，国家与国家之间从最初的经济竞争转向科学文化领域、国际话语权等软实力的较量，作为高级知识的传承者和生产者，大学与竞争性的全球经济和知识社会同向同行。[②] 1998 年5 月，时任中共中央总书记江泽民同志提出"我国要有若干所具有世界先进水平的一流大学"。1999 年，国家正式启动"985 工程"，其中一个重要内容就是按照"共建、调整、合作、合并"的指导思想，组建一批真正的综合性大学，实现优势互补，促进学科间的渗透、融合，推动我国高等教育的质量和水平迈上一个新的台阶。1998 年 8 月，教育部发布的《关于浙江大学、杭州大学、浙江农业大学、浙江医科大学合并组建新的浙江大学的决定》（教计〔1998〕4 号）指出，"四校合并组建新的浙江大学，是我国高等教育管理体制改革和布局结构调整的一项重大举措，对于面向 21 世纪在我国组建若干所规模大、层次高、学科门类齐全的综合性大学具有重要示范意义，必将对我国高等教育的改革和发展产生重要而深刻的影响"。

---

① 陈丽媛,刘念才.世界一流大学建设的中国模式及其国际影响[J].教育研究,2019(06)：105-115.
② 陈丽媛,刘念才.世界一流大学建设的中国模式及其国际影响[J].教育研究,2019(06)：105-115.

3. 精神文化同根同源

大学作为"以文化人"的文化机构，"不仅仅是客观物质的存在，更是一种文化存在和精神存在"[①]。不同大学都有自己特殊的历史传统、运行机制和价值追求，其背后的特色文化是竞争力的重要承载者，是大学精神、大学理念和大学道德的重要标识。浙江大学能够成功四校合并，很大程度上也是由于四所高校本来就同根同源，有一脉相承的办学理念、大学精神和校园文化。其中，杭州大学主要由原浙江大学文学院和理学院、之江大学文理学院与浙江师范专科学校组建而成，以"求是、育英"为训；浙江农业大学、浙江医科大学分别以原浙江大学农学院、医学院为基础组建而成；四所高校的大多数学科领军人才也来自原浙江大学。长期积淀的"求是"精神在四所高校都得到一以贯之的传承。

四校合并初期，新浙江大学覆盖除军事学之外的 11 个学科大门类，拥有 145 个本科专业、192 个硕士点、106 个博士点、14 个博士后流动站、13 个国家重点学科、10 个国家重点实验室、2 个国家工程研究中心、2 个国家工程技术中心；全日制学生 34 000 余人，其中硕士生 3 600 余人、博士生近 1 800 人、外国留学生近 300 人；教职工 10 000 余人，其中教授 800 余人、副教授 2 200 余人、中国科学院院士 7 人、中国工程院院士 6 人，成为当时我国办学规模最大、学科门类最齐全的一所高水平综合性大学，实现了人才队伍的强强联合、学科专业的优势互补、办学资源的优化配置、管理体制的改革创新，实现了"1＋1＋1＋1＞4"的效果。时任教育部部长陈至立在新浙江大学筹建大会上讲话时指出，四所高校组成一所真正意义上的综合性大学是尚未有过的创举，新浙江大学的建成对全国高等教育改革与发展都将产生重大影响，并翻开了中国高等教育史崭新的一页。

（二）一流大学建设的初期探索（2005—2010 年）

2005—2010 年是新浙江大学发展过程中的深度融合期。在此阶段，中央和浙江省给予了浙江大学重大的政策倾斜和资源支持。学校建设世界一流大学的目标和办学思路进一步明晰，办学特色不断彰显。2005 年 8 月，教育部与浙江省政府共同签署《关于继续重点共建浙江大学的决定》（教直〔2005〕9 号）。2005 年 12 月，新浙江大学成立后的首次党代会——第十二次党代会举行，会议确立了奋斗目标、总体思路、重点任务。这一时期，浙江大学重新定义了其办学目标

---

① 包亚明. 文化资本与社会炼金术——布尔迪厄访谈录[M]. 上海：上海人民出版社，1997：192 - 193.

和办学体系，在时任浙江省委书记习近平同志的重要指示下，坚持在服务国家区域重大需求中实现更好更快发展，加快建设世界一流大学的步伐。对国家重大需求的主动回应与我国高等教育特有的管理体制、政治文化的互动与内洽，决定并强化了浙江大学"中国基因"的"中国特色"。

此时，中央提出要树立和落实科学发展观，深入实施科教兴国、人才强国战略。浙江大学紧紧抓住这一战略机遇，瞄准人才培养、高水平人才队伍建设、科学研究、社会服务等改革发展中的主要矛盾，开展了系列谋划，逐步探索出一条创建中国特色世界一流大学的新思路。不仅如此，浙江大学还坚持"以服务为宗旨，在贡献中发展"的理念，按照"高水平、强辐射"的总体要求，构建了"立足浙江、面向全国、走向世界"的工作布局，社会服务面不断拓展，社会服务质量全面提高，产生了广泛的社会影响，形成了高校服务地方发展的"浙大模式"。2005年，党的十六届五中全会作出了加快社会主义新农村建设的重大决定，鼓励各种社会力量投身社会主义新农村建设。2006年3月20日，时任浙江大学党委书记张曦和时任校长潘云鹤联名给时任浙江省委书记习近平同志写信，提出了浙江大学全面参与浙江省新农村建设的有关设想，并很快得到了批复。2006年3月，浙江大学确立了"举全校之力，参与新农村建设"的工作方针。2006年4月12日，浙江大学参与新农村建设动员会召开，标志着学校社会服务进入了新阶段。

此外，浙江大学还积极投身国家和区域经济社会发展主战场，努力提供高水平的智力支持。2006年10月29日，国务院西部开发领导小组办公室和浙江大学共建的"浙江大学中国西部发展研究院"（简称"浙大西部院"）成立。浙大西部院成立后积极对接中央部委的需求，承担国家和西部地区重大研究任务，通过举办高端学术会议、参与政策制定（如直接参与起草《中共中央、国务院关于深入实施西部大开发战略的若干意见》）、实施高水平培训项目等方式积极参与西部大开发战略实施。

2008年9月，浙江大学公共政策研究中心暨浙江省公共政策研究院成立（现更名为浙江大学公共政策研究院暨浙江省公共政策研究院），通过编发内参、举办研讨沙龙、开展学术研究等方式参与省域公共政策制订。2009年12月，浙江大学和浙江省民政厅合作成立了全国首个以厅校合作共建形式成立的民政研究机构——"浙江大学民政研究中心"。据不完全统计，浙江大学承担或参与制定了全省三分之二的各级各类规划。

在此阶段，浙江大学还对招生政策进行了重大改革。2006 年 4 月起，浙江大学开始实施大类招生改革，招生不分专业，实行按学院大类招生，共分 40 个大类，学生进校后按大类培养。2006 年，学校将 12 个大类合并为文科、理科、工科、文理科、理工科、艺术与设计等六个大类，将 112 个本科专业纳入 41 个招生入口。2007 年整合为 35 个招生入口，并汇入 6 个学科专业大类培养。从 2006 级开始，所有学生均可以自主确认专业。为适应大类培养和通识教育需要，2008 年 7 月，学校成立本科生院及其下属的求是学院，统筹协调本科生教育资源，建立了"一横多纵"的大类学生管理模式。本科生院作为教育教学常设管理机构，统筹设立学务处、学生工作处、教务处、教学研究处、教学质量与资源管理处。求是学院专门负责大类招生后一年级新生及专业确认前学生的通识教育培养，即"1+3"管理模式。学校各部门各条线分工协作，共同做好本科生教育和管理工作。

(三) 加快一流大学建设步伐(2011—2015 年)

2011—2016 年是浙江大学坚持以质量为核心，不断夯实中国特色世界一流大学建设基础的重要时期。2010 年 5 月，《国家中长期教育改革和发展规划纲要(2010—2020 年)》颁布，标志着我国高等教育进入改革深水区、困境突破的关键期，也标志着我国开始从高等教育大众化向高等教育普及化过渡。2011 年，浙江大学积极承担"落实高校办学自主权，完善内部运行体制机制""基础学科拔尖学生培养""试点学院"等三项国家教育体制改革试点项目任务，着力做好改革试点工作，加快提升学校办学质量和竞争力。2011 年 12 月 16 日，浙江大学召开第十三次党代会，会上明确提出"提高办学质量是推动学校事业科学发展最核心最紧迫的任务，也是浙江大学加快形成核心竞争优势的战略选择"。随后，浙江大学提出以高、强为导向，全面提升发展品质，提出"攀高峰、入主流、作贡献"的发展思路，办学特色进一步彰显。这一时期，浙江大学牢固树立内涵发展理念，坚持"文化引领、重点跨越、彰显特色、统筹兼顾"的发展方针，将提高质量贯穿于人才培养、科学研究、社会服务、文化传承创新等各项职能之中，实现了学校办学质量的快速提升。

在把握国际学术前沿、适应国家战略和经济社会发展要求，并结合自身改革发展实际的基础上，浙江大学 2013 年凝练形成了"六高强校"战略路径，即培育时代高才、构建学科高峰、打造科研高地、汇聚名师高人、积累文化高度、探索改革高招,进一步明确学校要加快从规模扩张的外延式发展向以质量提升为核心的内涵式发展转变,从硬指标的显性增长向软实力的内在提升转变。

(四) 新时代国家"双一流"建设新征程(2015 年以后)

2015 年 10 月,国务院印发了《统筹推进世界一流大学和一流学科建设总体方案》(国发〔2015〕64 号),标志着我国高等教育开始进入新时代国家"双一流"建设新征程。随着 2017 年国家"双一流"建设和高校名单的正式发布,浙江大学进入国家一流大学建设高校 A 类行列,也开始进入了加快建设中国特色世界一流大学的关键期。2017 年 12 月召开的浙江大学第十四次党代会明确提出,要将聚焦一流作为贯穿始终的战略主线,牢固树立一流意识、紧紧围绕一流目标、认真贯彻一流标准,高水平建成中国特色世界一流大学。2018 年 6 月 28 日,教育部和浙江省人民政府签署了共同推进浙江大学"双一流"建设战略合作协议,为浙江大学实现新时代跨越发展提供了有力支撑。新时代的浙江大学,以聚焦一流为主线,抢抓发展机遇,更加突出高精尖导向,扎根中国大地勇攀世界高峰。

进入中国特色社会主义新时代,实现高质量内涵式发展成为我国高等教育改革发展的时代特征与使命。2015 年 10 月,国务院发布《统筹推进世界一流大学和一流学科建设总体方案》(国发〔2015〕64 号),确立了国家"双一流"建设的总体框架;2017 年 1 月 24 日,教育部、财政部、国家发展改革委制定《统筹推进世界一流大学和一流学科建设实施办法(暂行)》(教研〔2017〕2 号),明确国家"双一流"建设的实施路线;2017 年 9 月 20 日,教育部、财政部、国家发展改革委发布《关于公布世界一流大学和一流学科建设高校及建设学科名单的通知》(教研函〔2017〕2 号),明确了国家"双一流"建设的支持对象,标志着以重大资源配置方式调整为核心表征的高等教育政策发生了重大转变。为此,浙江大学进一步明确了经过三个阶段高水平建成中国特色世界一流大学的路线图、时间表,见专栏 5-1。

专栏 5-1　浙江大学十四次党代会提出的"三步走"战略目标

"几步走"是我国大学发展愿景、办学定位的"规划式语言",表明一所大学规划未来路径的战略目标设计,更是体现了对表国家发展目标的政治决断力。2017 年召开的浙江大学"十四次"党代会确定了"三步走"目标：经过第一步是在中国共产党建党 100 周年、中国全面建成小康社会之际，学校进入世界一流大学行列，部分优势学科进入世界前列；第二步是再经过 15 年左右的努力，在中国基本实现社会主义现代化之际，学校跻身世界一流大学前列，高峰学科数量全国领先，更多优势学科达到世界前列水平；第三步是再经过 15 年左右的努力，在新中国成立 100 周年、建成富强民主文明和谐美丽的社会主义现代化强国之际，学校整体达到世界顶尖大学水平，更多的学科达到国际领先水平，为实现中华民族伟大复兴、促进人类文明进步作出卓越贡献。

在重新明确发展目标基础上，浙江大学统筹实施国家"双一流"建设和学校"十三五"规划、综合改革方案，深入推进"五大体系"①建设，优化"五大布局"②，全面构建开放式的办学战略格局和协同治理模式，努力在教育教学、科学研究、社会服务、文化传承创新和国际交流合作等领域有实质性进步。

二、"浙大模式"：大学变革的中国范式

四校合并发展的二十多年，是浙江大学解放思想和改革开放相互激荡、观念创新和实践探索相互促进的一段重要历史时期。经过二十多年发展，浙江大学人才培养体系不断完善，高水平师资云集，创新质量全面提升。浙江大学作为我国高等教育"改革的旗手"的形象已深入人心，全球竞争力显著提升。浙江大学变革的力量与成效，推动了学校各项事业的快速发展，这究竟体现了怎样的内在逻辑？这能否代表具有普遍意义的我国一流大学成长路径？甚或成为我国新时代一流大学成长的某种范式？

（一）一张蓝图绘到底的矢志信念

康德（Kant）指出，"当每一个人都根据自己的心意并且往往是彼此相互冲突地追求着自己的目标时，他们却不知不觉地朝着他们自己所不认识的自然目标作为一个引导而在前进着，是为了推进它而在努力着"③。四校合并不久，浙

---

① 五大体系，即开环整合的人才培养体系、开放协同的学术创新体系、人尽其才的人才队伍体系、联动共享的支撑保障体系、开放包容的学校治理体系。
② 五大布局，即高强辐射的社会服务网络、开源创新的思想文化高地、综合交叉的一流学科体系、全球链接的国际合作网络、分层分类的特色办学系统。
③ 康德. 历史理性批评文集［M］. 何兆武，译. 北京：商务印书馆，1997：2.

江大学就明确要建设成为世界一流的综合型、研究型、创新型大学。"综合型"代表学科体系的大体量、生态性，即学科齐全且综合实力超群，在重大学科板块全覆盖基础上实现交叉汇聚突破；"研究型"表征队伍属性和创新活动层次，尤其体现为原始创新和科教融合特征，依托高水平科学研究和高质量研究生教育来实现；"创新型"表征体制机制和全校呈现的革新面貌，主要指向对重大战略需求的敏感性，以及治理体系和治理能力的优化，旨在强调一流大学的创新使命及学校运行上的活力和创造性①。确立综合型、研究型、创新型的发展定位，并与国家重大政策方针同向同行、同频同步，是过去 20 年浙江大学改革发展的一条基本经验。

结合自身实际，浙江大学在制定发展规划时，重点关注五个问题：一是国家的政策走向，学校改革发展的步调始终与中央保持高度一致，积极适应和践行中央关于高等教育改革的各项重大政策。二是世界一流大学的先进经验，在不同阶段选择与不同的一流高校对比、分析，查找自身不足。三是社会需求，把满足国家和区域的发展需求作为学校办学的目标。四是高等教育的未来走势，超前一步谋划，占领发展先机。五是师生成长，始终把培养全面发展的一流人才作为初心使命。

从浙江大学对战略蓝图的具体实践来看。过去二十年，浙江大学注重发展战略的四大特性，始终保持一张蓝图绘到底的战略定力。新浙江大学成立之初，就确立了"创建世界一流大学"的奋斗目标。通过深入调研、广泛研讨、科学规划，浙江大学先后制定了《浙江大学 1998—2002 年建设与发展规划》《浙江大学"十五"事业发展规划》《浙江大学中长期事业发展纲要》《浙江大学学科与队伍建设规划》等规划文件，明确要把学校建设成为我国高素质创造性人才培养、高水平科学研究和知识创新、高科技辐射和高技术产业化、国际文化学术交流的基地和中心之一，教育质量和科研水平稳居国内一流大学前列，办学特色鲜明，具有世界先进水平的研究型、综合型和创新型的一流大学。以此为目标，学校结合 1999 年开始的"985 工程"一期建设、2002 年正式启动实施的"十五"项目建设，不断摸索、总结，逐步明晰了一流发展目标和实现路径。

---

① 吴伟,徐贤春,樊晓杰,陈艾华.学科会聚引领世界一流大学建设的路径探讨[J].清华大学教育研究,
2020(5)：80-86.

亚当·斯密(Adam Smith)曾表示，从人类的相互交换倾向中逐渐发展起来的分工所带来的劳动生产率的提高是经济社会发展的基础，但分工会受到市场范围(即交换范围)的限制。[①] 也就是说，一旦城市中累积的高深知识教育供求的市场范围达到一定程度，大学之花便会在城市中应然绽放。纵观全球，世界一流大学大多两所相邻甚至三五成群，产生集聚效应，助力区域和国家的发展，例如美国的旧金山、纽约、波士顿、洛杉矶，中国的北京、上海、江浙、粤港澳大湾区等区域均拥有多所知名学府，当地大学之间互补且相容，与区域发展息息相关[②]。浙江大学也不例外。2005 年 9 月，浙江省委常委会在浙江大学召开，会议专题听取了学校工作汇报，研究学校建设发展工作。时任浙江省委书记的习近平同志主持会议并作了题为《坚定不移地向世界一流大学的目标迈进》的重要讲话，提出了"立足浙江、面向全国、走向世界"的总要求，明确了"育人为本、质量立校，师资为基、人才强校，发挥优势、特色兴校，服务社会、合作办校"的发展道路。自此以后，浙江大学深入贯彻落实习近平同志的重要指示精神，围绕总目标、总要求、发展道路奋勇前行。

(二) 持续深化改革的不竭动力

大学制度与国家政治行政体制和文化教育传统高度相关，不可避免地受到国家政治、经济、文化制度的影响。[③] 伴随我国国家制度的全面深化改革，大学制度改革的滞后必然制约教育生产力的进一步解放。浙江大学实现快速发展的一个重要法宝就是不断深化改革，持续释放改革红利，把改革作为可持续发展的动力源泉。四校合并伊始，通过认真调研和反复研讨，在保持原四校政策相对连续性的同时，浙江大学快速统一政策制度，推动机构重组和定编定岗。新浙江大学在较短的时间内做到了一个班子、一套机构、一套制度、一个财务、一个发展规划，实现了人、财、物、教学科研和管理的"五统一"，大大缩短了合并后的磨合期，较快地走上了"形神俱备"的良性运行轨道。

清华大学老校长梅贻琦曾说："所谓大学者，非谓有大楼之谓也，有大师之谓也"。大学之发展根本在于人，所以人事制度改革在建立现代大学制度过程中往往首当其冲，其成效也直接制约一所大学改革发展的全局。二十多年来，浙江大

① 亚当·斯密.国富论[M].唐日松,等,译.北京：华夏出版社,2004：7-18.
② 王战军,蓝文婷.世界一流大学与社会发展"双螺旋"模式[J].中国高教研究,2020(08)：11-17/71.
③ 张应强.全球化背景下的我国现代大学制度改革[J].高等教育研究,2013(09)：1-7.

学坚持党管人才原则，立足"更高质量、更加卓越、更受尊敬、更有梦想"的总体目标，不断发挥人事制度改革对激发人才队伍活力、优化队伍整体结构的关键作用；尤其是不断完善考核激励机制，开展岗位分类管理，实施岗位聘任、兼职兼聘、定编定岗、评聘分开等制度。

进入中国特色社会主义新时代，浙江大学依然高度重视改革的系统性、整体性、协同性。2018年4月20日，学校印发了《浙江大学进一步全面深化改革实施方案》，对全面深化体制机制改革、加快推进治理体系和治理能力现代化作出了明确部署。一是深化校院两级管理体制改革。将管理重心逐步下移至院系，推动院系成为真正办学主体，以实现"院系推着大学跑"。二是深化人事制度改革。坚持以质量优先、内涵发展统领人才的引进、培养、使用和评价等各个环节，探索建立健全分层分类的人才考核机制、激励机制、竞争机制。三是深化学科建设机制改革。按照"分类统筹、一流牵引、主干强身、交叉驱动、生态优化"的发展思路，精准配置学科资源，全力推动顶尖学科、优势特色学科和会聚型学科建设，支持院系和基层学术组织布局交叉前沿方向。

浙江大学稳步推进改革的内在助力源自于创新生态体系内在结构的生机活力——坚持学科、人才、科研的深度融合。通过改革，浙江大学最大限度破除了制约发展的体制机制障碍，促进了创新要素合理流动、创新资源科学配置、创新活力竞相迸发，奠定学校创建世界一流大学的动力机制。

（三）扎根中国大地的家国情怀

首先，浙江大学秉承"以服务为宗旨，在贡献中发展"的办学理念，坚持一流标准，坚持"顶天立地"，坚持创建世界一流大学与支撑区域发展相统一，把服务浙江作为学校办学的重要使命，形成了"高水平、宽领域、强辐射"的办学特色，全方位对接服务浙江省发展战略，助推浙江经济社会发展。浙大将创建世界一流大学与服务浙江经济社会发展紧密结合，紧紧围绕人才强省、创新强省、开放强省、改革强省四大战略导向，以全方位服务浙江经济社会发展为核心，主动对接浙江省的重大战略需求，实施服务浙江经济社会发展行动计划，主动融入浙江省大湾区和城西科创大走廊建设，积极服务高质量发展建设共同富裕示范区。深入推动与浙江各市县的合作，成立衢州研究院等高端机构，推动建立浙江大学杭州国际科创中心等战略性平台。不断深化政产学研融合，强化一流大学的创新中心功能，构建融源头创新、应用研究、成果转化为一体的高层次产学合作平台及网络。近年来,杭州正在打造独特韵味、别样精彩的国际化大都市,而浙江大学正着力培养具有国际视野的创新人才和未来领导者,二者在许多方面达成协作共赢的共识,并推动了多方面的深度合作。

其次,浙江大学主动对接国家和区域重大战略需求,结合学术科研发展动态,根植区域创新创业深厚土壤,突出"内涵发展、质量优先",主动融入地方重大创新平台建设,完善优化创新政策和环境,引导鼓励创新,突出交叉汇聚融合,构筑凝练若干重大新型创新项目,形成了具有重要影响力的标志性大项目大平台大成果。深度参与乡村振兴、健康中国、长三角一体化、共同富裕示范区建设等国家战略,深化与四川等西部省区的战略合作,成立了雄安发展中心、中原研究院,发起了长江经济带生态文明创新研究联盟。

专栏5-2从合法性角度揭示了浙江大学并校发展20多年的成功"密码"。

专栏5-2　合法性视角下浙江大学快速发展的经验解释[①]

浙江大学是在20世纪末高校合并浪潮下实现并校,并走上快速发展轨道的部属高校,同时又深植于地方经济社会发展的大循环之中。从管理体制角度来看,浙江大学处于"省部共建"情境,需要同时满足中央和地方政府的不同期望,在赢得双元合法性基础上取得充足的办学资源支持。可以说,浙江大学合并后的快速发展得益于始终把改革创新作为破解难题的根本出路,而其背后就是不断获取、巩固和强化来自中央政府和地方政府的合法性。所以,对浙江大学并校发展二十多年的历程进行纵向案例分析,可以挖掘部分中国大学群体快速发展的"制度密码",对于讲好中国高等教育"故事",对于相应高校制定发展策略具有重要意义。

基于历史档案等客观数据,并辅以结构化访谈等主观评价资料,把浙江大学合并后同时利用中央和地方政府实现融合发展的过程,分为三个阶段:合法性矛盾缓冲阶段(1998—2004)、合法性巩固阶段(2005—2010)、合法性强化阶段(2011至今)。阶段划分的依据有:第一,合法性提升关键事件。来自中央和地方合法性提升的关键事件包括:2005年和2011年部省双方两次发布共建协议,

---

① 本专栏详细内容请参见:《相得益彰:部属高校如何平衡央地合法性以实现融合发展》(刊于《中国高教研究》2021年第3期,第63-68页,作者为蔡荃、魏江、吴伟,吴伟为通讯作者)

前者是"985 工程"二期建设启动之后省级政府与教育部签订的第一份共建协议。两份文件较为集中地体现了浙江省和教育部对浙江大学的在办学资金和政策倾斜上的强力支持，可视为同时获得中央和地方政府合法性的重要结果。第二，组织状态关键事件。浙江大学于 2004 年并校后首次实现校领导更替，随后于 2005 年举办了合并后的首次党代会，重新确定了奋斗目标、总体思路和重点任务，标志着全校进入一个新的发展阶段。此后，浙江大学于 2011 年又召开了合并后的第二次党代会，进一步明确了发展方针、战略举措等重大问题。以上合法性提升和组织状态的关键事件之间高度重合，这一划分也得到了多位时任领导的认可。

案例研究发现，部属高校获取中央和地方政府合法性的主要策略包括：身份机制和关联机制。基于自身合法性基础和中央及地方政府的期望，高校在不同发展阶段会选择差异化的身份机制和关联机制，以实现央地合法性平衡。

1. 合法性矛盾缓冲阶段

这一阶段面临的困境是合法性较低，且不同合法性评价者间诉求不一致。为解决这一难题，浙江大学首先采用了身份机制来重构并校后在中央和地方政府眼中的形象，同时通过关联机制缓和中央和地方政府对学校合法性期望的冲突，克服了并校初期的合法性危机。首先，通过身份机制，重新塑造浙江大学在中央和地方政府眼中的形象。其次，通过与不同主体建立关系和连接，即关联机制，来缓和与中央和地方政府合法性期望的冲突。合法性矛盾缓冲阶段典型证据见表 5-1。

表 5-1　合法性矛盾缓冲阶段典型证据

合法性评价者	获取合法性的策略选择	典 型 实 践
中央政府与地方政府	身份机制	● 建设世界一流大学的目标，建设综合型、研究型、创新型大学，在建校 120 周年前后跻身世界一流大学行列 ● 形成《浙江大学 1998—2002 年建设与发展规划》《浙江大学"十五"事业发展规划》《浙江大学中长期事业发展纲要》《浙江大学学科与队伍建设规划》等规划文件 ● 把浙江大学办成真正的研究型大学，本科生招生每年控制在 6 000 人以内，本科生和研究生招生人数比例逐步达到 1∶1 ● 2002 年教育部发文正式批准浙江大学试办"示范性软件学院"

（续表）

合法性评价者	获取合法性的策略选择	典 型 实 践
		● 四校合并后，原浙江大学、杭州大学、浙江农业大学和浙江医科大学的校园分别改称新浙江大学的玉泉校区、西溪校区、华家池校区和湖滨校区，原浙江大学之江学院的校园改称之江校区。 ● 选聘院长，尽量选本校毕业的院士，聘请高水平、有影响力的学者 ● 附属医院改名为"浙江大学医学院附属＊＊＊医院"
地方政府	关联机制	● 1999 年创办浙江大学城市学院 ● 2001 年创办浙江大学宁波理工学院 ● 1999 年，学校和宁波市人民政府签订全面科技合作协议。2000年，学校和杭州市委、市政府签署了《关于加强战略合作的若干意见》。2004 年，浙江省人民政府在浙江大学紫金港校区举办"浙江大学—浙江省市、县合作峰会"，学校和浙江省内几乎所有的地县都建立了科技合作关系。
中央政府	关联机制	● 浙江大学国家大学科技园正式启动建设，1999 年 12 月，浙大科技园被列入全国首批 15 个试点单位之一；2002 年，江西省人民政府和浙江大学签订了双方关于建立浙江大学国家大学江西科技园的协议 ● 浙江大学中国农村发展研究院成立 ● 先后与云南、贵州、江西等省建立了全面合作关系 ● 贯彻国家西部大开发战略要求，与贵州大学开展对口帮扶活动，与西部地区开展科研项目合作，为西部地区经济、社会发展提供智力支撑和人力支持

2. 合法性巩固阶段

当通过身份机制和关联机制解决了"新生者劣势"，有效缓解了中央和地方政府合法性需求冲突之后，浙江大学主动加大对中央和地方政府合法性的巩固力度，通过一系列关联机制的措施，主动回应中央和地方政府的需求、实现利益深度关联。在中央和地方政府合法性期望相同的方面，通过全力深化关联机制来巩固合法性。而对央地政府合法性期待的差异化方面，分别采取不同的关联机制加以解决：针对中央政府合法性期望，采取的特殊化关联机制是于 2006 年与国务院西部开发领导小组办公室共建"浙江大学中国西部发展研究院"；针对地方政府合法性期望，采取了多个关联机制行动，包括与地方政府相关部门联合建立研究中心，为地方社会经济发展提供支撑，以及成立地方合作专职机构，全面推进学校与地方的合作。合法性巩固阶段典型证据见表5-2。

表5-2　合法性巩固阶段典型证据

合法性评价者	获取合法性的策略选择	典 型 实 践
地方政府	关联机制	• 书记和校长2006年联名给省委主要领导写信提出浙江大学全面参与浙江省新农村建设的有关设想 • 2006年浙江大学和湖州市合作共建省级社会主义新农村示范区签约 • 2008年学校成立了农业技术推广中心 • 2009年建成浙江大学长兴农业试验站与农业科技示范园区 • 2006年学校下发《关于进一步加强地方合作工作的若干意见》 • 与众多地市县签署了全面合作协议或进一步深化合作协议 • 与杭州市政府进行湖滨校区土地出让置换 • 2008年，在省委省政府的大力支持下成立浙江大学公共政策研究中心暨浙江省公共政策研究院 • 2009年，与省民政厅合作成立"浙江大学民政研究中心"，为浙江民政事业的发展提供支撑
中央政府	关联机制	• 2006年，学校确立了"举全校之力，参与新农村建设"的工作方针 • 2006年，国务院西部开发领导小组办公室和浙江大学共建"浙江大学中国西部发展研究院"

3. 合法性强化阶段

经过央、地、校三方前期多年沟通协调，央地政府对浙江大学的期待不断明确，而且各方在话语体系上逐渐取得一致。新阶段，浙江大学综合采用身份机制和关联机制，进一步强化新浙江大学在中央和地方政府的合法性。首先，通过强化各方对浙江大学"世界一流大学"的身份认同，全面提升在中央和地方政府眼中的形象。其次，继续采用关联机制，并从全局角度对关联布局进行优化，强化来自中央和地方政府的合法性。一方面，在符合中央政府期望的前提下，浙江大学进一步深化了与部委和全国其他省市的合作，优化全国的关联机构布局。另一方面，在符合浙江省政府期望的前提下，优化浙江省关联机构的布局。通过综合运用多种策略，并校后的新浙江大学已经巩固了来自中央和地方政府的合法性。同时，两级政府达成继续重点共建浙江大学的协议也使得两类合法性评价者的诉求更加趋于一致。在前期合法性红利支持下，浙江大学得到的资源支持在全国都位居前列，为学校快速发展奠定了坚实基础。合法性强化阶段典型证据见表5-3。

表 5-3 合法性强化阶段典型证据

合法性评价者	获取合法性的策略选择	典 型 实 践
中央政府	关联机制	<ul><li>2012年,浙江大学新农村发展研究院揭牌成立</li><li>与贵州省签署省校战略合作协议</li><li>成立土地与国家发展研究院</li><li>与云南省签署战略合作协议</li><li>与新疆建设兵团签署全面战略合作框架协议</li><li>与广西北海市签署战略合作框架协议</li><li>2015年加入"国家司法文明协同创新中心",成为四家成员单位之一</li></ul>
地方政府	关联机制	<ul><li>与杭州市政府进行华家池校区的部分土地出让置换</li><li>在义乌建成了浙江大学医学院附属第四医院(义乌院区)</li><li>与舟山市政府共建的浙江大学舟山校区(浙江大学海洋学院)</li><li>投资32亿元与海宁市共建海宁国际校区,与伊利诺伊大学厄巴纳香槟校区、爱丁堡大学、帝国理工学院等合作的国际化联合办学基地</li><li>创建紫金众创小镇,已经入住3 500余家企业,推进创新成果地方转化</li><li>推进宁波"五位一体"校区建设:新建浙大宁波研究院、浙大工程师学院宁波分院和浙大宁波国际合作学院,迁建浙大软件学院,转型提升浙大宁波理工学院</li><li>在余姚成立浙江大学机器人研究院,专注于机器人技术研发以及产业化以及人才培养等</li></ul>
中央政府、地方政府	身份机制	<ul><li>2011年,召开党代会,进一步明确了建设世界一流大学的目标愿景</li><li>在2013年暑期工作会议上凝练形成了"六高强校"战略路径,即培育时代高才、构建学科高峰、打造科研高地、汇聚名师高人、积累文化高度、探索改革高招,开辟了浙江大学建设中国特色世界一流的新境</li><li>2014年,领衔的"煤炭分级转化清洁发电协同创新中心"和"感染性疾病诊治协同创新中心"通过国家认定,为全国38家中心之二</li><li>2014年和2016年启动实施了"百人计划"和"学术大师汇聚计划"</li><li>2014年,作为核心单位参与的"人工微结构科学与技术协同创新中心"和"高端制造装备协同创新中心"通过认定</li><li>2015年开始试行"三位一体"招生,涉及教育学等本科专业</li><li>2015—2016年,学校以"弘扬求是精神,强化责任体系,创新教育模式,培养时代高才"为主题,深入开展了全校教育教学大讨论</li><li>2016年全面启动"16+X"科研联盟建设工作</li><li>2016年成立声誉提升与国际化工作小组,相继启动"海外一流学科伙伴提升计划""世界顶尖大学战略合作计划"等</li></ul>

（四）面向未来的创新实践

近年来，以脑科学、人工智能、合成生物学、精准医学、智慧农业、BIIT（即生物技术与信息技术）融合等为代表的学科会聚趋势愈发明显，正在带动科学技术实现突破，甚至正在实现如20世纪曾经发生过的几次重大科技革命一样的新的剧变。国内部分大学也敏锐感知到科技创新发展趋势，在学科会聚上进行了尝试和初步探索，但距离真正实现共生共享、协同联动的创新生态圈仍任重道远。浙江大学将成为世界一流综合型、研究型、创新型大学设为总体战略定位，也是国内最早探索学科会聚的大学之一。其"综合型"是实现学科会聚的前提条件，即学科齐全且综合实力超群，尤其是重大学科板块的全覆盖，否则综合交叉就是无源之水；"研究型"是表征学科会聚的研究属性，也是人才队伍属性和创新活动层次的保证，主要依托高水平科学研究和高质量研究生教育来实现；"创新型"是学科会聚的内在驱动和体制机制保证，主要指向对重大战略需求的敏感性，以及治理体系和治理能力的现代化，旨在强调一流大学的创新使命及学校运行上的活力和创造性。

1. 顶层战略设计驱动重大学科板块交叉

囿于传统的学科、院系架构，我国大学跨学科、交叉学科以至学科会聚发展相对滞后，在自上而下的、以传统学科为基本单元的资源配置机制占主导的情况下，顶层设计及与之相配套的巨大资源诱导就尤为重要。浙江大学2018年启动实施"面向2030的学科会聚研究计划"，紧密围绕国家战略需求和世界科学前沿，充分发挥多学科综合优势，前瞻布局和重点发展若干学科会聚领域。围绕长远战略目标，该计划尝试构建开放式创新网络体系，打造多学科参与的学术共同体，以及科学、技术和产业的创新联合体。其中，体系化、有组织的规划实施，有助于学校统筹计划任务与"双一流"建设，把政策倡议和顺应学术发展规律充分结合。

目前，会聚研究计划是浙江大学推动学科会聚、打造会聚型学科的核心载体，是对传统学科组织体系应对重大创新需求乏力的功能补充。分两批先后启动脑科学与人工智能、量子计算与感知、生态文明与环境科技创新、农业设计育种、智慧海洋、精准医学、超重力场、新物质创制等八个会聚研究计划。如"量子计算与感知"聚焦量子计算机研发的重大战略目标，依托物理、光电、信电、材料、计算机等多学科力量实施。该计划在短短的两年内初步显现学科会聚效应，已成功研发出具有20个超导量子比特的量子芯片，刷新了固态量子器件中生成纠缠态的量子比特数目的世界纪录,助力中国学者跻身世界量子计算第一梯队。

2. 新型研发机构迭代传统科研模式

长久以来,学科性、小规模、校园内的科研平台往往会落入传统单一学科运行的窠臼,不能实现大跨度学科交叉融合,以应对重大创新需求。所以,以新的知识生产逻辑和组织体系建构的新型研发机构,有利于摆脱物理空间隔阂、传统学科制度和发展范式的路径依赖,往往成为实现学科会聚的尖刀奇兵。新型研发机构的体制机制创新,有助于营造新的多学科会聚制度环境、接轨世界一流科研模式,进而牵引原有学科体系跨越式发展。这也是不少大学与地方政府合作建设或争取国家布局地方研究院、科研基础设施、新体制科研机构的重要动机。

浙江大学正以两个高能级科技创新机构为载体,来全面推动重大学科板块的交叉会聚:一是作为"一体两核"体制下的双核之一参与建设之江实验室,二是与浙江省、杭州市、萧山区合作打造的"浙江大学杭州国际科创中心"(以下简称"科创中心")。之江实验室聚焦网络信息战略领域,谋划布局超级感知、脑机融合、新型芯片、先进人工智能等重大研究平台和重大基础设施,是在浙江省政策扶持下进行新型政产学研合作模式的最新探索。同时,该实验室正在协同引进高端人才、联合培养研究生、合作实施重大项目,努力实现创新合作的叠加效应、放大效应,以带动计算机、控制、光电、信息与电子、医学等学科协同发展。科创中心聚焦物质科学、信息科学、生命科学的交叉会聚和跨界融合,构建面向国家和区域重大战略和国际科技前沿的创新生态圈,打造全球化开放合作的创新生态区和改革试验田。在制度层面,科创中心探索政府、大学、市场多方参与的新体制新机制,利用浙江大学的创新网络资源,充分调动市场主体作用,以创新需求倒逼学科范式、研究范式的重塑。

3. 研究范式变革推动学科范式转型

科学革命的实质就是研究范式变革,人类科学史上先后诞生了实验范式、理论范式、仿真模拟范式三大研究范式。随着 21 世纪信息科学的蓬勃发展,爆炸性增长的数据正成为科学研究的核心资源,基于大数据、人工智能的数据密集型科学发现正成为新一代科学共同体的"第四研究范式"。①

---

① 邓仲华,李志芳.科学研究范式的演化——大数据时代的科学研究第四范式[J].情报资料工作,2013
　(4):19-23.

近年来，浙江大学推动数据密集型科学研究范式对传统学科进行改造，尤其是通过文理交叉会聚的方式打造新文科，塑造"人文社科＋互联网＋大数据＋人工智能＋计算"的会聚研究范式。2017 年，浙江大学启动"大数据＋人文社科"交叉创新项目，支持互联网金融、互联网法律、智慧政府治理、智慧医疗等新兴领域交叉研究。浙江大学研究基础平台在人文社会科学研究范式和研究方法转变中的作用愈加明显，以统计数据分析、民意调查、政策模拟、行为实验、脑科学实验等条件支撑，强化定量分析和实验技术手段。立足重大创新需求和科技前沿领域打造会聚型科研团队，对消除学科隔离、强化板块链接具有实质性牵引作用。"十三五"期间，浙江大学面向国家科技创新重大需求组建了"16＋X"科研联盟，实施了机器人及智能装备、新发突发重大感染性疾病预防与诊治、航空发动机高温合金材料、煤炭清洁发电与资源利用技术等团队预研项目。2019 年启动"双脑＋人文社科"交叉创新项目，作为"脑科学与人工智能会聚研究计划"的建设内容之一，围绕脑与决策、脑与认知、人工智能与应用、意识与伦理四大方向支持 15 个交叉团队建设，进一步扩大了团队协作范围。

4. 学科交叉培养拔尖复合创新人才

科技革命、产业革命、教育革命的相互交织甚至一体化发展已成常态，如新冠肺炎疫情就凸显出我国在公共卫生领域人才培养、科学研究、创新转化等诸多方面的短板。依托多学科优势能够培养应对重大需求的拔尖复合型人才，也为学科会聚可持续发展提供后备人才，有利于在人才培养层面推进学科实质性交叉，因而成为学科会聚融合的重要凭借。所以，交叉学科人才培养可能是学科会聚最持久的源动力。

浙江大学以跨学科科研活动为抓手，着力构建多学科集成与交叉的培养环境与培养机制，近年来实施的"多学科交叉人才培养卓越中心"项目最为典型。项目在医学、工程、农科、人文等重大学科板块之间组织交叉培养平台，配以专项博士生名额，组建跨学科大类的博士生导师团队。从更宽视野来看，浙江大学在专业设置、教材编制、师生合作等方面进行了长期探索，而交叉培养的深度合作进一步推动了跨学科的深度融合，催生了新的会聚型学科方向。以人工智能专业为例，本科专业依托图灵班，人工智能工程博士专业依托教育部人工智能协同创新中心进行培养。特别是浙江大学 2019 年获批率先设立人工智能交叉学科，招收工程专业学位博士，研究方向包括"人工智能＋控制""人工智能＋创新技术""人工智能＋认知心理学/逻辑认知/伦理/法学/药学/教育学/金融学"等,采用学科交叉、组建交叉学科导师组等方式进行研究生培养。同时,浙江大学积极参与"新一代人工智能系列教材"建设,组织相关学科院士、专家和教授,三年内陆续出版 20 本高水平的人工智能类专业教材,引领国内人工智能人才培养,并成为多学科高端智力交流碰撞的契机。

三、中国特色世界一流大学的未来

世界一流大学可能有中西之别、时代之异,即不能完全按照西方当前所谓世界一流大学的模子来塑造中国的一流大学;但是,坚持面向世界科技前沿、坚持面向经济主战场、坚持面向国家重大需求、坚持面向人民生命健康,是达到"一流标准"的必经之路。

(一) 扎根中国：本土化与全球化对立统一

阿特巴赫(Philip G. Altbach)在《世界一流大学的成本与收益》一文中分析了世界一流大学具有的相关特征：卓越的研究、优秀的学者、学术自由和知识分子愉悦的氛围、追求知识的自由、学者自治、持续而充裕的公共财政支持等[①]。他还曾对高等教育的边缘和中心进行分析,揭示了西方发达国家与第三世界国家在高等教育上的中心与边缘关系,认为中心和边缘的大学是一种被依附与依附的关系。对第三世界国家来说,教育的全球化更多地意味着引进西方发达国家的教育经验和教育模式[②]。在认识"世界一流大学"这一问题时,这种现象就有所突显。人们在讨论一流大学时更多地是在西方语境下的一种认识和模仿,更多地是落在科研水平量化为主要评价指标上。在探讨发展方式时,纷纷把目光聚焦在西方特别是美国的世界一流大学,将哈佛大学、耶鲁大学、斯坦福大学等校作为标杆,制定种种衡量"世界一流大学"的指标体系,并对照着指标体系寻找差距。当然,作为后发国家,学习和借鉴先进国家的经验是需要的。然而,如果想要真正实现一流的目标,就必须根据本身的实际情况,综合各种有益经验,创造性地走出适合自己的路。

---

① 肖地生.中国高等教育发展进程中的世界一流大学建设[J].江苏高教,2007(6)：30-34.
② 牟超兰,田恩舜.阿尔特巴赫依附论高等教育思想述评[J].江苏高教,2006(1)：145-148.

办好中国的世界一流大学，必须有中国特色。没有特色，跟在他人后面亦步亦趋，依样画葫芦，是不可能办成功的。这里可以套用一句话，越是民族的越是世界的。世界上不会有第二个哈佛、牛津、斯坦福、麻省理工、剑桥，但会有第一个北大、清华、浙大、复旦、南大等中国著名学府。我们要认真吸收世界上先进的办学治学经验，更要遵循教育规律，扎根中国大地办大学。（2014 年 5 月 4 日，习近平总书记在北京大学师生座谈会上讲话）

自民族国家出现以来，回应国家需求就成为各国大学的一项重要职责和使命。中国大学、学科建设的目的不是为了实现几所大学、若干学科在世界范围内达到一流的位置，而是为了满足国家经济、社会发展以及人民对优质高等教育期盼的整体需求，应当把国家需求贯穿始终。[①] 世界一流大学首先是民族的，然后才是世界的。评价一所大学的世界地位主要是从其在各自国家所发挥的作用以及在整个世界所担任的角色两个方面进行，而前者是评价的根本。评价一所大学是否是世界一流大学，更应注重该大学在本国建设中的作用与贡献，而不是简单地在世界不同国家之间进行横向比较。新时代的中国大学，特别是高水平大学要以服务国家和区域重大发展战略为根本办学使命，在此过程中增强办学活力和能力，并获得办学所需资源。中国特色与世界一流是辩证统一的，只有立足中国实际，走中国特色发展之路，彰显独特性和民族性，才能建成世界一流大学与一流学科；只有以世界一流为标准，瞄准世界一流，不懈努力奋斗，才能与世界一流大学平等交流对话，跻身于世界一流大学之林。

（二）制度重构：时代呼唤现代大学治理模式

大学治理（university governance）通常指"大学内外利益相关者参与大学重大事务决策的结构和过程"[②]。大学有效治理表现在形式有效性和实质有效性两个维度上：形式有效性是指以参与原则判断大学权力配置是否满足利益相关者的民主诉求；实质有效性是指以效率原则鉴别大学内外部治理结构和议事决

---

① 李冲，苏永建. 话语转换与价值重塑——"双一流"建设的生发逻辑与评估的困境解构[J]. 大学与学科，2020(02)：76 - 85.
② 刘献君. 序//于杨. 现代美国大学共同治理理念与实践[M]. 北京：中国社会科学出版社，2010：(序) 1.

策程序是否有利于大学达成其使命——追求学术真理和公共利益[①]。历史上，西方国家政府和大学为了提高大学治理的有效性，不断调整、完善大学治理结构，优化治理过程。一方面，大学治理改革以参与原则调整治理结构，回应各层次利益相关者的民主诉求，提高了大学治理的形式有效性。另一方面，政府和大学以效率原则重构政校关系，赋予大学更多的自主权，提高大学决策的自主性；同时削减教授权力、缩减决策机构规模，强化校级管理能力，并重视在"最低程度的程序正义"基础上规范决策机构的议事程序，提高了大学治理的实质有效性[②]。

"双一流"建设应把完善现代大学制度建设放在首位，结合外部环境、自身组织特征、总体目标，实现从传统管理向战略管理转变，主动寻求政府、市场和社会多方面的支持，协调行政权力和学术权力之间的关系，切实推动治理体系和治理能力现代化。[③] 应当看到，大学治理模式改革具有复杂性和艰巨性，"双一流"建设与现代大学制度推进是一个长期的共生共长关系，也因此决定了"双一流"建设的长期性。[④] 未来治理体系改革应该注重协调内部和外部各种办学关系，理顺各方面体制机制和业务流程，明晰各类制度规范和行为规则，形成与世界一流大学相匹配的治理架构和硬软件环境。

（三）持续创新：坚持走内涵式发展道路

全球高等教育大致包括两种成长逻辑：一是自然演化逻辑，以英美高等教育体系为代表；二是建设逻辑，以欧洲大陆高等教育体系为代表。中国建设世界一流大学，必须结合建设逻辑与演化逻辑，以建设逻辑创建指标意义上的世界一流大学，以演化逻辑培育文化意义上的世界一流大学，最终由建设逻辑过渡到演化逻辑，从简单的定量比较走向内涵发展。[⑤] 十九大报告中也强调："加快一流大学和一流学科建设，实现高等教育内涵式发展"。应当清醒地看到，我国高等教育整体实力和发达国家相比还有不小差距，甚至尚未有可比肩全球一流水平

---

① 朱家德. 现代大学章程的分类研究——基于章程文本内容分析的实证研究[J]. 中国高教研究, 2011 (11): 49-56.
② 朱家德. 大学有效治理：西方经验及其启示[J]. 高等教育研究, 2013(6): 29-37.
③ 耿有权. 论美国世界一流大学建设模式的战略构建[J]. 外国教育研究, 2010(10): 27-32.
④ 王洪才. 现代大学制度：世纪的话题[J]. 复旦教育论坛, 2011(02): 24-26/34.
⑤ 吴晓求. 世界一流大学与国家发展：历史与逻辑——在中国教育发展战略学会高等教育专业委员会 2019 年学术年会的发言[J]. 中国人民大学教育学刊, 2020(01): 5-18.

的高度教育机构，而加快追赶应从内涵方面着力，而非以全球可比较指标这种大学发展的表象为中心。

　　科学研究水平是凸显学校内涵式发展和竞争优势的重要表征，也是世界一流大学的显著特征。其中，学科创新能力是学校整体科研水平不断提升的关键。在21世纪科学发展潮流中，中国大学既要做好对先进技术的"引进—消化吸收—再创新"，还要重视在科学技术上的原始性创新。大学应深刻把握全球范围基础研究、科技发展、产业变革前沿趋势，致力于基本思想理论和科学技术前沿的创新，加强战略性、全局性、前瞻性问题研究，完善科研组织方式和运行管理机制，涵育优良学术生态，提高科研品质内涵，争做国际学术前沿并行者乃至领跑者。以创新回应国家发展重大需求，主动推进创新全球化、网络化和协同化，面向世界科技前沿、经济主战场、国家重大需求和人民生命健康，以全面创新驱动全面发展，在科技创新、知识创新、文化创新、办学模式创新等方面敢为人先，构建创新策源地，引领创新范式变革，优化创新发展环境，在全球创新竞争中做出更大贡献，进一步打造更加卓越的创新生态系统。浙江大学2035远景目标参见专栏5-3。

专栏5-3　浙江大学2035远景目标[①]

　　按照浙江大学"三步走"战略，"第二步"目标是到2035年左右，学校跻身世界一流大学前列，高峰学科数量全国领先，更多学科进入世界一流前列，若干优势学科领域达到世界顶尖水平，汇聚一批具有世界影响的学术大师和顶尖人才，教育和创新模式走在全国高校前列并产生重要国际影响，办学水平和全球声誉广受认可，成为推动世界高等教育改革和学术发展方向的重要力量。

　　——形成声誉卓著、具有引领性效应的育人品牌。基本建成浙大特色的开环育人体系，教育改革创新引领世界潮流，人才培养能力跻身世界一流大学前列，校友中不断涌现各行各业的开拓者及领军人才，成为具有国际竞争力、适应国家现代化建设的拔尖人才培养摇篮。

　　——形成贡献卓越、具有强大策源力的创新高地。基本建成引领未来、支撑发展的卓越创新生态系统，前沿基础研究、颠覆性技术创新和哲学社会科学研究

---

① 本专栏详细内容参见：《浙江大学"十四五"发展规划》，http://fzghc.zju.edu.cn/.

实现重大突破，成果转化和社会服务能力享誉全球，取得一批具有世界级影响的原创学术成果，成为支撑国家自立自强的战略科技力量。

——形成更高质量、具有国际竞争力的学科生态。基本建成综合交叉、群峰竞秀的一流学科体系，高峰学科数量全国领先，一批学科进入世界一流前列，若干优势学科领域达到世界顶尖水平，汇聚一批具有全球影响的学术大师和顶尖人才，杰出青年人才不断脱颖而出，成为名师大家辈出的世界学术殿堂。

——形成特色鲜明、具有全球开放性的办学体系。基本建成接轨全球前沿、服务国家战略和对接区域目标的开放办学体系，全方位深度融入全球高等教育和创新网络，形成匹配世界一流大学前列的国际声誉和影响力，成为全球开放发展的高校范例。

——形成科学高效、具有现代示范性的治理模式。基本实现大学治理体系和治理能力现代化，关键环节的改革创新走在前列，数字化赋能的整体智治局面基本定型，成为中国特色现代大学制度建设的标杆。

第三篇　反思与展望

　　走过千山万水，经历过百转千回，才知最真最美。对于多年来追求世界一流梦想的中国顶尖高校而言，道理一样。一味学习已有的世界一流大学经验，在许多方面已经遇到瓶颈（如预聘—长聘制度）；宏观体制的制约，也让许多改革的良好初衷不能实现（如跨学科研究）。不得不说，虽然以指标为表征的一流大学建设已经取得了历史性进步，但不少涉及高质量、可持续发展的关键性问题仍然没有破解。如大学与社会之间的界限在哪里，在中国还没有得到很好的回答。举个具体例子，大学究竟应该聚焦于创新链条的哪个环节或者哪一段，进而不同类型大学（当然这个也不明确）应该有何区别，是很模糊的。这就造成了大多数大学都在干着差不多、全领域的事情，即所谓"千校一面"。与回答"究竟是先建成经济中心还是先建成创新中心、人才中心、科学中心"的问题一样，世界一流大学的实现是主动谋划的还是自然生成的也是个根本性的问题。我们相信，随着民族复兴进程的快速推进，中国建设世界一流大学的各种模糊问题可能在未来逐渐明晰。

第六章
阻碍一流实现的沉疴痼疾[①]

　　题记：世界一流大学应该具有独特魅力和别样精彩，通常拥有培育英才的远大理想、引领创新的精神文化、有效治理的制度环境等，这些都理应成为中国大学的世界一流追求的核心要义。如前，近年来中国高等教育改革与发展举措频出，部分顶尖大学实现了快速发展，不断讲述着高度教育发展的"中国故事"。但也不难发现，真正实现一流还面临着体制机制、办学资源、学风作风等方面短期内难以破解的难题。如以学科为单元的评价与资源配置机制，使得交叉学科发展或跨学科研究难以推动；缺乏科学精神以及对学术本真的使命追求，使得各种具备良好初衷的改革举措效力被消耗殆尽；长期以来办学上高度重视对政府负责，造成大学追求卓越的自我驱动机制不足，并表现为与社会间的深层互动不够。在中国建设世界一流大学，需要坚守不同于西方大学的理想信念和发展道路，也需要克服阻碍一流实现的顽瘴痼疾，注定要进行诸多新方向新路径新体系的改革和探索。本章聚焦精神文化、创新驱动、评价导向三个方面，阐释创建世界一流大学过程中需要不断突破的深层次矛盾。

　　过去二十年，是中国大学群体迈向世界一流大学的"黄金期"，一批高水平大学在可比指标上已经进入世界一流大学行列，甚至部分大学已经比肩世界一流前列大学。但是，如何从指标意义上的一流大学，转变为内涵意义上的一流大学，中国大学依然挑战艰巨、重任在肩，必须保持头脑的清醒和战略的定力，尤其

① 本章撰写组：徐贤春、吴伟、臧玲玲、刘智等。

要认识到还面临阻碍一流实现的沉疴痼疾，这是未来一流大学建设必须突破的更深层次的瓶颈。

一、精神迷失：缺少有灵魂的卓越

纵观世界高等教育发展历程，大学精神是驱动一所大学创新发展的力量源泉，是学校、学科、学者、学生一脉相承的文化基因。何为世界一流大学？回答这个问题，要看到世界一流大学不仅是各种量化的指标排名和重大的创新贡献居于前列，还必须看到世界一流大学都有独特的精神特质，也就是世界一流大学都是有灵魂有精神的主体，对大学核心价值和理想信念的坚守才最终塑造成就一流大学。从历史角度看，以欧美发达国家为主的世界一流大学传承、发展了古希腊古罗马的博雅教育思想、德国洪堡的研究型大学理念及美国威斯康星大学的社会服务精神，这些精神文化基因都印在大学血脉中。而中国的大学亦有独特的历史传承、文化传统和时代使命，正如中国科学院院士、浙江大学原校长杨卫在《中国教育报》上撰文所说，"新时代的大学精神，既不应是西方大学理念的仿制，也不应是儒家书院传统的回归，而应该体现中国特色、时代精神和文化特征"①。中国特色的一流大学精神和文化，应该要具备三个方面的特质：一是积极进取精神。随着中华民族伟大复兴及中国在世界舞台的崛起，中国的高水平大学将瞄准世界一流大学目标持续奋斗，引领未来国家发展，为创新型国家建设和科技自强自立做出重大贡献，继而实现整体屹立于世界学术之林；二是文化包容精神。中国的一流大学将自觉传承中华优秀传统文化并予以新的提升，赋予其新时代的科学与人文内涵，体现中外贯通、文理交融、经纬交织、兼收并包的精神；三是求是创新精神。中国的一流大学要沿着"博学、审问、慎思、明辨、笃行"的求是路径，不断追求真理、开拓创新。

中山大学原校长黄达人在其著作《大学的声音》中对中国的一流大学主要领导做了很多有趣的访谈，其中几乎每位校长或书记都谈到了精神和文化。正如清华大学原校长王大中所说"清华百年历史证明，大学精神是大学的灵魂和动力"②，浙江大学原校长杨卫也说"大学精神是推进世界一流大学建设的灵魂，是

① 杨卫. 塑造新时代的大学精神［N］. 中国教育报，2011 - 05 - 03.
② 黄达人. 大学的声音［M］. 北京：商务印书馆，2012：294.

指明高校前进方向的灯塔"①。拥有一流大学精神和广受认同的校园文化,这样的大学才是有灵魂的。高等教育发展必须一手抓硬性指标——师资、设备、校园、经费等,一手抓软性指标——大学精神、文化、价值观等,两者缺一不可。我国高校在加速迈向世界一流大学的进程中,离不开追求有灵魂的卓越,但事实上普遍存在"精神迷失"的问题,比如重科研轻教学(缺育人文化)、重"短平快"成果发表轻"0-1"原创贡献(缺科学家精神)、重人才引进轻人才培育(缺人文关怀和师德师风)、重评估排名轻质量内涵(缺理想信念和文化自信)等现象,纵观一流大学的精神与文化建设,最突出的问题通常表现为人才培养的边缘化、学术精神的式微和文化自信的缺失。

(一) 文化自信的缺失

文化自信是大学办学的应有之义。中国式世界一流大学,必须坚持"中国特色"与"世界一流"的辩证统一,而这个"中国特色"除了体现为在中国创办世界一流大学的基本制度和发展道路不同于西方国家,还体现为中国特色的文化自信在一流大学建设中发挥着强大的支撑引领作用。国务院印发的《统筹推进世界一流大学和一流学科建设总体方案》明确提出"双一流"高校建设任务之一便是要传承创新优秀文化,通过加强大学文化建设,从而增强文化自觉与制度自信,在传承与创新中华传统优秀文化、社会主义先进文化的基础上,推动社会主义先进文化建设。但是总体上,当前"双一流"建设高校高度重视一流的科研、人才、学科等"硬实力"建设,对一流的大学使命、精神文化等"软实力"建设普遍重视和研究不够,同时我国一流大学建设也存在"千校一面"的趋同现象,缺乏坚持各校独具魅力办学特色的精神定力,背后则反映出中国特色世界一流大学文化自信的不足。

中国高校要建设世界一流大学,当然要努力进入目前西方国家主导的一流大学圈子,但是却不能完全被西方的学术标准、学术范式和学术治理"牵着鼻子走",必须要走自己的道路。当前我国还存在着围绕西方大学和学科评估标准的指挥棒建设一流大学,一味追求"国际发表""国际被引"等量化指标,轻视人文社会科学的倾向,更为严重的是片面强调西方话语体系的"学术本位",不能建构具有当代解释力的中国自主知识体系。如果不能坚持学术文化自信,构建中国特

---

① 黄达人.大学的声音[M].北京:商务印书馆,2012:387.

色、中国风格、中国气派的学科体系、学术体系和话语体系，中国大学将始终缺乏建成世界一流大学的学术文化自信和精神支撑。

大学作为培养一流人才的摇篮，其根本使命是为社会输送能担当民族复兴大任的高素质的时代新人，所以大学的人才培养不仅是知识传授和能力训练，而且要通过思想启蒙和文化熏陶，培养有思想、有灵魂的劳动者和接班人。2017年12月5日，中共教育部党组关于印发《高校思想政治工作质量提升工程实施纲要》(教党〔2017〕62号)指出，要深入推进文化育人，以及推进中华优秀传统文化教育等系列举措。但是当前不少高校仍然存在"重知识训练、轻文化育人"现象，有的是缺乏文化育人的有效载体，有的则是缺乏承担文化育人功能的人文学科，这些学校的文化建设往往还只是停留在表面的符号上，没有浸润学生的头脑和内心，自然无法实现以文化人、以文育人的效果，也难以承担培育时代新人的重任。

一流大学常常被比喻为"文明的灯塔"，其独特的大学精神和文化往往能够引领崇德向善的社会风气。大学对于社会而言是精神文化的领航者，是能够让人净化心灵、开阔眼界、引领思考的神圣殿堂，不仅要培育思想、传播学识，更重要的是为社会提供道德的指向牌，培养合格公民，推动社会进步，增强国民的文化自觉和制度自信①。虽然近年来中国大学十分重视融入社会和服务社会，但是以一流大学精神文化来引领社会风尚和文明进步的意识与能力还不够强，大学还不同程度上受到不良社会风气的侵染，这些都是大学治理在精神气质和文化自信方面的不足。

(二) 人才培养的边缘化

教育始终承担着为本民族培养传承文化、创新济世的优秀人才的重大使命。中国式世界一流大学建设，必须始终牢记把人才培养作为首要任务，旗帜鲜明地认真回答好"培养什么人，怎样培养人，为谁培养人"的根本问题。国家担当、社会责任是中国教育的优良传统，也是中国现代大学的教育基因与精神底色。其中《大学》开篇就讲"大学之道，在明明德，在亲民，在止于至善"。这种精神和使命使得中国大学不同于西方的象牙塔，特别是中国近代大学诞生于民族危亡、国衰民弱之际，中国大学更加关怀国家和民族的命运、重视培育报效祖国的栋梁之

---

① 杨琼，杨朝斌. 试论"双一流"建设背景下大学文化的传承与发展[J]. 大学教育，2020(12)：40-49.

才,中国大学精神的发育和大学制度的形成有着与西方国家迥然不同的情境。因此,人才培养的关键问题在于是铸就什么样的魂,这关系到育人的成败。铸魂是每个时代意识形态统摄思想、塑造灵魂的本质要求,而从国家性质、社会发展形态和时代要求总体来看,当代中国社会意识形态所铸育的是以马克思主义为信仰导向,以中国特色社会主义为根本属性,以中华民族共同价值体认为共识基础,以中华民族共有精神家园为独特标识,以当代世界文明发展为成果借鉴的当代"中国魂"①。

我国高等教育肩负着培养德智体美全面发展的社会主义事业建设者和接班人的重大任务,必须坚持正确政治方向。高校立身之本在于立德树人。只有培养出一流人才的高校,才能够成为世界一流大学。办好我国高校,办出世界一流大学,必须牢牢抓住全面提高人才培养能力这个核心点,并以此来带动高校其他工作。(2016 年 12 月 7 日,习近平在全国高校思想政治工作会议上的讲话)

人才培养是一个系统工程,需要举全校之力共同实施,需要形成良好的全员、全过程、全方位的育人生态。但在实际工作中,人才培养通常被认为是某些部门的职责,缺乏系统的规划和前瞻的布局,难以形成校内各部门的合力和统一的工作平台,体系化的支撑也普遍缺乏。在中国大学教育教学改革实践中,更多的从管理侧、教师侧进行改革,基于学生侧的改革动力普遍缺乏,以学生成长为中心的育人体系还没有真正建立起来。比如目前的大学考试评分普遍要求考分服从正态分布,为什么必须要有一定比例的学生考分为很低档或不合格,这并没有充分的理论依据,而是教学管理的"一刀切"驱动。

世界一流大学,无不将人才培养摆在至关重要的核心位置。尽管党中央、教育主管部门反复强调人才培养是大学的根本使命,但是重科研轻育人的现象一直在高校中存在,至今没有从根本上转变。中央首轮巡视反馈意见显示,不少高校存在"重科研轻教学、重智育轻德育"的倾向。一般来说,高校教师对于科研、教学在时间精力投入上的倾向行为选择,很大程度受到政策/资源配置、评价/激励机制的影响,现行的政策制度和评价指挥棒通常以科研为取向,使得大学教师

---

① 李忠军. 当代中国铸魂育人问题论析[J]. 社会科学战线,2016(6):1-8.

出于理性经济人假设自然便会在科研活动中投入更多的时间和精力。这种现象可以归结于育人文化的缺失，教学文化建设也是目前人才培养工作的"短板"，所以切实改变"重科研轻教学"现象，促进教师教学发展，将成为高等教育改革的一个重要方向。

党的教育方针明确要求，"坚持教育为社会主义现代化建设服务、为人民服务"。近年来我国在高速铁路、北斗导航、大飞机、云计算等方面的重大突破，其背后无不来自教育的强大推动力，我国自主培育的优秀人才逐渐成为科技创新的主力军。但是，社会上功利主义、金钱至上的浮躁心理还是渗透到了高等教育，并逐渐侵蚀青少年的心灵，使得教育的主旨发生偏差、育人的目标变得模糊。近年来教育界存在着"失去灵魂的卓越"功利主义，和一些精致利己主义者的现象，如果不加以重视，将严重侵蚀为社会主义事业培养优秀人才的根基。

(三) 学术精神的式微

现代大学自诞生以来，就以涵养学术精神成为人类精英心驰神往的殿堂，大学因此成为万众景仰的"象牙塔"。就学术精神而言，国学大师陈寅恪曾有两句精辟的名言，一句是"我以为研究学术，最主要的是要有自主的意志和独立的精神"，另一句是"士之读书治学，盖将脱心志于俗谛之桎梏，真理因得以发扬"。显然潜心于纯粹学术的科学大师们，大概都葆有这种自由心志和独立精神，保持对宇宙奥秘和人类社会的纯真好奇心，因而才能摆脱世俗枷锁的桎梏，做出传承万世的学术成就。但是今天的大学不再是与世隔绝的"象牙塔"，而是和国家命脉紧密相连，与经济社会深度融合，大学里的学者也很难做到"脱心志于俗谛之桎梏"。当今大学学术精神在内涵上已和古典大学产生了巨大分野，表现为在纯粹学术图景中加入了更多的功利主义色彩，这并非意味着完全不好，而是表明现代大学具有更加开放、包容、多元的特征。但也不可否认，在大学与世俗的深度互嵌中，一部分学者的确迷失了学术初心，丧失了学者应有的独立精神，不能维护科学真理和学术发展方向。

科学成就离不开精神支撑，而科学家精神则是大学学术精神的重要内核。新中国成立以来，包括高校教师在内的广大科技工作者在祖国大地上树立起一座座科技创新的丰碑，也铸就了独特的精神气质。历史上我国科学家一直有着敢于创新、爱国奉献的优良传统，从钱学森、邓稼先、王淦昌等老一辈科学家，到黄大年、南仁东、钟扬等新时代榜样，真正践行了"一片赤心惟报国"的爱国之心，他们舍弃名利、以身许国,奉献毕生智慧和心血推动科技进步和国家发展。正是在中华民族伟大复兴事业的感召下,国家利益和人民利益的现实需要,成为一代又一代科学家投身科学事业的内在动力。但同时不可否认,科学家也是普通人,社会上一些浮夸浮躁、投机取巧、同行相轻等不良风气也会渗透进科学家群体,极少数人坐不住冷板凳,热衷于社会活动,在学术上乏善可陈,却在其他方面钻营算计,追名逐利,弄虚作假。这些人的不良行为,背离了科学家精神,极大损害了科学家群体的形象。弘扬科学家精神,需要在爱国奉献、求实创新、协同育人等方面有针对性地提升。

爱国奉献精神是激发大学科研工作者投身创新的磅礴无比的情感力量。当前,面对各种"卡脖子"的关键核心技术短板,如果没有以强烈爱国精神争生存、求发展,在短时间内迎头赶上是很难的。唯有从这种生存意识和危机意识中激发精神力量,才会使得科研人员像老一辈科学家那样,坚定不移地创新寻求突破,化不可能为可能。但在大学的学术圈中,确实存在一些人心中没有祖国、眼里没有人民,抱着"小富即安"的思想,做点小课题,发点小文章,争点小利益,还有一些人整天盯着国外的研究,亦步亦趋、低水平地重复,既缺乏开拓性引领性原创思考,又缺乏对国计民生重大需求的关怀,对国家科技进步和国民经济发展没有实质性贡献。

发现与创新的过程,是一个不断猜想、论证、反驳、修正和提出新假说的科学过程。要实现原始创新并将其转化为独创性的科技成果,既要有理论创造的勇气,更要有严谨实证的态度,必须接受严格的实证检验,必须尊重科学研究的规律。脚踏实地、实事求是历来是中国大学的底色,绝大多数科研成果经得起时间和实践的检验,求真的精神、严谨的态度更展现着熠熠生辉的科学精神。但也要看到,大学还存在不少学术不端、违背科研诚信的行为。比如,学术抄袭、论文造假、侵占他人成果、伪造学术身份、骗取科技补贴等等,而近年来在国际知名刊物上因学术不端造成的撤稿事件频频发生。2017年4月20日施普林格·自然出版集团宣布撤回旗下《肿瘤生物学》期刊107篇发表于2012年至2015年的论文,而这些论文全部来自中国作者,其中大多数来自中国大学。这说明,尽管我国针对学术不端行为的监管制度体系已经逐步健全,但是在末端加强对学术不端和不良学风的惩治,科学诚信和学术道德建设依然任重道远。

二、动力不足：缺乏引领未来的能力

　　纵观高等教育发展历史，每次大学办学理念、学术范式的演进都带来高等教育的繁荣，也对应着世界科学中心、文化中心的转移。传统的中世纪大学以教学育人为根本，使得欧洲成为世界的文化中心、教育中心，当时的德国因为开创了科研与教学融合的先河，快速立足于世界科技和教育的前沿。20世纪以来，美国大学继承中世纪大学重视博雅教育的传统，同时引入德国研究型大学的风气并进一步创新发展，一跃成为引领世界高等教育和学术发展的强国。尤其美国的斯坦福大学，在研究型大学基础上强化了社会服务功能，注重服务国家和引领创新创业，不仅快速跻身世界顶尖大学行列，而且推动形成了以孵化高科技企业闻名于世的硅谷。世界一流大学是一个综合性的复杂系统，其发展的动力主要来自两个方面：一个是外部的社会需要，一个是内在的追求卓越，这两种动力机制共同驱动世界一流大学的形成与发展[1]。总体上，世界一流大学是个动态演化的群体。在知识经济时代，大学只有不断地创新才能在复杂多变的环境中得到更好的发展并获得广泛认可，现代大学向创新型大学转型的关键在于将"创新能力建设"作为组织的核心理念和行动目标[2]。

　　近二十年，是中国高等教育大发展的跨越时期，特别是涌现出一批高水平研究型大学，其在国家"985""211""双一流"等重点计划支持下快速崛起，在人才培养、科学研究、大学治理各个方面都取得了显著的成效。在这个阶段，一流大学建设的动力机制主要来自财政投入推动和考核评价压力。在"两个大局"交织激荡的背景下，我国进入社会主义现代化建设的新阶段，国家和区域经济社会发展都迫切需要高等教育提供强大支撑。进入"双一流"建设的新时期，中国特色世界一流大学建设亟须加快动能转换，通过强化教育创新、学术创新和治理创新，用变革的力量驱动质量提升和内涵发展，形成创新驱动发展的新格局。

（一）育人理念和模式创新不够显著

　　一流大学是以培育引领未来的时代新人为办学使命。长期以来，教育的改

① 李枭鹰.世界一流大学的本质特征与发展动力——复杂性科学的视角[J].开放教育研究，2007(1)：14-17.
② 王建华、黄文武.创新能力建设：大学治理的新挑战[J].西北工业大学学报(社会科学版)，2019(3)：57-64.

革创新一直是推动一流大学发展的重要动力。现代意义上的大学发展起点是德国的柏林大学,其首次倡导教育与科研相结合的主张,引发研究型大学的教育范式变革,之后集中了一批卓越的教育和科技人才,最终发展成为世界一流大学的楷模。美国哈佛大学首创核心课程体系,实行学分制教学,一直引领世界一流大学的教育创新。美国斯坦福大学近年来提出了"开环大学"的教育理念,在年龄、学制、课程、周期、标准等方面实施彻底的改革,以全新的教育模式颠覆了传统的大学教育。

近年来,在高等教育强国战略和在"双一流"建设的引领下,我国高水平大学的教育创新不断走向深入,涌现出丰富的教育创新成果和实践范例。比如清华大学的教育改革一直引领我国高等教育创新,其早在 2015 年就制定《清华大学关于全面深化教育教学改革的若干意见》,提出教育综合改革 40 条举措,在2021 年又出台《清华大学关于在新发展阶段进一步深化研究生教育改革的若干意见》,提出了交叉培养、本研贯通培养、科教融合培养、教育教学评价改革等重大举措。但是我国高等教育人才培养长期存在的深层次结构性矛盾还没有真正破解,现有的拔尖人才培养模式依然没有走出传统大学教育的框架,没有形成与时代发展相适应的创新性育人理念和模式,一些制度瓶颈和短板问题亟待突破。

"以学生为中心"是现代教育的基本理念,当前已成为世界一流大学寻求变革和突破的发展趋势,同时服务学生成长与发展又是大学教学管理的出发点和落脚点①。2010 年颁布的《国家中长期教育改革和发展规划纲要(2010—2020年)》指出,要以学生为主体,以教师为主导,充分发挥学生的主动性,把促进学生健康成长作为学校一切工作的出发点和落脚点。虽然"以学生为中心"已经成为广泛接受的理念,也是我国高等教育的基本要求,但从近十年的发展历程看,我国高校在认识上和实践上尚存在欠缺。长期以来,不少学校奉行"以教师为中心"的理念,体现在课程设置和教学内容仅考虑教师本身的知识背景,在教学方法上以灌输式、填鸭式为主,从而忽视了学生培养的主体地位和诉求,这种状况必须尽快扭转,要系统性重塑"以学生为中心"的教育体系,并切实落实到专业和课程建设、教学和学习评价等各方面的管理服务环节。

---

① 李永,黄华芳,胡倩.以学生为中心:高校"双一流"建设的未来转向[J].天津市教科院学报,2020(5):62-67.

当前，新一轮科技革命、产业革命和教育变革交织演进，为新时代的教育创新带来了前所未有的机遇和挑战。特别是人工智能、互联网、大数据等前沿技术的创新发展，有力推动了现代教育教学方法的更新，形成了"教育＋X"的新范式。在此背景下，无论是传统的精英大学还是不走寻常路的新型大学，都在跟随新时代的潮流努力作出变革，有的试图颠覆或引领教育的创新。比如美国的密涅瓦大学号称要"颠覆哈佛"，他的创始人之一正是哈佛大学前校长劳伦斯·萨默斯，这所学校通过先进的在线主动学习平台、融合学科专业的课程设置①、全球化学制②等，真正实行了颠覆性的教育范式变革。近年来，尽管我国高等教育加快教育教学方法改革步伐，但总体上教师的教学方法和教学理念上仍较为落后，其教学模式依然陈旧，缺乏现代化教学方法和教学手段的运用，教师教学和学生学习的体验感较差。实际上，有部分老师和学生"用脚投票"作出了选择，在传统高等教育机构之外开课讲学、接受教育，呈现场景的泛在化趋势，反映出当前高等教育正萌发一种技术驱动教学改革的趋势，或许将倒逼大学课堂和教学方法进行创新变革。

（二）学术研究的创新性和影响力不足

大学是知识生产和传播的场所，是指引人类文明演进方向的象牙塔。纵观高等教育发展历史，大学的变革特别是一流大学的变迁往往是学术创新驱动的。早期的研究型大学产生于欧洲，当时的欧洲也是全世界的科学中心。19世纪末20世纪初，美国大学后来居上完成了从知识教学向学术研究的蜕变，通过从传统学院向现代大学转变的"学术革命"，实现了美国研究型大学群体的崛起，并推动了世界高等教育中心和科学中心从德国向美国的转移③。显然，一流的学术创新活动赋予研究型大学旺盛的生机活力，同时也极大提升了大学推动经济社会发展的能力。

当前，我国把创新摆在现代化全局的核心位置，正在全面部署打造国家战略

---

① 密涅瓦大学对课程体系进行变革，通识教育被列为四大基石课程，每一门课均看不出某个单一学科的痕迹，比如"复杂系统分析"，由美国著名心理学家、密涅瓦社会科学学系主任戴安·海澎主讲，指导学生在不同体系之间建立联系，以创造性测量解决问题。

② 密涅瓦大学实行了一种全新的学制，即四年本科学制分布在全球七大城市，包括印度孟买、阿根廷布宜诺斯艾利斯、中国香港、德国柏林、英国伦敦和美国纽约等。

③ 袁广林.基础科学研究乃世界一流大学建设之要——罗兰《为纯科学呼吁》的解读与启示[J].学位与研究生教育，2021(5)：80－86.

科技力量,加快推进创新型国家和科技创新强国建设,而构建一流大学群体正是中国式现代化进程的关键战略支撑。面对国家打造世界主要科学中心、重要人才中心和创新高地的战略部署,我国一流大学肩负着新时代的创新使命,既要高水平服务国家创新驱动发展战略,又要勇攀世界科学高峰,这也是我国大学迈向世界一流行列的必由之路。应该说,近年来我国大学在学术创新方面进步是非常显著的,学术产出规模已经达到世界顶峰,化学、材料、物理、工程等学科整体水平明显提升,在量子信息、干细胞、脑科学等前沿方向上取得一批重大原创成果。但是也要看到,我国大学的原始创新和颠覆性创新能力还不突出,从 0 到 1 的重大原创成果还不够多,很多领域的学术发展还处于跟跑状态,科技成果转化效能还不够高,这些问题都是我国大学攀登世界一流高峰的障碍。

一流大学首先是具有创新禀赋的大学,知识创新对于一流大学而言就是生命线,其培养的高质量的创新人才和科技创新成果,是构建一国科技发展水平和自主创新力的生力军[①]。大学在知识创新方面的开拓进取主要体现在发展基础研究和建设基础学科两方面。一方面,在整个国家创新体系中,大学承担的任务主要是基础研究,因此更加需要重视基础前沿领域的原始创新和知识创造。长期以来,我国的大学对于基础研究的重视程度不够,无论是经费投入还是教师规模都充分表明这种情况还没有根本改变。当前面临的关键领域的"卡脖子"问题很多也与基础研究能力不足有关,正因此华为公司任正非强调大学"要专注在基础科学研究'向上捅破天'",然而我国大学的现状却是普遍重视应用研究,在知识创新前沿领域的开拓动力不足。另一方面,大学的学术声誉很大程度上来自基础学科,一流大学必须更加重视基础学科建设,加大资源投入和更有针对性的扶植政策配套,为基础学科发展营造更有利的环境。学科的前沿包括基础学科前沿领域,总是动态演化的,从而不断开拓人类知识的疆域,但是目前我国大学的基础学科领域存在一个比较明显的问题就是前沿知识更新不够,基础学科的规划对于国际学术前沿和人类认知极限普遍跟踪研究不够,缺乏引领未来知识发展的新学科方向的前瞻思考和凝练,进而很难取得突破性的新理论新概念新方法。

---

① 张丽.一流大学的内涵及创新禀赋[J].大学(研究版),2018(12):90-96.

当今世界正在进入创新 3.0 时代①，其新特征可以概括为"加减乘除"："加"，就是"互联网＋"，通过信息通讯技术的加载应用，为各行各业创造无限的可能性；"减"，就是创新周期缩减，从前沿科技突破到形成产品进入市场再到最终影响社会，整个周期越来越短；"乘"，就是科技创新与业态变革相结合，科技和金融有效对接，产生乘积效应，创造巨大价值；"除"，就是发展的旧模式和旧经验加速破除，很多传统的竞争优势在新时代失灵了，不少百年老店被新生者和后发者颠覆淘汰。在这一背景下，大学不可能再保持与世隔绝的象牙塔形象，必须要加速融入社会、融入快速发展的产业创新生态，因此需要对大学的学科链和创新链进行变革，使大学的研究转化体系与产业创新体系贯通融合。但我们可以观察到，当前的大学包括一流大学的学科链和创新链是割裂的，大学根深蒂固的以学科为基础的知识分类体系阻碍了创新链的贯通，也阻碍了跨学科领域的知识迁移和范式移植，多学科交叉研究在大学变得非常困难，科研成果转化面临难以跨越的巨大鸿沟，这使得大学的学术创新难以适应创新驱动发展的需要。

（三）治理体系和治理能力有待革新

一流大学必须有一流的治理体系和治理能力，而治理创新也是一流大学建设的关键驱动力。世界一流大学往往有良好的治理架构和制度体系，美国、欧洲的一流大学通常具有完善的教授治学和多元共治的传统，比如哈佛大学、剑桥大学等都通过一系列包含学术人员和行政人员的专门委员会进行校院治理，以此保证学术权力和行政权力的平衡与互动。世界银行在《迎接世界级大学建设的挑战》的报告中把"良好治理""人才汇集""充足资源"视为建设世界一流大学的三个基本前提条件②。同时，一流大学的治理体系不是静止的，而是随着环境的变化而不断改变的，从意大利的古典大学到德国的研究型大学再到美国的创业型大学，都形成了不同的内部治理架构和治理模式。大学是以知识为核心的组织，随着知识生产与知识传播模式的转变，大学的治理主体、治理体系与治理实

---

① 参见上海市科学学研究所所长骆大进发表在《文汇报》上的文章《拥抱创新 3.0 时代，"有形之手"准备好了吗？》(2018 年 1 月 17 日)。所谓创新 1.0 是以技术研发线性模式为特征的封闭式创新，创新 2.0 是以产学研合作为特征的开放式创新，创新 3.0 则是以应用为本、以用户为中心、以生态软环境为基础的自组织创新。

② 施晓光.一流大学治理："双一流"建设所必需[J].探索与争鸣，2017(08)：39－42.

践也会随之发生变化①。大学要不断获取和创生资源、优化组织结构和改善组织体制机制,致力于在变化的内外环境中使组织保持可持续生存和发展的能力②。

在创建世界一流大学的过程中,我国高校把中国特色现代大学制度建设、促进治理体系和治理能力现代化作为重要任务及根本保证。我国大学治理的根基,在于学术、行政与政治的协调平衡③,一般都遵循"党委领导、校长负责、教授治学、民主管理"的原则,从而形成具有中国特色的大学治理架构及相应的制度。当前,高等教育正处于大发展大变革的新阶段,一流大学被赋予更多的使命和功能,特别是要聚焦服务党中央治国理政、培育堪当民族复兴大任的时代新人、构筑国家战略科技力量等内容,需要新的大学组织架构和体制机制,因此要不断深化治理体系改革和加强治理能力建设。面对新的目标任务,在学校治理模式上如何有效体现中国特色和世界一流要求,如何结合国情和校情打造一流的大学治理体系,如何通过治理创新构筑核心竞争力,这些都是未来一流大学治理必须面对的挑战。

党的领导是我国高等教育治理的基本原则和特色所在,也是决定大学办学合法性及办学过程有效性的关键因素。近年来,高校党的领导在制度上得到了保证,比如在新修订的大学章程中明确"加强党的全面领导""坚持社会主义办学方向"等,要求院系办学过程中的重大事项需要首先经过党的组织讨论通过再提交党政联席会议决策;进一步贯彻落实"党委领导下的校长负责制",明确大学校长、学院院长同时兼任同级机构党委副书记职务,建立了党政联席会议等议事决策制度。但同时也可以观察到,大学治理中仍然存在党组织功能弱化、书记对教学科研等工作政治把关作用不明显的现象,尤其是在二级学院重行政轻党务的现象突出,书记和院长"各敲各的鼓、各唱各的调",不同程度地存在着党政关系不明、协调配合不够的问题④。可见,以高质量党建引领一流大学高质量发展仍

① 李立国.大学治理的转型与现代化[J].大学教育科学,2016(1):24-40.
② 王建华,黄文武.创新能力建设:大学治理的新挑战[J].西北工业大学学报(社会科学版),2019(3):57-64.
③ 周作宇,刘益东.权力三角:现代大学治理的理论模型[J].北京师范大学学报(社会科学版),2018(1):5-15.
④ 代波."双一流"建设背景下高校二级学院内部治理机制探析[J].大学教育,2021(1):190-192.

然需要进一步强化党的领导力和组织力，需要进一步健全党的组织体系、制度体系和工作机制，推动党的建设与高等教育事业发展深度融合。

大学是一种特殊的学术性社会组织，既不同于追求效率优先的企业组织，也不同于以统一指令为准则的行政组织，因而其内部治理必须遵循高等教育规律和高校办学规律。现代大学组织具有典型的权力架构二元性特征，既有以党委领导下的校长负责制为核心的行政权力体系，也有以教授治学为核心的学术权力体系，而良好的大学内部治理必须协调好行政权力与学术权力，特别是充分保障学术权力发挥作用，进而保障学术在现代大学的组织生态中获得繁荣发展。《高等教育法》明确规定，高等学校设置学术委员会，审议学科、专业的设置，教学、科学研究计划方案，评定教学、科学研究成果等有关学术事项，为学术权力的有效行使提供了明确的法律依据。但实践中，行政权力与学术权力分离、失衡的状况仍屡见不鲜。正因此，我们在大学的管理实践中经常会看到，泛化的行政权力替代学术权力，以行政的方式管理学术事务，同时存在学术权力行政化，学术组织成员多由学校、院系及职能部门的"双肩挑"领导组成，这种无处不在的行政权力损害了学术管理的学术性和科学性，损害了学术的生长环境①。

大学是一个多主体复合的复杂巨系统，自从其诞生以来就包含着多元利益主体，因此需要高度重视多利益相关者共同参与治理②。大学有着非常古老的学术传统，特别是以美国为代表的高等教育机构总是将共同治理作为至关重要的独特价值，目前90％以上的美国大学都践行着共同治理的制度设计③。在中国特色的高等教育治理语境下，有一个词大概可以替代美国大学的"共同治理"概念，那就是"民主管理"。中国大学追求的民主管理模式，实际上是非常具有中国特色的，需要在加强党的全面领导下，调动各方面力量和资源，建立部门分工负责、全员协同参与的治理体系，形成一个多维度复合的大学治理共同体④。显然，共同治理蕴含的协商对话、多元主体参与的管理制度、追求公共利益的治理目标、公开透明的治理决策等，也是民主管理追求的目标导向。但是在中国的大

① 刘宇雷．"双一流"背景下高校内部治理面临的挑战及其应对[J]．江苏高教，2019(11)：47－50．
② 眭依凡，王改改．大学治理体系与治理能力现代化：高质量高等教育体系建设的必然选择[J]．中国高教研究，2021(10)：8－13．
③ 余承海，程晋宽．当代美国大学共同治理的困境、变革及其启示[J]．高等教育研究，2014(5)：92－96．
④ 武永红．"双一流"建设背景下大学治理共同体的内涵、诉求及其培育[J]．现代教育管理，2019(6)：23－28．

学治理体系中,如何让民主管理和协同治理真正发挥效用以达到"善治"的目的,仍然是一个难题,特别是愈演愈烈的泛行政化的趋势使得共同治理的理念很难贯彻,广大教师在重大学术决策过程中的参与感和话语权不强,这是中国大学群体在奔向一流的过程中必须要探索解决的体制机制难题。南方科技大学对此进行了有益的探索,见专栏6-1。

专栏6-1　南方科技大学为中国高等教育改革探路①

南方科技大学(简称"南科大")是在高等教育改革深入发展背景下创建的一所高起点、高定位的公办新型研究型大学,以理、工、医为主,兼具商科和特色人文社科的学科体系,涵盖本科、硕士、博士三层次。南科大是为教改而生的一所高校,自2010年创建伊始,就在理念、体制、机制等方面寻求突破,探索中国特色现代大学制度,创新人才培养模式。

南科大遵循理事会治理、教授治学、学术自治原则,尤其是理事会治理机制,是中国特色现代大学制度改革的有益探索。2011年5月,深圳市政府发布《南方科技大学管理暂行办法》,以"一校一法"形式保障南科大自主办学。在坚持党委领导下的校长负责制下,南科大突破性地首创公办大学理事会制度,《暂行办法》规定:理事会由政府代表,南科大校长及其管理团队、教职工代表和社会知名人士等组成。政府代表进入理事会,市长担任理事长,不仅能够行使政府作为出资人的权利,还有利于理事会决策的有效落实,并发挥为南科大发展会聚智慧、提供行政协助和调配利用社会资源的作用,建立了政府、学校、社会之间的新型关系。

为加强与社会各界的联接并增强南科大持续发展活力,南科大设立了国际咨询委员会与教育基金会。国际咨询委员会顾问及成员由国内外知名专家、学者、高级管理人员和工商界人士等组成,为南科大发展出谋划策;教育基金会能进一步增强学校与社会的联系,吸纳社会捐赠办学,拓展多元化的办学经费来源,在推动产学研合作、集聚高层次创新人才、改善教育教学条件等方面发挥了重要作用。

建设一流的大学离不开一流的领导者和一流的人才。自创建至今,南科大

---

① 根据公开资料整理。

先后由曾经担任中国科学技术大学、北京大学、清华大学等国内顶尖高校领导职务的卓越科学家担任校长。为高起点办学，南科大在 2010 年建校之初就启动了人才引进工作，面向全球招聘学术领军人才以及年轻且有潜力的青年学者，并提供与之匹配的薪酬体系。在教师管理中，全员实行 Tenure Track（预聘-长聘制度），通过严格的考核淘汰，打造高水平教师队伍，极大地提升了学校的教学科研水平。在科研体制机制上，南科大全员实行独立 PI 制，教师均可根据兴趣和特长自主选择课题，自由开展科研，极大地激发了教师科研的内在动力。而学术委员会功能的真正落实，对于坚持教授治学、倡导学术自由、坚守学术自律等发挥了根本性作用。

学生培养方面，南科大首创 631 招生模式，即高考成绩占 60%、高中阶段的平时成绩占 10% 以及南科大组织的能力测试成绩占 30%，最终构成考生的综合成绩，学校按考生综合成绩择优录取。学生入学后，前两年实行不分专业的宽基础培养，由学校安排统一的理工科基础课教学以及教育部要求的其他课程，并逐步探索完善通专融合的课程体系。大三开始，学生可根据自身的兴趣和能力选择专业，并依托研究所完成专业学习和研究。在探索拔尖创新人才培养模式的过程中，南科大逐渐形成了独具特色的"三制三化"育人模式，即书院制、导师制、学分制，国际化、个性化、精英化。南科大自建校伊始就实行书院制，至今已有六个书院，书院制结合"双导师制"，成为南科大全员育人的核心组成部分。

学科设置上遵循的原则是：响应国家经济发展的紧迫需求、致力于为深圳及粤港澳大湾区经济的整体转型和发展做贡献、着眼于将南科大建设成为一流的科研基地，培养拔尖创新人才，与国内其他高水平研究型大学实行错峰发展，重点建设交叉学科和新兴学科。南科大 2018 年获批成为硕士学位授予点和博士学位授予点，成为国内最快获批成为博士学位授予单位的新办高校，进而快速构建起本、硕、博人才培养体系，带动学科建设跃升到一个新水平。

南科大建校至今已有 11 年，在创建发展过程中，探索过的改革做法还有不少，例如聘用猎头全球遴选校长、自主招生、自授学位、去行政化等改革，均引起了广泛关注和巨大反响。在 2020 年泰晤士大学排名中，南科大居亚洲第 33 位，内地第 8 位，且在泰晤士年轻大学排名中，南科大多次蝉联内地大学第 1 名，已然实现跨越式发展成为一所国际化高水平的研究型大学，如今南科大正朝着"扎根中国大地，建设世界一流研究型大学"目标大步迈进。

三、指挥偏差：缺失科学的评价导向

如果说一流大学建设要靠正确方向的灯塔指引，那这座灯塔无疑就是教育评价。长期以来，我国高等教育的诸多深层次问题，都能归结为教育评价的指挥棒偏差问题。比如"重科研轻教学"问题，很大程度上是科研在评价中的权重过大；比如"唯论文"的问题，究其原因则是将比较容易量化的论文指标大量纳入评价体系。事实上，正由于教育评价的指挥棒效应，教育评价制度已经成为教育改革的中心问题①。2018 年全国教育大会指出，"扭转不科学的教育评价导向，坚决克服唯分数、唯升学、唯文凭、唯论文、唯帽子的顽瘴痼疾，从根本上解决教育评价指挥棒问题"。而早在《国家中长期教育改革和发展规划纲要（2010—2020）》中就已经明确提出要以体制机制改革为重点，"改革教育质量评价和人才评价制度""建立科学、多样的评价标准"。2020 年，党中央国务院印发《新时代教育评价改革总体方案》，阐明"教育评价事关教育发展方向，有什么样的评价指挥棒，就有什么样的办学导向"。有学者指出，以"破五唯"为目标的教育评价改革不但是世界性难题，对当前我国的教育发展也是石破天惊的大事，它不仅对国家和民族具有重要意义，也可以为人类贡献中国智慧和中国方案②。

（一）学科评价的异化

近年来，随着"双一流"建设不断推进，学科评价正受到前所未有的关注和重视，同时也正遭受越来越多的质疑和批评。"学科建设"是我国高等教育具有中国特色的概念，早在 1985 年中央政府颁布的《中共中央关于教育体制改革的决定》中就首次出现"高等学校办学水平评估"一词。此后由教育部主导的全国一级学科水平评估在高教界影响广泛，同时各类学术机构、民间机构也纷纷推出自己的学科排行榜，比如软科世界一流学科排名、QS 世界大学学科排名、泰晤士高等教育（THE）世界大学学科排名等第三方评价分别构建了各自的评价体系，同时，Scopus 数据库、Web of Science 数据库、基本科学指标数据库（ESI）、期刊引用报告（JCR）及中国科技期刊引证报告等也从科研角度对不同学科予以评价，各种学科评价体系在我国高等教育界风起云涌，甚至成为直接或间接引领大学

---

① 李鹏.评价改革是解决教育问题的"钥匙"吗？——从教育评价的"指挥棒"效应看如何反对"五唯"[J].教育科学,2019(3)：7-13.
② 叶赋桂,段世飞.深化教育评价体系改革学术研讨会综述[J].清华大学教育研究,2018(6)：123-128.

发展的"指挥棒"。但是，学科评价是一把"双刃剑"，科学合理的学科评价能够为大学发展"把脉、问诊、开处方"，反之则会将大学发展引入"歧途"，尤其是一些政府部门、大学将学科评价体系中的指标作为制定规划和评价政策的依据，导致"五唯"问题突出，从而异化了大学和学科发展的价值导向[①]。

学科评价的内涵价值，对于政府而言是通过评价进行学科建设资源的分配，吸引学科资源集聚到国家最需要的领域，提高学科建设经费的投入效率；对于高校而言，则是通过学科建设成效的"诊断单"，全面审视学科建设的比较优势与存在问题，进行学科结构调整和制度建设优化，并引导学科按照"四个面向"组织知识生产，提升学科的水平和竞争力。然而，当前我国大学中学科评价还很难满足内涵式发展的要求，虽然部分大学在评价指标"破五唯"方面有所行动，但对学科建设的整体性、提升性与可持续性考虑不足，对应用评价结果引导激励学科内涵建设的举措缺失。此外，目前大学在学科建设与评价工作推进过程中仍存在"表面功夫"的问题，对政策内涵的挖掘理解不到位直接导致实践与理论脱节。在"双一流"建设背景下，大学对学科重点建设与平衡发展方面如何取舍与协调仍是难题，在充分利用"放管服"改革提升学科建设主动性的举措提出方面仍有一定的提升空间[②]。正因为不科学的学科评估对于学科内涵建设存在种种弊端和显而易见的问题，我国社会舆论也一度出现了不少反对或质疑的声音，比如中国计算机学会就曾于2016年6月公开发表《教育部学科评估应取消排名》一文，指出"学科评估应该取消排名。这是因为对学科发展状态这种十分复杂的事物，任何按照某个指标体系打分加权形成一个排名的方法都不可能是科学的"，"开展学科评估，将评估结果公开，对学校是一次自我审视、相互促进的机会，对国家是一个掌握高等教育发展状态的方式，有其积极正面的作用。但评估的结果不应该是大学学科在同一指标体系下的大排名，那将扭曲学科评估的意义，不利于教育的健康发展，其长期后果则是导致大学丧失特色，走向平庸、走向趋同"[③]。

学科评价作为指挥棒，除了引导高校的学科建设更加注重内涵发展，另有一

① 宣勇，张凤娟. 大学学科评价与排名中的基本问题[J]. 教育发展研究，2020(19)：1-5.
② 顾晓燕，董玮，胡明列，高耀."双一流"背景下学科建设成效的评价体系[J]. 天津大学学报（社会科学版），2021(6)：517-522.
③ 中国计算机学会. 教育部学科评估应取消排名[EB/OL]. https://www.ccf.org.cn/wqxwcx/ccflwz/2016-06-29/646726.shtml，2016-06-29/2022-03-22.

个重要功能是激励高校对标国际一流水平,提升国际学术影响力和竞争能力。一方面,学科评价要引导大学和学科真正瞄准国际前沿方向,在学术上做出世界领先的原创贡献。然而众所周知的是,大学被裹挟在各类学科排名造成的竞争旋涡中,排名的"指标化""数据化"导致大学管理的"指标崇拜"和"数据崇拜"①,SCI论文、科研经费、国家级项目、国家人才"帽子"、ESI学科等指标成为学科竞争力的重要体现,学科排名指标往往成为大学学科规划与建设的依据,"数据目标"成了大学学科发展的主要目标,最终造成学科发展被导向"数据一流"或"指标一流"而非"内涵一流"。另一方面,学科评价不仅要激励在结果产出上争创一流,也要激励在资源投入与配置上争创一流。然而当前的学科评价指标体系普遍侧重产出而忽视投入和过程,现有学科评价指标几乎都是对产出结果的评价,少有学科投入的评价指标,而有些评价指标标榜为"学术产出"其实是"学术投入",比如学术队伍、科研平台、科研条件等方面有关指标,如果把这些看成学术产出就忽视了学术投入及运转效率②。

新一轮"双一流"建设将"坚持特色一流"作为基本原则之一,强调"扎根中国大地,瞄准世界一流,深化内涵式发展,积极探索中国特色社会主义大学建设之路,在不同领域和方向争创一流"③。所谓"特色一流",就是强调学科建设首先要聚焦重点形成特色,然后在鲜明特色基础上争创一流,努力达到世界一流水平。在资源约束条件下,对于任何高校要把一个学科在短时间内全面建成一流都是非常困难的,而在重点方向重点投入建成特色一流则是可行的路径。曾任美国伯克利大学校长的田长霖教授认为,世界上发展最快的大学往往都是在一两个领域实现突破的,比如伯克利加州大学,其最初发展目标是所有学科领域都能在全美排名前三,但始终没有效果,于是随后调整战略规划,集中力量重点支持建设其优势学科——生物原子工程,直至劳伦斯团队诞生了回旋加速器,最终获得了17个诺贝尔奖,该学科因此享誉世界,伯克利大学也很快成为世界一流大学。学科评价应该是引导推动学科的特色发展,而不能用一把尺子来衡量各具特色的不同高校的学科。但实际上,学科的分类评价一直是世界性难题,能够引领学科特色发展的评价指标体系仍然在探索之中。对于学科而言,面对各种

---

① 宣勇,张凤娟. 大学学科评价与排名中的基本问题[J]. 教育发展研究,2020(19):1-5.
② 陈何芳,孙丽娟. 中外高校学科评价现状比较[J]. 大学(学术版),2012(8):61-67.
③ 参见教育部办公厅《关于开展新一轮"双一流"建设方案编制工作的通知》(教研厅函[2021]6号)。

形式的评价体系，如果不能保持战略定力，也不可能做到全方位的快速发展，一旦盲目追求排名成绩的提升往往会造成学科发展的同质化，进而导致在建设过程中难以取得特色突破。

（二）教师评价的扭曲

教师评价既包括对教师教学的评价，也包括对教师科研的评价，教师评价的"指挥棒"决定大学的学术发展的方向，科学有效的教师评价制度是高等教育健康发展的基本保证。教师评价是一个世界性的难题，虽然西方国家的大学已经进行了长期实践并形成了一些经验，但适应我国高等教育发展需求的教师评价仍在探索阶段。近年来，教师学术评价问题正受到越来越多的关注，特别是随着《深化新时代教育评价改革总体方案》的出台，相关国家部委制定了一系列文件对高校的学术评价进行"拨乱反正"的指导，引发人们对学术评价议论纷纷，同时推动高校逐渐建立了新的学术评价机制。虽然取得了一定的成效，但仍然存在改革不够系统不够深入的问题，一些学校的改革还是浮于表面，缺乏动真碰硬的力度。当前高校教师评价普遍存在的价值取向偏移、评价功能错位、实践过程走偏等弊端，严重影响了教师评价的功能发挥[①]。不从根本上解决教师评价"指挥棒"问题，教师的育人使命和创新活力就不能充分激发，势必成为推进内涵式发展、建设世界一流大学的严重阻碍。

教师评价体系作为指挥棒必须要推动"为师之道"回归到"传道，授业，解惑"的师者职责，回归到"树人""育人"的教育本质[②]。"传道"之后，是"授业，解惑"，也就是对教师教学和科研的要求。然而，为对标各类排名机构的指标需要，发表论文数量、科研经费、科研项目等往往被赋予较大权重，而具有长周期特点的教学工作，在评价过程中往往更注重教学课时的评价，其他的评价标准不够明确，这无疑导致了所谓的"重科研、轻教学"现象。而在对教师进行的教学评价方面，也广泛存在数量化、功利化的问题，比如教学评价主要围绕教学工作量、课堂教学效果的学生评价、教材编写数量等开展，对于教学投入、学生培养效果等方面的考察相对笼统而模糊[③]。显然，教师评价指挥棒的扭曲将忽视教师隐性的教

① 陈由登. 教师发展视域下新时代高校教师评价改革研究[J]. 中国成人教育，2021(19)：24-27.
② 俞海萍. 高校教师评价，如何回归教育本质——全国政协委员建言深化高校教师评价体系改革[N]. 光明日报，2021-09-11(7).
③ 吕黎江，吴剑. 高校教师评价体系改革探析[J]. 浙江社会科学，2021(7)：144-150.

育贡献,导致教师产生短期功利化行为,进而使得教书育人成效不够突出。

大学对教师的评价主要是学术评价,包括许多方面,如学术工作的重要性、创新性、挑战性、影响力等。对于争创世界一流的发展目标,就必须建立起符合"世界级"标准的评价理念和评价体系,尤其是要根据大学教师的职业特点构建学术评价制度,进而激励教师创造性工作和解放学术生产力[①]。理想的大学教师评价指挥棒,应该要引导教师致力于"0-1"的原创研究和引领世界的重大创新贡献。很大程度上,当前高校学术评价的内容等同于科研评价,一般包含对教师承担科研项目,发表论文及其影响因子、被引次数,获得奖项的数量和层次,发明专利数量等指标的考察,而由于数据可获得性及国际可比较性,通常会过度追求"五唯"导向的短期量化指标,忽略对教师学术水平、学术贡献等定性评价,进而导致出现越来越多低水平的重复研究成果。鉴于学术评价中存在的种种弊端和深层次问题,有学者认为高校教师评价制度已经异化,无法激发教师的创新活力和创造力,阻碍了学术研究质量的提升[②]。

《新时代教育评价改革总体方案》明确提出,在改进教师评价中应"坚持把师德师风作为第一标准",这意味着必须要坚持德才兼备标准健全高校人才评价体系,要加强对教师科学精神、职业道德、从业操守等评价考核,要通过评价的正确指挥棒来引导教师优良的教风学风和高尚的行为,抵制心浮气躁和急功近利等不良风气,从严治理弄虚作假和学术不端行为。但是当前的教育评价体系仍然存在一些问题,大学教师评价中科研所占的比例最高且要求最为刚性,对教学、师德等方面的评价指标要么缺失,要么表述笼统、评价流于形式,这导致教师将大部分精力投入科研活动,对教育教学工作仅满足于完成工作量,从而不利于大学教师履行立德树人的责任[③]。更严重的是,这种扭曲的考核指挥棒与教师的利益挂钩,事实上鼓励教师急功近利,急于发文章,急于拿学位,急于出专著,急于评职称,急于拿奖项,结果往往导致斯文扫地、功利主义和学术不端行为屡屡发生,在这一切学术乱象的背后都能看到不科学的教师评价体系在推波助澜[④]。

---

① 李立国.学术评价与教师治理[J].国家教育行政学院学报,2020(1):9-10.
② 刘燕红,杨晓苏.高校教师学术评价制度的异化研究[J].改革与开放,2018(7):78-79.
③ 臧琰琰.大学教师评价的理论遵循和应然选择[J].黑龙江高教研究,2021(4):85-90.
④ 张耀铭.学术评价存在的问题、成因及其治理[J].清华大学学报(哲学社会科学版),2015(6):73-88.

专栏6-2 如何解决预聘-长聘制度本土不适应问题[①]

实施教师聘用制度能够更加高效、合理地对人类资源进行管理，推动政府和学校任用教师从任命方式向聘用方式转变，在管理方式上从身份管理向合同管理和岗位管理转变。聘任制改革具有全局性的意义，可能带来考核评价、分配制度等一系列制度创新。得益于聘用制的全面实施，许多高水平大学积极探索"非升即走""非升即转"等聘用模式，旨在吸引和留住优秀人才、实现教师队伍新人换旧人的转型升级。但在改革中也出现了水土不服的问题，尤其表现在"预聘-长聘"制度上。

2021年6月，上海市某高校发生青年教师因不满院系聘用决定而持刀行凶杀害学院领导的恶性案件，迅速引发全社会对高校预聘-长聘制度的深刻反思。虽然此次事件属于偶发，但从根源上来讲是制度变革过程中教师个体适应性调整不足的必然后果，对完善内部治理体系和安定高校教师队伍提出了警醒。

从深层次看，上海某高校个人极端事件发生的原因包括：

一是以短期量化考察为中心的评价体系导致高校青年教师的群体性焦虑。在学科评估、基地/平台评估、"双一流"评估等多种名目的宏观政策环境下，高校总体上的评价体系还停留在"四唯""五唯"的状态，高水平论文、专利数、科研项目、奖励等作为核心指标对青年教师造成极大压力。特别是青年教师评价注重对显性业绩成果的考评，将教师科研成果数量作为硬指标、忽视成果质量，强调科研成果的产出数量，甚至直接把教师的业绩等同于发表学术论文、出版学术著作及授课的数量，以此作为标准实施岗位升迁、职称晋升，引发了青年教师群体普遍的焦虑状态。

二是预聘-长聘制度在国内存在一定程度的"水土不服"。欧美高校的预聘-长聘制度（即所谓"非升即走"）实行之初，是为了切实保障学术自由，即给予科研人员相对稳定的职业发展轨道，但其被引入中国之初就被视为实现一流绩效的策略性手段。"非升即走"在美国历史悠久，实行最为普遍，接受度也比较高，其制度与文化基础在于：科研人员比较习惯于职业流动，高校人才流动率在20%左右（国内高校人才流动率低于3%），社会诚信体系健全背景下法律意识比较

---

① 资料来源：浙江大学中国科教战略研究院内部报告《系统性防范高校个人极端事件的对策建议》，作者：吴伟、代玉启、徐吉洪、沈锦璐、刘智等，2021年5月。

强,师资岗位没有编制及其体制性福利的附着等。国内部分顶尖高校引入"非升即走",但事实上并不具备类似美国的环境条件,所以也仅在清华大学、北京大学等具有极为雄厚办学资源(包括财力、影响力、体制性资源)的高校才实行的比较彻底。而在大多数高校仅为试点实行,而在不少高校已经发生了扭曲,如成为"收割"青年科研人员创新成果的一种方式,曾经一度引发社会舆论。

为此,从完善高校人事制度中的预聘-长聘制度,并系统性防范校园极端事件的角度,仍有许多政策性短板需要补齐:

一是基于市场机制探索构建有序流动的高校人才资源配置体系。完善区域性和试点型制度设计,大尺度探索高校间人才自由、合理、有序流动机制。一方面充分发挥市场在人才资源配置中的决定性作用,克服"人才单位所有制"制约,增强人才管理制度的灵活性,杜绝不合理的工作与晋升预期。另一方面大力度消除身份壁垒,推动以行政级别为主的"身份管理"向以职务聘任为主的"岗位管理"转变。

再具体看:深度改革现有编制管理体制,解决在编不在岗、在岗不在编、同工不同酬等问题,实行真正意义上的岗位管理;实行岗位人才"揭榜挂帅",彻底打破体制内外人才流动的壁垒。同时在对高校资源配置方式、职责任务、服务对象进行定位的基础上,通过立法规范教师岗位的分类管理,从平衡校方与教师权利与义务角度构建高校教师非终身教职制度。

二是规范和完善高校"预聘-长聘"制度,在激发青年教师活力的同时保障其切身利益。首先是明确青年教师预聘期内考核标准,做到公开透明和人性化。明确对青年教师在预聘期间的科研成果要求,在确保双方完全知情条件下通过严格的合同方式约定预聘期结束后成果的形式、数量及提交方式等,实现信息的公开透明与对等化,帮助青年教师建立合理的预期并提前做好职业规划。其次是改革"预聘-长聘"制度中的成果评价方式。应当重点考察青年教师的实际能力水平、未来发展潜力和人岗匹配的情况,重点评价成果的学术贡献、社会贡献以及支撑人才培养情况。再次是在"预聘-长聘"制度应注重人文关怀。对于因个人能力等因素确实难以达到长聘条件的青年教师,所在高校(学院)应当提前通过适当方式加以提醒并给予相应的关怀(如求职指导),并形成相对成熟的人才流动通道,注意纾解未通过考核科研人员的情绪问题。

(三) 学生评价的偏差

学生评价是教育评价的重要组成部分，是评价教育成效最直接的关键环节，同时也是促进学生发展和成长的重要手段。从教育实践的视野看，一流教育系统通常也拥有最佳的学生评价制度。早在 2014 年，教育部在《关于全面深化课程改革，落实立德树人根本任务的意见》中就明确提出：加快推进考试招生制度改革，注重综合考查学生发展情况，引导学校实施素质教育，科学选拔人才；加强发展性评价，发挥评价促进学生成长、教师发展和改进教学实践的功能。显然，素质教育一直是教育改革的方向，发展性评价也是教育评价改革的方向，学生的发展和成长仍然是教育评价追求的最重要目标。可以观察到很重要的一个趋势是，教育评价的实践正在发生巨大变革，尽管"对学习的评价"仍然很受关注，但"为学生的评价"正逐渐成为主流。虽然学术界对学生评价的导向早有共识，但在实践层面，学生评价体系仍然具有强大的惯性，或者说是教学管理的强大惯性，使学校的教学评价看起来还是十分注重"学习"而不是"学生"，扭曲的学生评价"指挥棒"实际上阻碍了一流学生的培养，以学生成长为中心的评价体系构建仍然任重而道远。

学生评价的重要意义之一在于引导学生端正学习态度，能够正确地认识和对待学习过程，进而激发学习动力。学习动力作为影响学习成效极为重要的非智力因素，虽然不直接介入学习，而是激发学习的积极性，挖掘学习的潜能，调节学习活动的进行[1]。当前，大学生的学习动力不足已经成为一个严重的现象，一些学生平时经常无故旷课，沉迷于游戏、网络等，大批学生进入大学以后丧失了继续奋斗的目标。已有研究表明学习态度是大学生学业失败的关键预警因素[2]。大学生学习态度不端正与大学相对宽松的学生评价有关，一些大学课程考核评价的标准太宽松，即使有学生平时不认真上课甚至旷课，最后考试周恶补一下也就能够顺利过关，正是大学的学习评价不够严格，导致"严进宽出"现象比较普遍。另外一个重要原因是大学的学习评价过于注重考试成绩的结果性评价，对课堂参与、课程作业等过程性评价不够重视或者缺乏有效的方法，这必然

① 刘燕，高艳，孙冬梅，陈劲松，田永静，胡心怡.大学生学习动力影响因素及作用机制研究[J].思想教育研究，2013(7)：69-72.
② 白学军，原胜，都旭，孙世南，韩洋，刘羽.大学生学业失败的预警因素初探[J].天津师范大学学报(社会科学版)，2022(1)：70-76.

导致学习评价无法有效激励学生的学习动力①。

　　传统的教育评价理念，一直将甄别与选拔作为学生评价的核心关键词，但评价领域正在经历由结果性评价走向过程性评价、注重可持续性的变革，对学生的评价已经超越选拔进而更关注学生的成长②。知识本位与能力本位之争是教育改革一直以来的焦点，而随着素养教育风靡全球之时，素养本位似乎正在取代能力本位，与知识本位展开角逐③。无论是学术界还是教育实践领域，都已经认识到包括评价在内的各项教育活动都是为了培养学生的核心素养，核心素养培养才是评价体系建构的核心和基础，因此核心素养导向下的教育评价必须能够发现学生的真实状况，通过导向性的评价促进学生的全面发展④。但在现实中，由于教育评价引导方向的偏差，我国高校的学生评价仍然普遍呈现"知识本位"特征，经常忽视对德育品质、创新精神、实践能力等的考察，致使学生的国家认同感、民族归属感、社会责任感容易受到不良思潮的侵蚀，也导致学生知行脱节、动手和解决问题能力不足等问题。当前一流大学的教育评价对于激发学生成长潜力和促进德智体美劳全面发展，仍然存在诸多问题和不足，有待进一步深化中国特色的新时代教育评价改革。

---

① 李维维,杨华山,杜云丹,赵振华,车玉君,陈荣妃.大学生学习驱动力的培养探索[J].改革与开放,2019 (20)：96－98.
② 赵娜,孔凡哲.教育改革中的学生评价目标、角色与功能的分析[J].教育科学研究,2019(1)：23－28.
③ 赵娜,孔凡哲.教育改革中的学生评价目标、角色与功能的分析[J].教育科学研究,2019(1)：23－28.
④ 陈宝琪.基于核心素养培育的评价"引擎"创新[J].教学与管理,2018(4)：119－121.

第七章
绩效视野中的"世界一流"①

　　题记：伴随经济社会的快速发展，建设世界一流大学和高水平科研机构，对于满足日益增长的高等教育入学需求、吸引和留住高水平智力资源、提升创新竞争力和区域文化品位尤为重要。从 20 世纪末开始，我国陆续实施"211 工程""985 工程"和"双一流"建设等重大战略决策，旨在追赶全球一流水平，实现了高等教育整体实力的快速进步。显性的、量化的、短期的绩效表现，虽在表征办学水平上饱受争议，但仍不失为衡量资源投入效果的重要维度，从这个侧面来看，我国所推行的主动的、大力度的资源投入和一系列制度改革已经取得显著成效。快速崛起的我国一流大学群体有力支撑了培养拔尖创新人才、引进海外高层次人才、争取海外留学生回流、推进中外科技交流等宏观政策需求，扩大了我国学术、学者、学生的全球影响力。在国际形势不确定性增加的背景下，我国众多一流大学还扮演着非政府交往主力军的角色，对于降低因政治争端和经济纠纷而导致的国际社会割裂风险意义重大。但同时，在一些发展质量表征上（如标志性科技创新、全球性学术大家培养甚至高影响力论文这种浅层次质量表现），以及深层次发展表征上（如解决人类社会重大问题能力、引领国家和区域发展能力、高等教育发展范式塑造能力等）依然相距甚远。所以，我们应该秉持的理性态度是，不能盲目乐观于数量化外在指标的快速进步，因为那些看似近在咫尺的目标追求，并不代表着线性逻辑下最终的自然实现，而很可能是看似很近实际上却又十分遥远。本章从上述"绩效"侧面审视我国大学快速发展的主要表现，并尝试

---

① 本章撰写组：吴伟、熊进苏、刘智、李若男、延立军等。

呈现这种蓬勃式发展背后的隐忧,进而提出面向未来的若干省思。

强化发展绩效是当前社会各界普遍的价值趋向,大学这种很难测度至少是很难在短期内测度发展绩效的社会机构也未能逃脱。总体来看,科学研究水平是评价一所大学最显性的指标,也因数据的可获得性、可比较性等而成为最容易量化的指标。如今,各种政策话语体系和学术话语体系,都在事实上激励着院校、平台以至个人在科研活动上"大干快上",甚至造成科研与其他业务一度失衡的不良后果。所以,在绩效视野中,一流大学经常表现为一系列冷冰冰的数字。但根本上来看,大学应该是一套运作系统,其内部各任务、各要素、各功能之间一定存在着内在的相互依存关系,其根本蕴含在于真正的一流不会一蹴而就。

一、超越梦想:可比指标突飞猛进

进入 21 世纪,我国高等教育事业以前所未有的速度发展,在校生规模、论文发表、科研经费、国际化水平等可比指标突飞猛进,为创建"世界一流大学"打下了坚实的基础。而高等教育毛入学率作为衡量高等教育发展相对规模的通行指标,反映了一个国家提供高等教育机会的整体水平,《2020 年全国教育事业发展统计公报》显示,我国高等教育毛入学率由 2000 年的 12.5% 迅速增长到 2020 年的 54.4%,在学总人数达到 4 183 万,已建成世界最大规模的高等教育体系。与此同时,我国普通高校数量也从 2007 年的 1 908 所增加至 2017 年的 2 631 所,占高等教育机构总数的比重从 82.2% 增长至 90.3%。[①] 按照美国著名高等教育学者马丁·特罗以高等教育毛入学率和高等教育多样性为依据对高等教育阶段的划分,我国高等教育已于 2019 年实现了标志性转变,即由大众化阶段(毛入学率在 15%~50% 之间)转向普及化(毛入学率在 50% 以上)阶段。经济发展的雄心和参与全球创新竞争的渴望,推动高等教育重大政策出台,"211 工程"、"985 工程"、《国家中长期教育改革和发展规划纲要(2010—2020 年)》以及"双一流"建设在内的一系列高等教育重大行动或政策动议的出台,为建立具有世界级水

---

① 中国科协创新战略研究院. 中国科学技术与工程指标(2020)[R]. 北京:清华大学出版社,2020 年,第66 页.

平的高等教育系统奠定了坚实基础，而若干所"世界一流大学"就是这个系统的顶层依托。

（一）世界大学排名

世界大学排名是根据科学研究、教育教学质量、学术雇主声誉、国际化水平等各项标准，对各国大学的综合表现进行量化评价，并进行加权后形成的一个总体排序，是社会各界评价大学的重要依据。因此，从我国大学在全球排行榜上的群体性变化，可整体上管窥我国高等教育的发展状况。当前，在诸多全球性大学排名产品中，四个排行体系被广泛公认且有较高影响力：高等教育研究机构Quacquarelli Symonds 的世界大学排行榜（QS）、《泰晤士高等教育》（*Times Higher Education*）的世界大学排行榜、美国新闻与世界报道（U. S. News）世界大学排行榜、软科世界大学学术排名（ARWU）。之所以说是"排名体系"，是因为各大排名主体都在不断开发新的排名产品，如学科领域排名、声誉影响力排名、新兴大学排名等，当然他们最主要的排名产品还是"综合排名"。四大排名指标体系设计的侧重点有所不同（如表7-1所示），QS 与 U. S. News 指标中主观调查和客观统计各占一半，THE 则偏重于客观统计数据指标，而 ARWU 的指标几乎全部为量化性指标。

表7-1　全球四大主流大学（综合）排名指标观测点

观测点		二级指标	U. S. News	THE	QS	ARWU
主观		声誉调查	12.5%（全球）	15%（教学）	40%（学术）	/
			12.5%（区域）	18%（科研）	10%（雇主）	
客观	师资队伍	师生比	/	4.5%	20%	/
		获诺贝尔科学奖和菲尔兹奖的教师折合数	/	/	/	20%
		各学科领域被引用次数最高的学者数量	/	/	/	20%
		师均表现①	/	/	/	10%

---

① 师均表现：指获诺贝尔科学奖和菲尔兹奖的教师折合数、获诺贝尔奖和菲尔兹奖的校友折合数、在 *Nature* 和 *Science* 上发表论文的折合数、被科学引文索引（SCIE）和社会科学引文索引（SSCI）收录的论文数量以及各学科领域被引用次数最高的学者数量，此五项指标得分的师均值。

（续表）

观测点	二级指标	U. S. News	THE	QS	ARWU
教育教学	获诺贝尔奖和菲尔兹奖的校友折合数	/	/	/	10％
	博士学位授予数	/	/	/	/
	师均博士学位授予数	/	6％	/	/
	博士学位授予数/学士学位授予数	/	2.25％	/	/
科学研究	在 Nature 和 Science 上发表论文的折合数	/	/	/	20％
	被科学引文索引（SCIE）和社会科学引文索引（SSCI）收录的论文数量	/	/	/	20％
	出版文献	10％	/	/	/
	师均发表论文数	/	6％	/	/
	出版书籍	2.5％	/	/	/
	学术会议	2.5％	/	/	/
	被引次数前10％的论文数量	12.5％	/	/	/
	被引次数前10％的论文百分比	10％	/	/	/
	对应学科领域被引次数前1％的高被引论文数量	5％	/	/	/
	被引次数前1％的高被引论文百分比	5％	/	/	/
	总被引次数	7.5％	/	/	/
	师均论文引用次数	/	/	20％	/
	篇均被引次数	/	30％	/	/
	标准化引用影响力	10％	/	/	/
国际合作	国际教师/国内教师	/	2.5％	/	/
	国际学生/国内学生	/	2.5％	/	/
	国际学生/总学生数	/	/	5％	/
	国际教师/总教师数	/	/	5％	/

（续表）

观测点	二级指标	U. S. News	THE	QS	ARWU
	国际合著论文比例	5%	2.5%	/	/
	高校国际合作论文所占比例/所在国家或地区国际合作论文所占比例	5%	/	/	/
其他	师均学校收入	/	2.25%	/	/
	师均研究收入	/	6%	/	/
	师均工业来源研究收入	/	2.5%	/	/

　　进入 21 世纪之后,我国高校开始成规模地参与世界大学排名,这也在客观上催生了国内不少大学排名产品的出现,如西南交通大学"大学国际化评价研究中心"发布的"大学国际化水平排名"、中国科教评价网与中国科教评价研究院(杭电 CASEE)、中国科学评价研究中心(武大 RCCSE)共同发布的"金平果排行榜"等。我国首批"双一流"学科的遴选标准就参考了 QS 学科排名的若干数据指标,此举进一步引发了国内大学对世界大学排名的关注与热情。从 2016—2020 年四大世界大学排名结果来看,我国大学(仅指中国内地高校,下同)进步明显,无论是上榜大学还是百强大学数量都明显增加,换句话说,我国大学已经逐渐适应了西方话语体系下的评价模式。根据软科世界大学学术排名(ARWU)的数据显示,2003 年我国没有一所大学入围全球百强;而 2020 年我国已有 6 所大学进入百强名单,其中 2 所进入全球前 50。以近五年我国大学在四大世界大学排行榜上的上榜情况来看(如图 7－1 所示),2016 年平均为 53 所,2018 年已升至 91 所,2020 年达到了 115 所,五年间翻了 2.17 倍。

　　从进入世界百强大学的数据看(如图 7－2 和表 7－2 所示),2016 年前我国大学上榜似乎非常"吃力",除 QS 排名出现 4 所外,其余榜单仅有清华大学和北京大学入围。但近两年我国大学快速"涌入"各大排行榜,根据 2021 年 QS、THE 和 ARWU 世界大学排名的最新数据显示,清华大学、北京大学、浙江大学、复旦大学、上海交通大学和中国科学技术大学纷纷闯入世界百强。尤其在 2021 年最新公布的 QS 排名中,我国已有 5 所我国大学闯进世界 50 强,分别是清华大学、北京大学、复旦大学、浙江大学和上海交通大学。

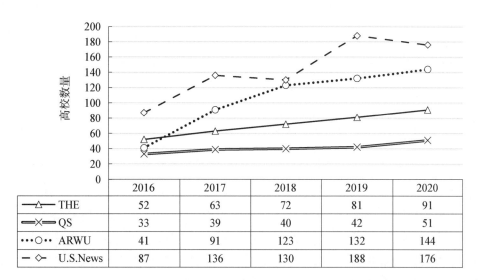

图 7-1 我国 2016—2020 年上榜四大世界大学排名大学数量

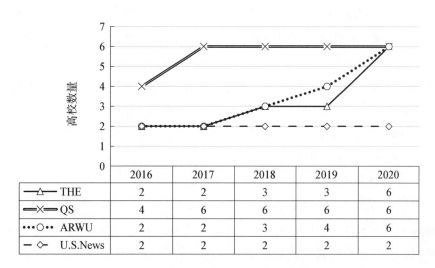

图 7-2 2016—2020 年进入世界百强的我国大学数量

表 7-2 2020 年我国已进入世界百强的大学

序号	排行榜	上 榜 大 学
1	THE	清华大学（20）、北京大学（23）、复旦大学（70）、中国科学技术大学（87）、浙江大学（94）、上海交通大学（100）
2	QS	清华大学（15）、北京大学（23）、复旦大学（34）、上海交通大学（47）、浙江大学（53）、中国科学技术大学（93）

（续表）

序号	排行榜	上 榜 大 学
3	ARWU	清华大学(29)、北京大学(49)、浙江大学(58)、上海交通大学(63)、中国科学技术大学(73)、复旦大学(100)
4	U. S. News	清华大学(28)、北京大学(51)

从排行榜结果看，我国大学综合实力取得了显著进步，这得益于多年来我国大规模持续投入。在新一轮发展中，有三个重要因素会影响我国大学在全球性排行榜中的总体表现：一是从国外排名机构看，不少机构已将工作重心转移到中国大陆（如 THE 推出了年度亚洲大奖），潜在地刻意迎合我国大学的功利性需求与我国大学期待良好排名表现之间可能形成的非正当性"学术政治"；二是从国内高等教育政策看，随着《深化新时代教育评价改革总体方案》文件的落地落细，大学排名及与之关联密切的"五唯"指标不再令大学趋之若鹜，这在一定程度上降低了全民对排名表现和排名产品的热情；三是从发展阶段看，在实质性办学水平短期内不发生飞跃式发展的假设下，我国大学在各大排行榜上的位次和数量可能会进入一个相对稳定的平台期。当然也有一个不容忽视的现实是，我国不少大学在确定建设目标时，已自觉不自觉地参考了各类世界大学排名，在制定发展战略时也有意无意地出台了有利于提高排名指标得分的措施，以期把相关排名的逻辑内在化和制度化，以尽快实现大学排名的提升。[①]

（二）科学研究成果[②]

论文是科研产出的重要形式，是衡量国家、机构、个人研究能力和实力的重要指标之一。本节以中（仅指中国大陆地区，下同）美英三国高校整体作为研究对象，对近 40 年来三者论文指标的表现进行比较，以期从科研成果产出的角度呈现我国大学的科研发展历程。图 7-3 展示了中美英三国高校论文产出情况，从图中可以看出，20 世纪 90 年代之前，我国高校科研论文产出量并未发生显著增长，而进入 90 年代之后，论文发表数量突飞猛进。1995 年我国高校论文数量

---

① 杨清华,孙耀斌,许仪. 建立中国特色的世界一流大学评价体系[J]. 中国高等教育,2017(19)：42-45.

② 本节中如无特别说明,中美英三国高校科研论文数据均来源于 InCites 数据库。InCites 数据库是基于科睿唯安 Web of Science 核心合集七大索引数据库（SCIE、SSCI、A&HCI、CPCI-S、CPCI-SSH、BKCI-S、BKCI-SSH）的综合性科研绩效分析工具,收录了自然科学、社会科学与人文艺术等领域中最具全球影响力的内容。

首次超过 1 万篇,这个期间也正是国家推出"211 工程"和科教兴国战略提出的重要时间节点。此后,在"十一五""十二五"和"十三五"期间,我国高校论文发表数量实现了飞跃式增长,2007 年我国高校论文产出量首次超过英国,排名全球第二,2020 年我国高校论文产出量达到 57 万余篇,与美国的差距逐渐缩小。

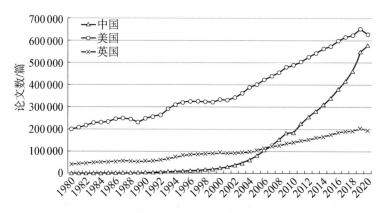

图 7-3 1980 年以来中、美、英三国高校论文发表比较

论文被引次数体现了论文发表后的受关注程度,常被用来反映论文的影响力和质量。图 7-4 展示了中、美、英三国高校论文每五年累计被引频次的变化趋势,从中可以看出,我国高校论文每五年累计被引频次呈持续上升态势,特别是 2010 年后增势尤为显著,2016—2020 年我国高校论文被引用量达到 1650.88

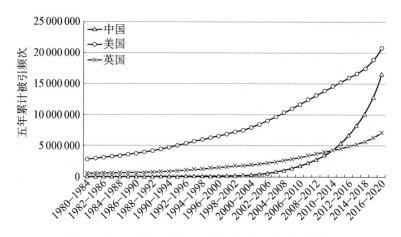

图 7-4 1980 年以来中、美、英五年累计被引频次表现

万次，真正实现了"赶美超英"，这也从侧面说明我国学术论文在国际上的影响力正在逐步提升。

学科规范化的引文影响力（CNCI）是一个消除了出版年、学科领域与文献类型影响的无偏影响力指标，可以公平地进行任意论文集之间影响力的比较，若某论文集的 CNCI 大于 1，则表明该论文集的被引表现高于全球平均水平。图 7-5 展示了 1980 年以来中美英三国高校论文 CNCI 表现。1980—1985 年，由于我国高校的科学研究事业正处于逐渐恢复并重新稳健发展阶段，每年的发文数量较少（均小于 1 700 篇），导致此段时间内论文 CNCI 波动较大。1985 年后，随着我国高校论文数量的逐步增长，论文的 CNCI 指标值也持续攀升，并在"十三五"期间超过了全球平均水平（即 CNCI 超过 1）。2020 年，我国与美国在该指标上的差距仅为 0.096，有望在下一个五年实现超越。

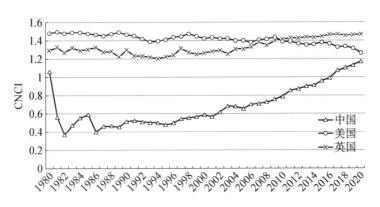

图 7-5　1980 年以来中、美、英论文 CNCI 比较

高被引论文是指同一年和同 ESI 学科中被引次数排在前 1% 的论文，往往代表更具影响力的科研成果，一国高被引论文的数量也从侧面反映了其产生前沿研究成果、引领科学发展的能力。2011—2020 年，我国高校共发表高被引论文 36 468 篇，占全球高被引论文总数的 22.44%，仅次于美国居全球第 2 位。图 7-6 展示了十年间中、英、美高被引论文的产出变化。十年间，我国的高被引论文数量进步明显，从 2011 年的 1 267 篇，到 2020 年的 7 688 篇，数量增长了 5.07 倍，并于 2020 年首次超越美国。这也从侧面说明近年来我国科技管理部门和科研人员正在从关注论文数量向重视论文质量转变，并在提升论文质量方面取得了一定成效。

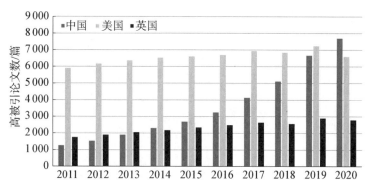

图 7-6　十年间中、美、英高被引论文产出

（三）研究支撑条件

办大学是一项十分昂贵的事业，甚至可以说，很多时候办大学是一个经济问题。如新兴的西湖大学、南方科技大学，无不是在获得巨大办学资源投入的前提下实现快速发展的。改进教学和研究条件、招聘高水平的教师和研究人员、开展前沿性研究，无不需要巨大的资源投入，且各项开支的"价码"会越来越高。改革开放以来，为确保国家科技发展战略和各项科技发展计划的顺利实施，我国对科技事业的投入力度不断增强，研发经费投入规模自 2013 年超过日本以来，一直稳居世界第二，2019 年我国研发经费达到 22 143.6 亿元，是 1991 年的 154 倍。①② 与此同时，我国高等教育机构的办学条件也有了显著改善，所获经费投入持续增长。据国家统计局和教育部的统计数据显示（如图 7-7 所示），我国高等教育经费投入近 10 年来稳步增加，从 2011 年的 7 644 亿元增长到 2020 年的 13 999 亿元，年平均增长率达到 7.0%。2020 年，我国 C9 高校的办学经费已普遍达到 10 亿～20 亿美元，科研经费已普遍达到 2 亿～8 亿美元，其中清华大学和北京大学的办学经费已分别达到 32.18 亿美元和 21.35 亿美元，科研经费分别达到 11.5 亿美元和 6.26 亿美元，在我国大学中位于前列③，国家的资金支持为我国大学迈向世界一流提供了良好的经济基础支撑。

---

① 我国于 1991 年建立科技综合统计报表制度，并于当年首次公布了研发总量数据，因此此处以 1991 年的数据为参照。

② 数据来源于国家统计局 1992—2019 年《全国科技经费投入统计公报》。

③ 数据来源于浙江大学中国科教战略研究院、浙江大学图书馆、浙江大学信息资源分析与应用研究中心联合发布的《浙江大学与国内外一流大学比较分析报告（2020 年度）》，为内部资料。

图7-7　我国高等教育经费投入（2011—2020年）①

　　除经费投入外，一流的科研人员也是促进大学快速发展的重要条件。随着科教兴国、人才强国战略的大力实施，我国大学科技创新队伍不断壮大，科研机构和科研人员数量不断增多。据国家统计局数据显示（如图7-8所示），截至2020年，我国高校科研人员全时当量为61.5万人年，比2011年增长了大约106％，年平均增长率达到8.78％。在一系列政策激励下，不少大学都实施了人才强校战略，加快汇聚世界一流科学家和学科领军人物。自2014年起，全球知名科技咨询公司科睿唯安每年都会发布一份全球高被引科学家榜单，基于论文发表遴选全球自然科学和社会科学领域最具影响力的研究人员。图7-9展示了近五年来全球高被引科学家上榜数量排名前五位国家的具体情况，从图中可以看出，我国（仅指中国内地，下同）近年来上榜人数持续强势增长，2019年起已取代英国成为第二大"高被引科学家"所在地区，而高校学者始终为入选的主力军。2016—2020年，我国高校上榜全球高被引科学家的人数持续增加（如图7-10所示），从2016年的102人迅速增长至2020年的619人，五年间增长了大约507％，高校学者入选人次占比也由2016年的55.14％增至2020年的80.39％。此外，从机构角度来看，2020年中国科学院位居高被引科学家数量全球机构排名第2位；清华大学从2019年排名第19位一举跃升至2020年的第9位，首次进入全球前10，成为我国拥有高被引科学家数量最多的大学；中国科学技术大

---

① 数据来源于国家统计局和教育部2011—2020年度《中国教育经费统计年鉴》和《全国教育经费执行情况统计快报》。

学、北京大学和浙江大学也都保持着快速上升态势。以上数据说明,我国大学中正涌现出越来越多优秀的科研人才和领军人物,成为世界一流大学建设的高水平智力支撑。

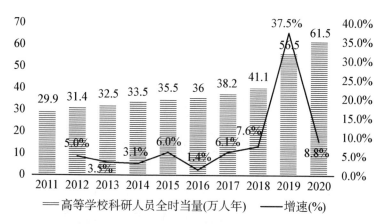

图 7-8　我国高校科研人员全时当量(2011—2020 年)①

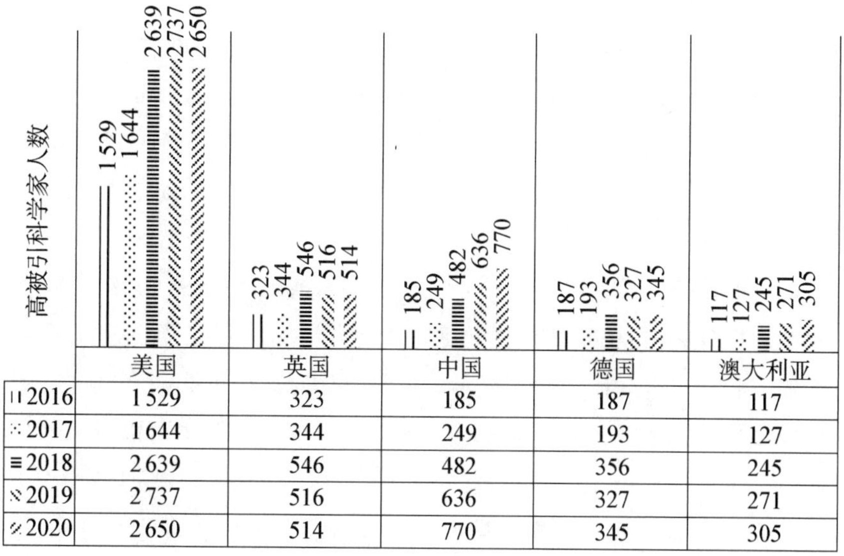

高被引科学家人数	美国	英国	中国	德国	澳大利亚
2016	1 529	323	185	187	117
2017	1 644	344	249	193	127
2018	2 639	546	482	356	245
2019	2 737	516	636	327	271
2020	2 650	514	770	345	305

图 7-9　全球高被引科学家上榜数量 TOP5 国家(2016—2020 年)②

① 数据来源于国家统计局 2011—2020 年度《中国统计年鉴》。
② 数据来源于科睿唯安(clarivate)官网。

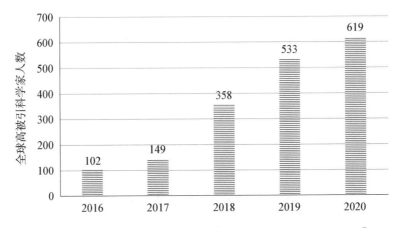

图7-10　我国高校全球高被引科学家上榜数量(2016—2020年)①

(四) 国际化水平

大学具有开展交流与合作的天然属性和现实需求。在全球化时代,国际合作与交流的范围和深度都在拓展,不少人把国际化或者国际交流与合作作为人才培养、科学研究、社会服务之外的大学"第四职能"。"双一流"政策也将"国际交流与合作"作为五大建设任务之一,通过引进海外师资、实施学生联合培养、开展学术交流、实施协同创新项目等方式,不少顶尖大学的国际化水平得到了快速提高。还有不少国内顶尖大学在推动高等教育国际化办学方面进行了积极探索,如浙江大学在嘉兴海宁、华南理工大学在广州、清华大学在深圳均进行了实体性国际校区建设,少数高校(如厦门大学)的国际联合办学目的地已经转移到海外。

国际合著论文是指由2个或2个以上的国家或地区的机构共同参与合作发表的论文,其在某一机构发表论文总数中的比例在很大程度上反映了此机构的国际交流与合作水平。图7-11展示了近20年来我国C9高校和其他三个世界一流研究型大学联盟的国际合著论文占比对比情况。从图中可以看出,C9高校的国际合著论文占比近20年来明显提升,从2001年的16.32%上升至2020年的30.04%,从侧面反映出我国顶尖大学国际学术交流水平的显著提升。而英、美、澳作为教育强国,拥有丰富的科研资源和强劲的科研实力,本身就吸引着各国科研机构及人员与其展开学术合作,因此其国际学术交流则更为频繁。

① 数据来源于青塔全景云数据管理平台网址为：ud. cingta. com。

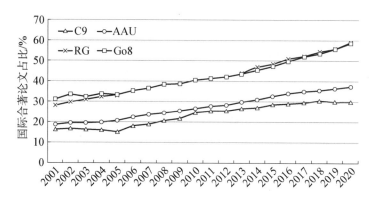

图 7 - 11 世界一流大学联盟国际合著论文占比情况(2001—2020 年)①②

在经济全球化大背景下,高等教育国际化已成必然的发展趋势,有国际声望的大学通常会吸引更多的外国学生来求学。留学生数和留学生比例反映了高等教育机构人才培养声誉以及国际化教育环境情况,是衡量大学国际化水平的基本指标,也是大学国际化的重要体现之一。据 2010—2019 年教育部统计数据显示(如图 7 - 12 所示),我国高等教育机构招收海外留学生数量持续上升,招生数从 2010 年的 80 846 人上升至 2019 年的 172 571 人,10 年间增长了大约 113%,年均增长率达到 8.9%,反映出我国大学国际化程度有所提升。在留学生比例方面,欧美发达国家的全球顶尖大学,尤其是瑞士、以色列这种发达"小国"的顶尖大学,20%以上学生来自海外基本上属于"标配"。美国顶尖的 10 所私立大学海外留学生比例为 18.1%;英国 10 所顶尖大学海外留学生比例为 19.4%;欧洲大陆和亚太地区虽然整体比例不及英美,但仍然保持很高的比例,如澳洲国立大学达到 21%,墨尔本大学为 23%,东京大学为 7%,京都大学为 6%,瑞士联邦理工学院为 20%,法国巴黎第六大学为 14%,荷兰莱顿大学为 8%,德国的波恩大学为 6%。③ 而我国 C9 高校海外留学生比例平均为 7.32%,其中复旦大学最

---

① 数据来源于 Incites 数据库。

② 此处的"世界一流大学联盟"是指世界范围内比较知名的四个高水平大学联盟组织,包括由 9 所中国顶尖研究型大学组成的 C9 高校联盟、由 64 所美国和 2 所加拿大一流大学组成的美国大学协会(AAU)、由 8 所澳大利亚顶尖大学组成的澳大利亚八校联盟(Go8)、由 24 所研究型大学组成的英国罗素大学集团(RG)。

③ 戴晓霞. 世界一流大学之特征:从世界大学排名说起[A]. 刘念才、伊恩·萨德拉克主编,程莹、吴燕副主编. 世界一流大学:特征·排名·建设[C]. 上海:上海交通大学出版社,2018:60-79.

高，达到10.13%，南京大学为9.14%，上海交通大学为7.76%。① 英美作为传统教育强国，拥有丰富的教学资源和较高的教学品质，国际化程度和国际化影响力均较高，且政府十分重视留学产业发展，因此吸引了世界各地留学生前来留学。而现阶段我国顶尖大学的海外留学生比例虽尚不及英美一流大学，但已逐步追赶上欧洲大陆及亚太地区的部分一流大学，在未来有望进一步缩小与英美一流大学间的差距。

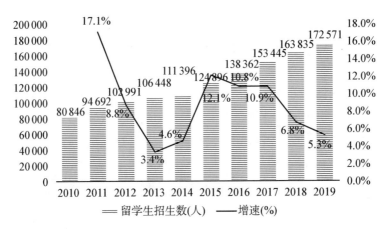

图7-12　我国高等教育机构留学生招生数量（2010—2019 年）②

二、冷静审视：内涵发展落差依旧

改革开放以来尤其是最近 20 年，我国高等教育整体规模和发展水平均实现了快速进步，而如何将数量和速度优势转变为质量优势，如何从以规模扩张为特征的外延式发展阶段转向以提高质量为核心的内涵式发展阶段，是必须要解决的新问题。党的十八大报告中明确提出"推动高等教育内涵式发展"；党的十九大报告中进一步强调要"实现高等教育内涵式发展"；2018 年 5 月，习近平总书记在北京大学考察时再次深刻指出，"当前我国高等教育办学规模和年毕业人数已居世界首位，但规模扩张并不意味着质量和效益增长，走内涵式

---

① 数据来源于浙江大学中国科教战略研究院、浙江大学图书馆、浙江大学信息资源分析与应用研究中心联合发布的《浙江大学与国内外一流大学比较分析报告（2020 年度）》，为浙江大学内部资料。

② 数据来源于教育部 2011—2019 年教育统计数据。

发展道路是我国高等教育发展的必由之路",这充分体现了党中央对高等教育内涵式发展的极度关切。然而,受办学功利化等宏观环境影响,不少大学仍热衷于追逐外在学术绩效目标,对内涵式发展缺乏热情、缺少规划且投入不足,导致制约大学高水平发展的瓶颈问题长期得不到解决。世界一流大学没有约定俗成的标准,但客观上都具有一流的学科领域、师资队伍、人才培养模式和管理治理水平等,并最终对本国乃至全球发展做出过突出贡献。本部分以 C9 高校①与部分世界一流大学②为例,分析我国大学与世界一流大学在内涵式发展上的差距。

(一) 声誉和影响力

声誉和影响力是大学内涵式发展的重要表征,是一所大学综合实力的最终体现。当今高等教育市场竞争激烈,只有具有良好声誉和影响力的高等教育机构才能吸引到最优秀的教授、最具天赋的学生以及最具潜力的合作伙伴。世界一流大学在国际上均享有很高声誉,这种声誉可能来自悠久的办学历史、深厚的学术底蕴;也可能是因为拥有世界级的学术大师、社会精英和国家领导人;或者源自大学进行的高水平的科学研究,为世界经济和社会发展做出了突出贡献。英美等国顶尖大学因其历史悠久、校友贡献多、知识贡献大、国际交流广泛、科研地位突出等优势,历来享有很高的国际声誉和影响力。而我国一流大学则面临着高水平科研成果产出少且影响力不足、国际化程度不高、校友及师生对声誉的重视程度不够等问题,这些问题在一定程度上限制了我国大学在世界范围内知名度的提升。③

学术声誉指数是 QS 世界大学排名的重要指标,占比 40%,主要反映一所大学的科研核心竞争力以及在社会上尤其是学术界影响的深度与广度。表 7-3 比较了 C9 高校与世界一流大学学术声誉得分。12 所世界一流大学中,除宾夕

---

① C9 高校为:北京大学、清华大学、复旦大学、浙江大学、哈尔滨工业大学、上海交通大学、南京大学、中国科学技术大学、西安交通大学。

② 考虑到世界一流大学的持续生长性和数据的动态性,本书选取 2021 年在四大排行榜排名均进入前 20 的高校(12 所)作为世界一流大学的代表,此 12 所大学分别为:麻省理工学院、斯坦福大学、哈佛大学、牛津大学、剑桥大学、芝加哥大学、伦敦大学学院、普林斯顿大学、宾夕法利亚大学、耶鲁大学、加州理工学院和哥伦比亚大学。

③ 郭丛斌,刘钊,孙启明. THE 大学声誉排名分析与中国大学声誉提升策略探讨[J]. 教育研究,2017 (12):51-59.

法尼亚和加州理工学院外，其余大学的学术声誉得分均在 99 分以上，其中 5 所
大学达到了 100 分；而我国 C9 高校中，只有清华大学和北京大学的学术声誉得
分在 98 分以上，其余高校均在 85 分以下。可见在大学学术声誉方面，我国顶尖
高校与世界一流大学之间还存在一定差距。

表 7-3　C9 高校与世界一流大学声誉得分①

类别	大学	学术声誉	类别	大学	学术声誉
世界一流大学	麻省理工学院	100	C9 高校	清华大学	98.2
	斯坦福大学	100		北京大学	99.2
	哈佛大学	100		复旦大学	84.7
	牛津大学	100		上海交通大学	82.5
	剑桥大学	100		浙江大学	69.3
	芝加哥大学	99.4		中国科学技术大学	53.9
	伦敦大学学院	99.4		南京大学	59.7
	普林斯顿大学	99.9		哈尔滨工业大学	22.4
	宾夕法尼亚大学	96.1		西安交通大学	24.7
	耶鲁大学	99.9	/	/	/
	加州理工学院	97.0	/	/	/
	哥伦比亚大学	99.7	/	/	/

　　大学的良好声誉形成不会一蹴而就，但良好声誉一旦形成，就会促进大学发
展进入良性循环。尤其要注意的是，大学的良好声誉和影响力并不是仅仅通过
提升外延式指标表现就可以直接获取，而需要基于人才培养、科学研究、社会服
务等方面特色性的长期文化积淀所支撑。虽然历史积淀一般需要较长时间，但
声誉与影响力的形成与建校时长也并不必然呈正相关关系，如中国香港科技大
学，其虽然办学时间不长，但近十几年来声誉得到了飞速提升，在 2021 年 QS 世
界学科排名中，材料科学、土木工程、电子电气工程专业均进入世界 20 强，近几
年整体排名稳定在全球 30 名左右。

────────────

① 数据来源于 2021 年 QS 世界大学排名，网址为 https://www.topuniversities.com/qs-world-university-rankings.

(二) 人才培养

人才培养是现代大学的最初使命和根本任务,是大学存在的基本理由和永恒价值,现代意义上的大学出现的最基本动因就是要为社会培养人才。随着近代以来实用主义思潮的泛滥,加上科技创新对于经济社会发展的支撑作用日益凸显,社会对大学在直接服务并促进经济社会发展方面的期望值不断提高,也造成了对大学人才培养职能作用重要性认识的消解。纽曼曾在《大学的理想》中指出,大学的使命是"培养有文化修养、具备行为和思想上一切优良品行的绅士"[①]。世界一流大学大多把人才培养作为中心工作,在制度上把教师参与教育教学作为形式上和实质上的硬性要求;而把学术研究作为教师的个人任务,把产出学术成果作为科研活动的自然结果,在组织机制上则并不进行大力度推动。海外世界一流大学注重建立从学生入学选拔到培养过程,再到学生就业及其职业生涯追踪的全链条工作体系,其集中体现在"以学生为中心"的本科教学改革上。[②] 以洛杉矶加州大学(UCLA)为例,其重视本科教育、严把博士质量关,在构建一流人才培养体系方面积累了丰富的经验(参见专栏7-1)。同时,世界一流大学着力实现校友与学校的利益共同体关系,以至于实现大学发展与社会发展之间的深层互动关系,即大学通过重视人才培养来引领经济社会发展,而经济社会发展成果通过校友进一步反哺大学。显然,我国绝大多数高校尤其是顶尖大学,尚难以实现这种以人才培养为中心、以卓越声誉和影响力为"中间变量"的良性循环。

专栏7-1　洛杉矶加州大学一流人才培养经验[③]

UCLA仅在少数领域有硕士层次培养,研究生层次主要以博士生(直博生为主)培养为主。重视本科教育、严把博士质量关是UCLA一流人才培养体系的两个主要立足点,而严把质量关又体现为严把进口、严肃过程和严控出口。

1. 高度重视人才培养

在UCLA,资源配置一直对本科生培养给予相当的重视和倾斜,学校一般性

---

① 约翰·亨利·纽曼. 大学的理想[M]. 徐辉,等,译. 杭州:浙江教育出版社,2002:45.

② 赵炬明. 论新三中心:概念与历史——美国SC本科教学改革研究之一[J]. 高等工程教育研究,2016(03):35-56.

③ 吴伟,李铭霞,叶松. 严把进口、严肃过程与严控出口——洛杉矶加州大学(UCLA)一流人才培养经验与启示[R]. 浙江大学内部资料《调研参考》,2015年第14期(2015年11月12日).

经费主要投资于本科生教学，对取得终身教授职位的教师也主要考核其完成本科生教学的情况。与此相对，虽然科学研究和成果转化也受到极大重视，但学校很少会把学校可以支配的经费用来支持科研工作，也很少把科研产出作为教师考核指标。UCLA 教授必须给本科生上课，并要千方百计博得学生认可，且学生对教授上课质量的评价对教授的声望和晋升影响很大。教师还要尽力设计好的教学方式，力求做到寓教于乐，最大限度吸引学生来听课，要花时间想出给学生布置的大量作业，当然还要花时间来批改这些作业，每门课还要设定多次答疑时间。UCLA 有比较强大的以博士生为主的"助教"队伍作为教授承担教学任务的支撑。UCLA 以学生为本理念的重要表现是博士生入学后可以在三位教授门下（实验室）轮流学习，每次半年左右，最后根据自身情况选择最终的毕业导师，既充分考虑了学生的自主性，也很大程度上激发了教授指导的认真态度。

2. 重视创新能力与自主学习能力培养

借助于现代化教育手段和灵活多变的教学方式，UCLA 充分运用讲座、研讨会、分组讨论、大量的论文写作等形式，训练学生独立思考、口头表达能力，特别是批判性思维能力。教师往往有丰富的科研和实践经验，因此讲课非常生动有趣，但从不以权威自居，允许且欢迎学生课堂上随时提出疑问、意见、想法。UCLA 课程大纲要求明确，附带的讲义资料多且完善，博士生第一学年要学习学科基本知识、科研相关知识如动物和人体研究的伦理、实验室安全等。学生可以完全凭兴趣去学习和研究，导师只告诉学生方法，指定参考书目（很多时候连参考书目都要自己寻找），不会轻易否定学生的想法；许多教授基本上不用传统教材，而是采用最新文献作为教学参考资料。UCLA 每门课程要求非常明确，对作业和考核都很严格，学生上课也不仅仅是课堂上听懂就好，大量的作业需要花费比上课更多的时间和精力，经过一门课程学习，学生往往能够真正将这一门课的知识融会贯通。

3. 强化博士生培养过程管理

一是严肃招生过程。博士生要面临多次考验才可获得入学资格，招生由选拔委员会负责，尽可能减少单个导师介入。委员会从申请者中进行初选，后由专业教授组进行二次挑选，然后将所有候选人发至全系教员投票，最后根据资源与限额确定录取者。入学之前，学生要参加综合考试，以考察该生是否有能力完成博士生计划，其中对海外学生的招生更加严格。一般来说，教授（主导师）需要承担所招收学生就读期间的生活费和学费,因此导师在选择学生时会非常仔细和慎重。值得一提的是,UCLA博士生名额也非常有限,生物医学领域有600位教授,每年博士名额只有100名,平均每位教授4~5年才能招到1个博士,这一点与我国高校博士生招生情况很类似。但因为博士后制度健全,UCLA在站博士后数量已经远远超过博士生数量,基本解决了教授科研人手紧张的问题。

二是强化培养环节。博士生在完成主攻专业的课程学习后,要进行全面考试,考试合格者才能进入申请学位程序。学生注册报到后,并不是由主导师一人指导,而必须接受一个博士论文指导委员会的联合指导,其成员是本学科的三位教授(有时也会加一位外学科教授,共四位)。美国典型的博士课程一般为4年,但实行完全学分制,只要修满所需学分便可毕业。由于个人学习和科研能力及经费因素不同,有的人可用3年时间获得学位,有的则要拖延到7年以上,学制弹性较大。

三是重视"关口"把控。UCLA理工科博士生要最终获得学位,至少要过五关。第一关是录取关,前已介绍;第二关是课程关,博士期间的课程学习范围不限,导师鼓励学生修学其他学科的课程以扩大知识面,所学课程GPA必须在3.0以上(即成绩在B以上),否则即被淘汰;第三关是资格考,自第一年第二学期开始,学生可以参加资格考试,通过4次考试方为合格。资格考试由所在学科的老师轮流出题,每3~4周考一次,在拿到卷子前学生并不能知道本次考试是由哪位老师所出或关于哪方面的题目,这要求学生除了熟悉自己课题组的研究内容之外,还必须了解本学科其他课题组的研究和学科发展趋势;第四关是中期考核,在两年学习结束时,学生要做两个报告,一是开题报告,二是一个独立研究报告,后者可以真实地体现出博士学位候选人独立从事研究的能力;第五关是博士论文答辩,当学生取得的成绩和完成的论文得到博士论文指导委员会的3~4位教授认可后便可进入答辩环节,从而通过答辩获得博士学位。

4. 严格培养要求

UCLA就学机会的取得并不容易,2013年秋季的申请/录取比例为14∶1。与入学的严格相比,培养过程"严出"的特点也十分明显,UCLA尤其是本科生始终保持较高的淘汰率。UCLA对延期研究生的处理很果断,延期到期不能毕业就得退学,如化学系超过7年则强制退学。此外,UCLA对学生课业的要求也近乎苛刻,学生就学期间的典型特点是考试多、课程多、压力大,尤其是博士生课程体系健全、要求高、任务重,单单完成课程学习通常就需要 2 年时间。博士生培养过程中的专业考试、面试、毕业答辩等重要环节中任何一个环节不过关即会面临淘汰。如上节"资格考"中学生虽然最多可以考 12 次,但前 5 次考试中至少有 1 次通过才不会被淘汰。

　　QS 的雇主声誉得分是衡量毕业生质量的重要指标,在一定程度上反映了一所大学的教学质量。2021 年 QS 世界大学排名雇主声誉指标显示(如表 7 - 4 所示),C9 高校中有 5 所大学的雇主声誉得分在 90 以上,而 12 所世界一流大学中,除加州理工学院外其余大学的雇主声誉得分均在 90 分以上,其中 6 所大学达到 100 分。此外,校友获奖指标也在一定程度上反映了大学的教育质量,其得分为获诺贝尔奖和菲尔兹奖的校友折合数,据 2021 年 ARWU 世界大学排名校友获奖指标显示(如表 7 - 4 所示),我国 C9 高校中仅有清华大学和北京大学校友获奖得分在 10 左右,其余均为 0 分,而同年度 12 所世界一流大学的校友获奖得分均在 27 以上,以上指标上的差距反映出我国顶尖大学在人才培养方面仍有巨大的提升空间。

表 7 - 4　C9 高校与世界一流大学人才培养指标比较①

类别	大学	雇主声誉 (QS 2021)	校友获奖 (ARWU 2021)
C9 高校	清华大学	98.6	9.2
	北京大学	99.1	10.7
	复旦大学	92.5	0
	上海交通大学	90.9	0
	浙江大学	91.1	0
	中国科学技术大学	19.9	0
	南京大学	23.4	0
	哈尔滨工业大学	8.4	0
	西安交通大学	40.3	0

① 相关数据来源于 2021 年 QS 世界大学排名及 2021 年软科世界大学学术排名(ARWU)。

（续表）

类别	大学	雇主声誉 （QS 2021）	校友获奖 （ARWU 2021）
世界一流大学	麻省理工学院	100	71.6
	斯坦福大学	100	45
	哈佛大学	100	100
	牛津大学	100	48
	剑桥大学	100	78.8
	芝加哥大学	91.3	57.7
	伦敦大学学院	98.3	27.7
	普林斯顿大学	99	58
	宾夕法尼亚大学	91.5	32.9
	耶鲁大学	100	48.3
	加州理工学院	82.8	53.9
	哥伦比亚大学	97.3	58.5

我国的"双一流"建设仍然要以培养一流大学为最终落脚点。一流人才既包括学术大师、兴业英才、治国人才，也包括社会需要的高素质专门人才和技术技能型人才。对大学而言，它所培养出来的一流人才，将是其声誉最可持久的来源，也可以成为其办学资源最可信赖的渠道。大学不对真正的"受众"负责，就难以从长远建立以声誉为核心的动力机制，办学行为短期化、功利化问题皆由此生。例如，人才培养本来是高校的根本使命，也是其最重要、最长久的声誉来源，更是办学资源的不竭源泉，却被严重地忽视，这也是当前提出"四个回归"[①]要求的原因所在。我们可以发现，无论是出于政策倡导，或是本身的价值追求，"双一流"建设高校在其建设文本中均突出了人才培养。其中，"立德树人"是中国特色的世界一流大学建设导向。我国高校不仅承载着传播知识、传播思想、传播真理的功能，还承载着塑造灵魂、塑造生命、塑造新人的重任，要坚持把立德树人作为根本任务，培养一代又一代拥护中国共产党领导和我国社会主义制度、立志为中

---

① "四个回归"是指教育部建设高水平本科教育和人才培养质量提出的"回归常识、回归本分、回归初心、回归梦想"。

国特色社会主义奋斗终身的有用人才。

值得注意的是，我国政府在回应"钱学森之问"上举措频频，如实施"强基计划""卓越计划""拔尖计划"以及自主招生，打造未来技术学院，面向人工智能、集成电路、公共卫生等重大需求领域布局相关专业等。但从上述显性人才培养成果来看，我国一流大学与海外世界一流大学仍然存在巨大差距。我们应该清醒地认识到，人才培养成效尤其是成为学生声誉来源的培养成效的显现，可能需要一个较长的历史时期，在这方面大学应当对长期以来重科研轻培养的运行机制进行大刀阔斧的改革。

（三）师资队伍

高水平师资队伍是大学内涵式发展的关键，一所大学的水平在很大程度上由其所拥有的师资水平来决定。正是基于这一点，高校综合改革常常以人事人才制度改革为切入点和牵引力。衡量师资队伍水平有不同标准，在 2020 年 1 月教育部制定的《"双一流"建设监测指标体系（试行）》中，将师风师德建设、杰出人才和外籍教师数量以及教师担任学术团体、国内外重要期刊负责人等内容作为核心监测点。世界一流大学非常注重顶尖人才的引进，不仅在全球范围内招贤纳士，还通过基金会等专门资助高级学者进行国际学术交流。同时，着力构建科学合理的绩效评价体系，在评价目的上将"管理教师"和"发展教师"合为一体。而我国绝大多数大学尚存在顶尖创新人才稀缺、杰出人才过分依赖外力、教师绩效评价过度依赖量化指标等情况，在师资队伍建设上与世界一流大学存在明显差距。

表 7 - 5 以 2021 年上海软科排名（ARWU）系统中的两个指标为例，展示 C9 高校与世界大学一流大学在师资队伍水平上的差异。其中，教师获奖指标为获诺贝尔科学奖和菲尔兹奖的教师折合数，高被引学者指标反映了各学科领域被引用次数最高的学者数量。从表中可知，C9 高校的教师获奖指标均为 0，而同年度 12 所世界一流大学该指标均在 32 分以上；在高被引学者方面，除清华大学和中国科学技术大学外，C9 高校大学得分均在 36 分以下，而 12 所世界一流大学的高被引学者得分均在 37 分以上，其中 6 所得分在 50 分以上。可见在高水平师资方面，我国一流大学与世界一流大学间存在着巨大差距。生师比是学生数与全职教师数的比值，用于测度大学在教学上人力投入强度，合理生的师比更有利于学生获取直接的知识滋养，是办学质量的基本保障。12 所世界一流大学中除哈佛大学和麻省理工学院外，其余 10 所大学的生师比均在 8.5 以下，耶鲁

大学的生师比甚至达到了 3.47;而 C9 高校的生师比在 11.65～16.35 之间,整体偏高,从一定程度上说明 C9 高校在教学人力上的投入相对不足。

表 7-5　C9 高校与世界一流大学的 2021 年师资队伍比较①

类别	大学	生师比	教师获奖（ARWU 2021）	高被引学者（ARWU 2021）
C9 高校	清华大学	13.22	0	54.1
	北京大学	14.03	0	35.7
	浙江大学	15.74	0	35.7
	上海交通大学	12.56	0	30.1
	中国科学技术大学	15.35	0	39.9
	复旦大学	11.65	0	29.2
	哈尔滨工业大学	14.33	0	23.1
	南京大学	16.35	0	19.3
	西安交通大学	12.25	0	16.3
世界一流大学	麻省理工学院	11.31	85.1	53.1
	斯坦福大学	8.05	91.3	75.1
	哈佛大学	14.65	100	100
	牛津大学	4.23	58	52.6
	剑桥大学	3.94	98.2	50
	芝加哥大学	6.99	88.2	39.3
	伦敦大学学院	7.05	35	46.7
	普林斯顿大学	8.48	97.9	37.9
	宾夕法尼亚大学	5.8	32.7	49.5
	耶鲁大学	3.47	52.8	51.6
	加州理工学院	6.31	69.1	39.3
	哥伦比亚大学	7.52	65.8	48.9

① 教师获奖及高被引学者数据来源于 2021 年软科世界大学学术排名（ARWU）http://www.shanghairanking.com/;生师比数据来源于浙江大学中国科教战略研究院、浙江大学图书馆、浙江大学信息资源分析与应用研究中心联合发布的《浙江大学与国内外一流大学比较分析报告(2020 年度)》。

　　值得注意的是,近年来在国家、地方及高校各种高层次人才引进政策支持下,不少顶尖大学正在汇聚来自全球的优秀人才,且质量呈现水涨船高之势。清华大学、北京大学等国内顶尖高校通过选聘国内外优秀人才、贯彻"引进与培育并举"方针、加强青年教师队伍建设等方式,师资队伍水平得到了快速提升。2021年,教育部等六部门发布《关于加强新时代高校教师队伍建设改革的指导意见》,指出要通过完善教师管理制度、深化教师考核评价制度改革、保障教师待遇等方式吸引稳定和培养造就一批高层次创新人才,这再次吹响了我国高校教师队伍高质量发展的号角。

(四) 知识贡献

　　开拓性知识贡献和原创性创新成果是成就世界一流大学的基本标志,其外在表现就是为社会、国家乃至人类进步做出巨大贡献。当前公认的世界一流大学大都是研究型大学,从事国际最前沿的科学研究,拥有一批国际一流的实验室,取得一大批原创性的科学研究成果,在世界范围内享有很高的学术声誉。以伯克利加州大学为例,其在多个领域都表现出超群的影响力、辐射力、引领力和贡献力,建校至今取得了发现维生素E、发明回旋加速器、原子弹、发现16种化学元素、开发UNIX系统、免疫疗法、疟疾治疗、CRISPR基因编辑等一大批原创性科学成果,为其在全球赢得了声誉。[①]而我国多数大学仍处于"跟随式科研"的状态,以量化方法为主的科研绩效评价在一定程度上制约着原创性成果的产出,导致我国大学在开拓性知识贡献和原创性科研成果方面处于明显劣势。[②]

　　表征知识贡献和知识创造能力的指标很多,典型的如获得诺贝尔奖或诺奖级成果的数量、拓展新的学科领域情况、组织重大创新工程情况等,形而下的表现如取得发明专利授权的数量、产出高影响力论文能力等。表7-6展示了C9高校与世界一流大学获得美日欧地区发明专利授权的情况。从表中可知,C9高校中仅有清华大学、北京大学和浙江大学表现尚可,其余大学的专利授权数均在40以下,与世界一流大学间尚存在明显差距。知识转移和转化能力可由大学当年科研收入中工业来源(即产业收入)的实际情况反映,体现了大学的社会和经

---

① 资料来源于伯克利加州大学官网(https://www.berkeley.edu/about/history-discoveries),检索日期为2021-08-20.

② 刘莉,董彦邦,朱莉等. 科研评价:中国一流大学重大原创性成果产出少的瓶颈因素——基于国内外精英科学家的调查结果[J]. 高等教育研究,2018(08):23-31.

济贡献。值得注意的是,C9 高校知识转移相较于世界一流大学具有相对优势,其中清华大学和浙江大学均为满分,这源于我国大学一直积极探索成果转化方式、推动产学研深度融合。

表 7-6 C9 高校与世界一流大学专利授权及转化比较[①]

类别	大学	授权发明专利数 (2019 年美日欧)	知识转移得分 (THE 2020)
C9 高校	清华大学	277	100
	北京大学	60	86.6
	复旦大学	15	58.6
	上海交通大学	35	99.9
	浙江大学	53	100
	中国科学技术大学	9	79.6
	南京大学	25	84.9
	哈尔滨工业大学	8	99.3
	西安交通大学	13	61.4
世界一流大学	麻省理工学院	448	86.9
	斯坦福大学	301	66.2
	哈佛大学	253	47.3
	牛津大学	101	65.5
	剑桥大学	44	59.3
	芝加哥大学	48	52.7
	伦敦大学学院	56	42.7
	普林斯顿大学	58	58.6
	宾夕法尼亚大学	143	74
	耶鲁大学	97	52.4
	加州理工学院	217	88
	哥伦比亚大学	136	44.8

① 数据来源于浙江大学中国科教战略研究院、浙江大学图书馆、浙江大学信息资源分析与应用研究中心联合发布的《浙江大学与国内外一流大学比较分析报告(2020 年度)》。

将科研成果放在全球范围内进行检验与保护，是体现科研成果国际化水平的重要指标，也是服务与推动知识经济全球化的重要举措。有研究对比了中美代表性高校[①] 2014—2018 五年间国际专利申请数，发现我国高校国际专利申请数较少、占专利申请总量比重较小（参见表 7-7），而后者更能说明国际化水平和知识生产能力。专利引用率是反映专利质量的重要指标，体现了申请专利保护的科研成果被后续专利引用程度，反映科研成果的对技术创新的贡献度。该指标排名美国高校第一的加州理工学院，五年国际专利的平均被引次数达0.333 次，前八所高校中，除普林斯顿大学（0.066）外，被引次数均高于 0.15。我国高校国际专利平均被引次数偏低，北京大学在国内高校位列第一，五年国际专利的平均被引次数 0.165 次，但该数据仅为加州理工学院的一半，其余高校均低于 0.14。[②]

表 7-7　中美顶尖高校国际专利申请数量（2014—2018 年）

学校　　　年份	2014	2015	2016	2017	2018	合计	国际专利占比
哈佛大学	635	463	671	402	204	2 375	80.41%
斯坦福大学	569	672	456	325	171	2 193	74.65%
麻省理工学院	771	562	632	428	258	2 651	68.76%
加州大学系统	1 219	1 231	1 274	1 012	512	5 248	61.68%
普林斯顿大学	149	102	99	63	55	468	59.23%
哥伦比亚大学	262	256	291	190	83	1 082	52.30%
加州理工学院	177	165	185	85	67	679	46.40%
华盛顿大学	196	144	164	97	50	651	40.27%
清华大学	469	481	280	415	131	1 776	12.45%
浙江大学	84	90	81	83	26	364	8.98%
北京大学	102	60	93	53	14	322	5.10%

① 国内代表性高校，指国内 C9 高校；美国代表性高校，选取 US News2019 年世界大学排名 Top10 的 8 所美国高校。加州大学系统在专利申请数据上难以区分，因此将加州大学系统的 10 所高校专利数据作了总和统计。

② 李飞，钱圣凡，黄山. 中美高校国际专利申请情况的比较分析及建议[R]. 浙江大学中国科教战略研究院内部资料《高教信息动态·专报》第 84 期，2019 年 3 月 31 日.

（续表）

学校＼年份	2014	2015	2016	2017	2018	合计	国际专利占比
上海交通大学	52	56	61	63	21	253	4.65%
南京大学	41	25	52	41	14	173	2.67%
复旦大学	59	37	32	25	18	171	2.59%
西安交通大学	38	24	27	33	7	129	2.06%
哈尔滨工业大学	49	24	16	7	3	99	1.51%
中国科学技术大学	20	16	19	14	8	77	0.95%

再以国际三大奖（诺贝尔奖、图灵奖和菲尔兹奖）为代表的突破性知识贡献方面，国内大学尚未有零的突破，而世界一流大学则多有斩获。以诺贝尔奖[①]为例，从设立（1901年）到2021年，美国共有269人次获奖，占比超过4成，也是唯一获奖数超过100人次的国家；其他获奖数不足100但超过20的国家有英国（94）、德国（73）、法国（34）、日本（22）。有统计表明，美国拥有诺贝尔科学奖获得者（包括毕业生及职员）超过20人的大学就有19所。[②] 对1901—2018年获奖者取得获奖成果时所在机构进行统计，哈佛大学、斯坦福大学、加州理工学院、麻省理工学院表现最为出色，获奖次数分别达到了28、20、19和15次。[③] 近年来，虽然我国一流大学在暗物质、量子通讯、干细胞、超级计算机等领域取得了一批具有较大影响力的研究成果，但突破性知识贡献依然是我国顶尖高校的一项短板。远者有诺贝尔奖之痛，近者有支撑"卡脖子"难题破解乏力，在价值层面也不能引领和塑造全社会科学、创新和诚信文化。提升原始创新，促进重大原创性成果的产出，已成为我国世界一流大学建设亟需解决的问题。

（五）治理体系

大学治理是大学、社会、政府以及利益相关者为实现大学目标进行的一种制度安排。[④] 科学合理的治理体系和高水平的治理能力，能够集中呈现一所大学

---

① 包括物理学奖、化学奖、生理或医学奖。
② 周程. 战后美国大科学崛起的基础[R]. 中国科学技术大学讲座报告，2021年11月16日.
③ 门伟莉，张志强. 机构属性的诺贝尔科学奖分布规律研究[J]. 情报学报，2019(9)：907-920.
④ 郝永林. 大学治理的社会参与：中国情境及其实现[J]. 大学教育科学，2014(3)：29-36.

的发展状态,也是实现高质量、可持续、内涵式发展的重要着力点。在发达国家,高等教育改革往往由非政府组织推动或大学自发实施,社会多元诉求和办学资源通过多种渠道反馈到办学过程中,高等教育机构与社会之间形成了稳定深入的互动机制和情感纽带,建构了以声誉为核心的"对利益相关者负责就等于对自己负责"的动力机制。深度互动机制的建立,使高等教育机构能够较为合理地平衡好应用研究及转化等短期利益同校友声誉等长期利益之间的关系,有效规避了顾此失彼的问题。美国大学采取多方共治管理模式,最为鲜明的特征就是社会参与大学治理,如美国大学董事会构成高度社会化,其董事会成员大多是"在社会上取得良好声誉和拥有良好资源的外部人",能够帮助大学吸收各种社会资源。[①] 哈佛大学董事会成员共 13 人,除校长外其余 12 人均来自校外,职业背景包括大学教授、公司管理人员、投资人、法官、律师、行业专家等(见表 7 - 8)[②]。在此制度下,大学与政府之外的社会组织能够深入参与教育质量评价、教学评估、课程设置等运行过程。另一个不容忽视的现实是,美国诸多世界一流大学的形成过程伴随着强大的社会捐赠文化影响,捐赠通过资源注入补偿办学成本,也通过话语引导、需求引导等方式实现着大学与社会之间的良性互动。

表 7 - 8　哈佛大学董事会成员一览表

序号	姓名	职务/职业	担任时间	与哈佛关系
1	Lawrence S. Bacow	哈佛校长	2018	校友
2	Diana L. Nelson	投资公司 Carlson Inc. 董事长、美国世界儿童基金会董事会主席、哈佛大学前监事会成员	2020	校友
3	Timothy R. Barakett	资产管理公司 Atticu Capital 创始人和首席执行官、金融家、投资人、慈善家	2019	校友
4	Mariano-Florentino (Tino) Cuéllar	加州法院最高法官、斯坦福大学客座法学教授等	2019	校友

① 王佳,吕旭峰,翁默斯. 让理事会真正"理事儿"——美国大学董事会的启示[J]. 高等工程教育研究,2020(01)：137 - 141.

② 资料来源：哈佛大学官网,网址为 https://www.harvard.edu/about-harvard/leadership-and-governance/harvard-corporation/,检索日期为 2021 年 9 月 19 日。

（续表）

序号	姓名	职务/职业	担任时间	与哈佛关系
5	Penny Pritzker	全球投资公司 PSP Partners 创始人、美国商务部前部长	2018	校友
6	Biddy Martin	阿默斯特学院院长、康奈尔大学前教务长、威斯康星大学麦迪逊分校前校长	2018	校友
7	David Rubenstein	资产管理公司 carlylegroup 创始人、哈佛大学全球咨询委员会创始主席、哈佛肯尼迪政府学院和哈佛商学院顾问委员会委员	2017	/
8	Shirley M. Tilghman	普林斯顿大学前校长,分子生物学、公共事务教授等	2016	哈佛荣誉博士
9	Kenneth I. Chenault	美国运通公司的董事长和首席执行官、哈佛大学资源委员会委员	2014	校友
10	Karen Gordon Mills	美国小企业管理局行政长官、哈佛大学商学院高级研究员、麦肯锡公司顾问、通用食品公司产品经理等	2014	校友
11	William F. Lee	著名的知识产权专家、诉讼律师、哈佛大学前监事会成员	2014	校友
12	Paul J. Finnegan	芝加哥投资公司联合首席执行官、哈佛大学财务主管、哈佛大学前监事会成员	2014	校友
13	Theodore V. Wells, Jr.	美国最具影响力的律师之一、CIT公司审计委员会委员	2013	校友

改革开放以来,我国大学虽然在学科专业设置、科研经费使用、人事人才政策、内部机构设置等方面获得了较大自主权,但内外部行政力量在决策和管理中仍处于"一股独大"地位和"一家独断"态势,单中心化和泛行政化十分明显[①];治理体系改革集中于政府—高校关系变革,尤其是中央—地方—高校三者间纵向关系的调整,缺乏广泛的社会参与和市场参与,多主体参与治理格局尚未真正形成。缺少市场调节的政府主导模式,极易出现行政管理遮蔽市场调节的现象,进

---

① 余小波,陆启越,周巍.社会评价介入大学治理:价值、路径及条件[J].大学教育科学,2015(4):23-27.

而造成高等教育与社会发展相脱节。在政府推动下制定相应的发展目标与战略，在源头上却无法敏锐洞察社会需求，也导致非政府主体参与高等教育改革和投资高等教育的积极性不能被充分调动，社会各方面潜藏的办学资源无法得到释放。为了跳出这个怪圈，许多大学已经做出了有益尝试，如不少大学正在推动的学部制改革，旨在实现相近学科协同自治，以减少学校单中心化容易造成的"一刀切式"难题；部分大学学校正职领导退出学术委员会，以充分体现学术委员会作为专家治校平台的主体作用；更多的大学在不断完善学校章程，进一步强化学校总体运行的规范性、制度化，尽管这种变革可能存在被动性、形式化等争议。而类似南方科技大学、西湖大学等所谓新型研究型大学的"去行政化改革"可能更具有根本性、开创性、全局性意义，无论是院系组织架构，学术权力与行政权力配置，还是学校与社会之间的新型关系等，都可谓一股"清流"。

治理体系的根本是激发办学活力，具体看就是激发"人"的积极性和创造性，最终实现一流目标。而如何提高更多元的利益相关者甚至是社会公众参与大学治理的积极性、合规性和有效性，亟待思考。一方面，人才培养、科学研究、社会服务等每一个职能都可以在社会参与中更好地达到目标，社会公众的有效利益诉求理应得到大学和政府层面的认可和满足。另一方面，大学应健全社会参与大学治理的机制，提升社会组织在大学治理中的话语权，政府也应给予适当政策支持，从而逐步建立社会广泛参与的高等教育治理格局。

三、未来省思：如何优化评价以推动高质量发展

即便如此，我国高等教育"量"的快速增长和提升，与"质"的方面不尽如人意同时并存，且后者遭到公众、学界、受教育者等越来越严重的非议。在经济社会由高速增长转向高质量发展的新阶段，国家发展对高质量人才、高水平创新成果以至内涵式高等教育的渴求前所未有。2019 年，国家发布的《中国教育现代化2035》明确指出要"形成充满活力、富有效率、更加开放、有利于高质量发展的教育体制机制"。而如何实现量优质高的发展，在理论上还没有一致答案，在实践上也并未有实质性效果，所以这是我国高等教育发展的一道必答题，更是一道难题。

高等教育评价是一种历史悠久的教育活动，几乎与高等教育同时出现，相伴而生。但它作为一项规范化、制度化和专门化的教育活动，却是进入 20 世纪之

后才得到迅速发展。① 科学完善的评价体系能够较为全面地反映高校现状以及在教学和科研中的差距,具有很强的指引性和应用价值。② 美国的唐纳德·肯尼迪曾说过"一旦在学术追求中掺杂个人利益,贪婪或者虚伪,就会严重威胁到人们对学术价值的信任"③。科学研究的天然本真如果被工具主义的利益取代,不但不能激发学者对科学的热爱、执着与忠诚,反而会催生学者的"学术浮躁"甚至走向"学术腐败"④。不合理的评价制度将不可避免滋生资源浪费、低质化重复、学术腐败等问题,影响高精尖缺人才的培养和高水平科研成果的产出,并进而损害大学建设的长远根基。

世界高等教育强国对高等教育评价都实行了较为科学的管理方法,如英国开展的研究质量评估(Research Assessment Exercise,RAE)和教学质量评估(Teaching Quality Assurance,TQA),美国开发了用于评价学生发展和高等教育质量的全美学生学习性投入(National Survey of Student Engagement,NSSE)评价体系等。⑤ 当然,世界大学排名也是一种除政府直接组织和委托的评估外,由社会第三方机构发布且国际上认可度较高的高等教育评价体系,具有较高的全球影响力。本部分从高等教育评价层面,审视阻碍我国大学发展的问题,并提出面向未来的若干省思。

(一)塑造科学化价值观,持续推动多元化评价

近年来西方学术话语体系深刻影响了我国教育科研体系。商业化学术评价标准的简单化和一刀切,使不少研究成果脱离我国社会经济和科技发展的土壤,掣肘适合中国实际的学术评价原则建构。同时,西方学术标准的横行,也容易刺激各类型院校、学科的"理科化"倾向,造成千校一面和综合化、研究型的冲动,形成高等教育系统"纵向一体化"而非"横向多元化"面貌;并容易造成大学在资源投放上的急功近利,如"双一流"方案出台前后,全国各地区、各高水平大学都提出了以 ESI 学科数、排行榜位次、高被引论文数、高被引科学家等为核心指标的一流诉求,并投入了大量资源展开了学术上的"军备竞赛"。就这一点来看,我国

① 刘振天,罗晶. 高等教育评价"双刃剑":何以兴利除弊[J]. 大学教育科学,2021(1):4-12.
② 陈楠楠. 试论借鉴国外经验完善我国高校科研评价体系[J]. 高教探索,2017(1):100-104.
③ 唐纳德·肯尼迪. 学术责任[M]. 阎凤桥,译. 北京:新华出版社,2002:257.
④ 白强. 大学科研评价旨意:悖离与回归[J]. 大学教育科学,2018(06):67-73.
⑤ 杨浩昌,葛辉,张发明. 高等教育高质量发展评价指标体系构建的探讨[J]. 教育导刊(上半月),2020 (10):83-90.

大学在全球大学排行榜上的优异表现也不值得骄傲，但不尽如人意的表现也并不用过于沮丧，它只是一个不重要的侧面而已。此外，西方学术价值观的泛滥，导致我国科研资源的极大浪费。有学者研究显示，仅考虑文献，2012 年我国 110 个学科论文外流造成的文献经济总损失量就高达 7.33 亿元。①

2014 年，习近平总书记在北京大学考察时强调："办好中国的世界一流大学，必须有中国特色。没有特色，跟在他人后面亦步亦趋，依样画葫芦，是不可能办成功的"。我们要以国际学术标准推动国内学术的发展，但不应将其作为唯一标准，更不能简单地复制西方的逻辑和模式②。经济社会发展阶段的不同，决定了所需要的人才结构、创新成果是不同的，以制造业为主体的国家和以服务业为主体的国家，显然应具有不同的高等教育结构与之相适应。因此，借鉴国际经验，塑造全新学术价值观的根本是建立适应我国发展阶段的评价体系，要让所有代表创新贡献的学术活动、学术机构、不同个人都得到充分尊重，并在评价体系的构建中将国际标准与中国特色紧密结合，立足中国，解决中国问题。③ 为此，我国应立足于科技创新尚在爬坡阶段、经济发展尚在工业化中期阶段的基本现实来顶层设计高等教育评价体系及其科研人员评价体系，充分考虑学术事业对本国发展的实际贡献，如在知识创新、技术创新、国防科技创新和区域创新等方面的贡献。同时，也要积极引导中国大学和科研院所解决中国的问题，避免学术功利化对创新根基的侵蚀，形成科学研究的中国气派，进而对人类社会发展进步做出贡献。

我国政府部门对高等教育的评价主要以教育部和省级教育主管部门开展的评估为主，如一级学科评估、"双一流"评估等。近几十年来，我国高等教育评价体系虽然历经变革且不断完善，但仍然滞后于经济社会和高等教育改革的变化，特别是在评价主体、评价方式、评价指标、结果发布、评价与资源分配挂钩等方面存在着明显不足，客观上助长了高等教育机构、高校科研人员的"五唯"倾向，饱受社会诟病。而造成这个现象的根本原因之一，就是我国高等教育在相当长的

① 刘丽英，魏秀菊，朱明等.我国科技论文外流的文献经济损失构成及原因分析[J].编辑学报，2015(5)：426-428.
② 杨清华，孙耀斌，许仪.建立中国特色的世界一流大学评价体系[J].中国高等教育，2017(19)：42-45.
③ 王战军，刘静.构建中国特色评价体系　推进世界一流大学建设[J].清华大学教育研究，2018(6)：58-65.

时期内走的是依附式发展道路,以模仿、跟踪西方教育强国为主,缺乏国际评价话语权,过度看重大学排名,导致对高等教育的评价过于单一化。

郑永年深刻指出,因为大学不能超脱于当前信息社会权力高度集中进而消弭多样性和多元性的窘境,也正在失去找到问题和危机的根源、发现解决问题和化解危机的方法,所以"大学正在衰落"①。事实上,大学排名以及所有鼓励单一化的评价方式,正是这种消弭多样性和多元性的力量之一,它正在用整齐划一的理念去"切削"所有大学的棱角,让全球所有大学都收拢于西方学术价值理念的窠臼之中。而大学排名作为影响最为广泛的单一化评价手段之一,引发了高等教育机构间为争创世界一流而开展的"学术上的军备竞赛",成为刺激高等教育机构追求单一化发展的根源;排名对于大学类型、特征、活动的简单归一,也使高等教育机构的发展趋于相同②。正如石川雅美(Mayumi Ishikawa)指出,"现今的世界一流大学排名,完全不考虑各国高等教育系统的语言、文化、经济与历史的实际情况,仅以美国研究型大学为模板来树立世界一流大学的'全球模式',由此形成的'标准化'和'同质化'力量对处于全球学术共同体边缘的非英语国家的大学内部的学术体制造成了不同程度的紧张……可能在本土、地区以及国家层面上扼杀学术"③。随着知识生产的方式和种类日趋多样,高等教育机构的活动也更为复杂,仅使用大学排名等单一化的评价手段对高等教育进行评价显然不再合适。

与西方发达国家相比,我国缺少高水平的、具有全球影响力的纯民间及"半官方性"评价主体,多样化评价要素较难进入传统学术领域尤其是带有资源分配性质的评价体系中。由此带来的问题主要有:第一,为国外期刊和评价机构带来了巨额收入。据学者研究,仅 2015 年我国作者支付给 SCI 收录开放存取期刊的论文发表费就高达 4.5 亿人民币,其中中国作者发文数相对较多的 120 种期刊,篇均发文收取论文处理费达到 1 656 美元。④ 第二,不利于人文社科学科的发展和智库建设。欧美发达国家诞生了许多吃数据饭、并能够输出学术评价话

① 郑永年. 大学正在衰落[EB/OL]. https://www. 163. com/dy/article/GFEBAGLN0514C94J. html,2021-07-21/2022-03-22.

② 吴伟,邹晓东,易高峰. 大学排名:水平提升抑或系统优化——艾伦·海泽科恩排名观述评[J]. 教育发展研究,2011(Z1):96-102.

③ Mayumi Ishikawa. University Rankings, Global Models, and Emerging Hegemony: Critical Analysis from Japan [J]. Journal of Studies in International Education,2009,13(2):159-173.

④ 程维红,任胜利. 世界主要国家 SCI 论文的 OA 发表费用调查[J]. 科学通报,2016(26):2861-2868.

语的"智库型"机构，进而树立了其影响深远的学术话语权。第三，"放管服"的公信力难以建立起来，专业化社会机构建设滞后，政府想委托却没对象，社会评价机构想进入却不被信任，政府与社会之间的合理"张力"没有塑造起来。

2020年9月，中共中央、国务院印发了《深化新时代教育评价改革总体方案》，将改进高等学校评价列为重点任务，明确提出"推进高校分类评价，引导不同类型高校科学定位，办出特色和水平"。事实上，在高等教育评价中，无论是以政府、第三方评估机构还是以大学为主导，都存在单一主体不可克服的矛盾。[1] 因此，要科学客观地对高等教育进行评价，首先就是要实现评价主体的多元化，从政府、第三方评估机构和大学自身评价逐步走向多元主体广泛参与的评价，进而实现评价价值和评价维度的多元化。而这当中的核心任务就是要推动建立真正独立的、利益无涉的第三方评价机构，建立若干以学术评价为主营业务的民间机构，充分发挥其在决策支撑中的参谋作用，依靠民间和市场力量打赢话语权之战。

多样化评价维度则是问题的另一面，由于不同高校的类型、规模、结构等差别较大，经济社会发展对大学的要求越来越多样，同样的学科在不同类型和层次的大学中也存在差异，因此，用一个指标体系来衡量所有院校必然会带来诸多问题[2]。为推动评价维度的多样化，相关政府部门已做出了有益尝试。2018年，上海市开展了高校分类评价工作，从人才培养以及学科专业设置和建设等不同维度建立分类体系，变单一评价为综合评价，推动上海高校由"一列纵队"变成"四列纵队"，引导高校在各自"赛道"上跑出自身特色。2019年，教育部委托有关专家研制了"双一流"建设动态监测指标体系，该指标体系的一个重要特点就是设置了留白监测项目、监测要素和监测点，大学可根据自身情况选填，便于体现各自特色。这可看作是非常有价值的改革试点，或可尝试提供全方位的指标体系给各校参考和选用，探索"一校一策"的评价制度，由各校根据自身办学地位建立符合各自实际的多样化评价体系。

金杯银杯不如百姓口碑，百姓心目中认定的才是最好的。不要太过在意那

① 钟秉林，王新凤. 我国"双一流"建设成效评价的若干思考[J]. 高校教育管理，2020(04)：1-6.
② 王旭初，黄达人. 关于新时代高等教育评价问题的一些思考[J]. 中国高等教育，2020(22)：7-9.

些国内外的大学排行榜,不能用干巴巴的指标评定我们心目中的好大学。……办大学,最重要的是人们心中的声誉,是自己的底蕴,是自己的积累。这需要长期积淀之后在人们心中形成的。(2017年3月5日,习近平参加第十二届全国人大五次会议上海代表团审议时的讲话)

要支持有条件的高校创一流,但不能把高校人为分为三六九等,而是要鼓励高校办出特色,在不同学科不同方面争创一流。……要根据建设社会主义现代化强国的需要,调整优化高校区域布局、学科结构、专业设置,改进高等教育管理方式,促进高等学校科学定位、差异化发展。(2018年9月10日,习近平在全国教育大会上的讲话)

要全面深化教育领域综合改革,增强教育改革的系统性、整体性、协同性。要抓好深化新时代教育评价改革总体方案出台和落实落地,构建符合中国实际、具有世界水平的评价体系。(2020年9月22日,习近平在教育文化卫生体育领域专家代表座谈会上的讲话)

(二) 加强评价条件建设,夯实学术话语权基础

关于评价的话语权争夺实际上早已暗流涌动。几年前,欧盟曾提出多维度评价(Multi-rank)理念,即更多地去"呈现""描绘"大学的发展状态,除却推动多元化评价进而实现高等教育系统横向多元化发展的"科学逻辑",应对美国大学在各种学术评价中一家独大局面以及美国学术评价产品统治力强的局面,也是其中一个重要动因。我国的学科评估、"双一流"评价,尤其是2020年中共中央国务院印发的《深化新时代教育评价改革总体方案》,都是类似的为评价多元化而做的努力,其中也伴随着推动评价科学性和争夺评价话语权两种逻辑。当前,西方商业化学术评价标准(尤其是刊物影响因子、论文数量、引用率等)被我国学术界普遍接受,并逐渐进入决策领域成为衡量科研成果和宏观科教资源分配的重要依据,即"学术评价标准西化"。西化的学术评价标准具有简单、成熟、稳定等特点,易于操作,且国际可比,近年来借助大学排名、数据库商业活动等被不断放大,对全球学术系统运行产生了巨大影响。众所周知,不少我们青睐的评价依据都遵从商业化运作逻辑,以广告效应和利润最大化为基本导向,而其背后是"学术话语权"的争夺。

以强大的数据运作为基础的科研评价资源"供给侧"革命是大数据时代科研

评价多元化、客观化和话语权提升的必然要求，可谓之科研评价的"基础设施建设"。当前国际科研评价的主要趋势也是集成各种数据源和评估手段，体现评价内容的系统化和动态性，避免单纯的同行评价和科学计量学方法的单一化。而我国科研评价条件建设尚显不足，由此带来的危害主要有：第一，科研评价合理化之路面临"心有余而力不足"的境地，即希望评价多元化、指标多样化、数据丰富化，但缺少机构、数据、素材的支撑；第二，研发经费投入产生成果多被拿到海外发表，支撑了大量的 SCI、SSCI 期刊及其数据库，同时这些期刊和数据库再被卖给中国，形成两头损失。据统计，我国用户每年向国外商业全文数据库支付订阅费高达数十亿元。以 Elsevier 的 Science Direct 商业全文数据库为例，其每年的订购单价超过 200 万元，按我国 300 家订购用户计算，每年就要向 Elsevier 支付 6 亿元的订购费，而中国作者在 Science Direct 数据库的论文数量逐年攀升，2019 年占 Science Direct 数据库当年论文总量的 28%，由此就形成了学术资源"两头在外"，需要"前后付费"的被动局面。[①] 第三，海外数据供应商在垄断了数据的背景下，更加有利于其建立、掌控科研评价话语权，在进行不为我们所熟知的数据操作的同时，汲取我们更多的科技创新资源、精力和资金。如以 Wiley 出版社为代表的越来越多的国际出版社，要求作者在提交论文的同时，也要提交与论文研究结果相关的数据或数据可用性声明，长此以往，随着我国作者在国外发表论文数量的增长，越来越多的科学数据也将存储到国外平台，进而衍生出数据安全性和自主性等问题。

在经济社会发展逐渐走过跟随阶段和学术事业力争实现弯道超车阶段，我国要实现高等教育的高质量发展，必须抓住科研评价条件建设这个关键环节，注重提升国际学术话语权，避免被西方话语体系牵着鼻子走。为此，可以考虑：第一，从长远角度建设科研评价数据收集报告系统，立足于全面、客观、透明和可比等标准，充分利用我国大数据发展优势和部分互联网企业技术优势，形成科研评价方面的大数据，打破西方数据垄断和标准壁垒。第二，扶植形成"企业化运作"的局面，创造更多促进企业创办高教评价机构的政策和市场空间，让数据商业化和服务定制化成为激发社会力量"讲好中国故事"的重要手段，在数据运作和咨询服务上强化企业化运作机制。第三，逐步建构本土学术期刊、数据库、评价工

具等科技成果承载体系,畅通成果传播渠道,创新传播手段,不断扩大我国学术标准、研究范式、学术创新文化的全球影响力。第四,鼓励科教机构"走出去",发挥国际化对科学研究和人才培养活动的实质性带动作用,用国际学术资源建构我国学术制高点。第五,引导高水平成果发表在中文期刊上,深入推进公共资助的研究成果开放共享进程,通过公共知识库传播推广,以进一步提升我国期刊、数据库建设水平。对此,我国于2020年出台了多份科技评价文件,见专栏7-2。

专栏7-2 2020年多份重磅科技评价文件出台[①]

为深入贯彻领导人关于科技创新的系列重要讲话精神,以及党中央国务院关于学术风气、学术评价等系列文件精神,破除"五唯"顽瘴痼疾,2020年年初,科技部、教育部等部委密集出台《加强"从0到1"基础研究工作方案》(国科发基〔2020〕46号)、《关于破除科技评价中"唯论文"不良导向的若干措施(试行)》(国科发监〔2020〕37号)、《关于提升高等学校专利质量 促进转化运用的若干意见》(教科技〔2020〕1号)、《关于规范高等学校SCI论文相关指标使用 树立正确评价导向的若干意见》(教科技〔2020〕2号)等多份重磅文件,为高等教育机构科技评价改革指明了方向。这对于切实扭转"唯论文"或"SCI至上"倾向,对于改变大学"理科化"或"趋同化"局面甚至重塑科技创新动力机制具有重要意义,事关科技创新从数量角逐向硬核比拼的转轨发展,具有重大历史意义。

1. 文件主要精神

多份文件剑指ESI指标被滥用、误用并进而导致的科技创新价值追求扭曲、学风浮夸浮躁和急功近利等问题,重在引导科研机构把破除论文"SCI至上"作为突破口,从长远角度实现科技评价体系的大转向,营造良好的科技创新生态,助力创新型国家和世界科技强国建设。基本精神包括:

一是尊重科学规律。强调科学研究的长期性、原创性、应用性,鼓励科学家围绕重要方向开展探索性研究,不盲目追求热点,把冷板凳坐热,注重学风建设、学术环境建设和科学精神提升。二是扭转功利化导向。要求取消直接依据SCI论文相关指标奖励个人和院系,破除论文、专利等与资源配置、绩效奖励直接挂

---

① 资料来源:浙江大学中国科教战略研究院内部报告《我省高等教育应对国家新近多份科技评价改革文件的基本思路与八条举措》的部分内容,撰写人包括:吴伟、李拓宇、吴婧姗、刘智、徐吉洪。

钩。强调高质量成果产出和代表作评价,如国科发监〔2020〕37 号文提出以"三类高质量论文"为侧重,并大幅度提高高质量成果在考核中的评价权重。三是注重分类施策。提出对不同类型的科研工作、科研人员、科研平台分别建立各有侧重的评价内容,充分尊重学科特色和研究属性的差异,注重标志性成果的质量、贡献与影响力。如教科技〔2020〕2 号提出,针对不同研究类型设定论文多样化权重。四是规范评审过程。精简优化申报材料,在项目、基地、机构、奖励、人才等分类基础上,不再要求或不唯一要求填报论文指标。更加强调规范化同行评价,如教科技〔2020〕2 号提出在评审中引导专家不简单以 SCI 论文相关指标代替专业判断,负责任地提供专业评审意见,并倡导建立评审专家评价信誉制度。五是提供保障性支持。如培育打造中文高质量科技期刊;鼓励财政资金资助的论文在高质量国内科技期刊发表;改进学科和学校评估,减少对学科、学校的排名性评价;不鼓励高校及其主管部门对以 SCI 论文相关指标为核心的各种评价排行的舆论宣传;加强知识产权运用和保护等。

2. 高等教育机构基本应对思路

科技评价涉及高等教育和科技创新工作全局,如人才计划、职称制度、科技计划、研究生培养、学科/学位点评价、国际合作等。部分省市和国内顶尖高校已在着手梳理已有制度并谋划新的改革举措。科技创新中的大团队建设、长周期研究、有组织科研等关键瓶颈,以及重大创新成果产出不足的问题,可望得到缓解。然而,针对本次系列文件,目前多数省市仍持观望态度,当然可能与新冠疫情爆发有关。从公开信息看,目前[①]仅有江苏、吉林、福建、北京、上海等少数地区的教育、科技主管部门推出了相应跟进性政策,如江苏省 3 月 12 日发布《关于转发教育部等部门提升高等学校专利质量和规范高等学校 SCI 论文相关指标使用若干意见的通知》,其中敦促省内各高校查找修改相关制度文件及省级专项建设方案。高校层面,仅有西北工业大学与清华大学制定并发布了新的学术评价标准,改革核心体现在突出师德考核、加大教学业绩考量、改变科研评价方式等方面,后者涵盖代表作评价、分类评价、同行评审等常规性提法,其中西北工业大学明确了将引入第三方权威机构进行同行评审的要求。

究其原因:一方面国家下一步改革动向和推动力度尚不明朗,尤其是学科

---

① 信息截至 2020 年 5 月底。

评估、"双一流"评估、各类基地与人才评价等如何联动改变；另一方面也观望其他兄弟省市、顶尖高校的应对举措，以免单独推动实质性改革而带来决策风险。我们判断国家相关改革会将"自上而下"与"自下而上"相结合，通过"部省会商""上下互动"共同推进。因此，高等教育机构及各地方要在积极主动与蹄疾步稳之间做好平衡，避免政策过激而从一个极端走向另一个极端，既要与部委精神保持一致，又要积极探索形成各具特色的经验举措，最终落脚点是实现治理体系和治理能力现代化，竭力破解高等教育高质量发展难题。科技评价涉及面广，关系高校、人才切实利益，因而必须做好相关政策衔接，联动修订各种制度，如人才引进、职称评审、学位授予、研究机构评价、平台绩效考核等。

3. 可能的针对性举措

一是合理引导论文发表。建立符合大学自身办学类型、发展阶段、学科特征的差异化学术评价体系，不将发表 SCI 论文数量和影响因子等指标作为人才引进、职称晋升、学位授予等的限制性条件，避免"一刀切"向所谓研究型大学看齐。大学应该逐步把论文发表向"三高论文"聚焦，发布"三高"学术期刊（会议）的正面清单和低水平学术期刊（会议）的负面清单，负面清单要注重动态调整，并以严格的论文发表支出管理予以保障。

二是优化专利质量，促进高水平成果转化。大胆探索赋予科研人员职务科技成果所有权或长期使用权的落地政策措施，探索完善涉及赋权形式、成果评价、收益分配等方面制度体系。建立职务科技成果披露与专利申请前评估制度，促进高校专利质量与转化效率提升，减少直接与专利挂钩的奖励或评价权重。建立健全知识产权统筹协调机制，探索建立专利管理运营队伍，提供专业化的成果转化服务。

三是推行代表性成果制度。政府和大学在人才称号评定、职称评审、项目平台绩效评价、"双一流"建设等方面，可选择高水平论文、专利成果、工程项目、智库报告等代表性成果参加评审。不把论文作为针对所有学科、人员、基地平台的等价成果，着重考察代表性成果的学术贡献、社会影响力和潜在应用价值等而非论文数量。在实践性强、基础研究属性不明显的领域，尤其要明确不把论文成果作为必备条件，切实从论文评价向创新成果本身的评价转型。

四是差异化实行同行评议。分领域、分阶段并根据院校实际，在科技项目评审、基地与人才评价、学科评估中倡导严格、规范的同行评议制度。不断提高国际同行、小同行评估权重和施行范围。强化同行评议人的学术伦理、职业操守培育,在部分专业领域探索同行专家负面清单制度和动态调整机制。

五是优化科技评价程序。教科技〔2020〕2号文和国科发监〔2020〕37号文并非简单提出反对"SCI至上",更本质上提出了优化科技评价体系和建立高质量发展动力机制,尤其包括与中办国办"三评"文件精神相一致的精简评价内容。可借助"最多跑一次"改革以及大数据平台建设,进一步精简各类项目评审、人才评价、机构评估行政手续,简化归并各类申请、总结材料,为科研工作者营造潜心研究、专心治学的外部环境。

六是坚决破除论文及专利申请奖励。教科技〔2020〕1号文提出"停止对专利申请的资助奖励,大幅减少并逐步取消对专利授权的奖励",国科发监〔2020〕37号文提出"不允许将论文发表数量、影响因子等与奖励奖金挂钩",教科技〔2020〕2号文提出"要取消直接依据SCI论文相关指标对个人和院系的奖励"。中央部门和各地政府要大幅度精简论文奖励和专利申请补助,把学术奖励的对象切实转变为科技创新成果本身,在学科建设、人才计划、基地/平台评审评价中,本着统一、简化原则,制定针对个人、学科和高校的成果递交形式(评价表格)。

七是切实加强和改进学风建设。建立切实有效的科研诚信监督惩戒机制和科技伦理监督机制,定期开展第三方评估,正确发挥媒体和社会监督作用,定期曝光科研诚信负面清单,有效发挥警戒的预防作用。大力宣传重大科研创新的正面典型案例,树立正确的舆论导向,鼓励研究人员发扬科学家精神,潜心治学。持续滚动支持重大问题研究,延长科研评价周期、赋予科研人员绝对的科学决策权,鼓励和支持科研人员敢于啃硬骨头,敢于挑战最前沿的科技难题。

八是推动高质量期刊建设。提升现有科技期刊办刊水平,抢抓国科发监〔2020〕37号文鼓励论文国内发表所可能带来的科技期刊"扩容"窗口期,加强高质量科技期刊布局。结合"双一流"和"中国科技期刊卓越行动计划",持续性支持高水平期刊建设。地方政府要在国家"双一流"建设学科和省一流学科遴选一批学术期刊给予重点支持,推进学术期刊数字化、专业化、集团化、国际化进程,鼓励中英文并行编辑。

第八章
一流大学建设的终极追问[①]

　　题记：中国建设世界一流大学的速度和成效令全球瞩目，其中仍然存在短期内无法破解的难题，个中经验教训值得总结。一流大学的生成是伴随一国经济、科技、社会等因素而演进的一种自然的显性过程，还是政策推动而可以短期内突破的"伟大事业"？如果是前者，自然不必纠结于当前的成效或存在的问题，如果是后者，则原有的政策支持就有必要保持力度甚至要加大"剂量"。世界一流大学有相对一致的标准，在处于不同发展阶段的不同国家，是否应该呈现不同的一流大学建设路径？具体的，世界一流大学建设是否应有"中国模式"的存在、甚至成为相似国家(如新兴经济体)推动一流大学建设的典型范本？从一流大学群体来看，整齐划一的中国大学，如何走出各具特色的发展之路，适应不同受众(受教育需求者和大学产品使用者)并不十分确定的偏好？面向未来，我们必须深入思考这些宏大命题，以占得发展先机。

　　高等教育作为国家最重要的人力资源供给者、科学研究和社会服务阵地，其发展水平体现了国家综合国力和发展潜力。过去几十年，我国高等教育发展遵循严格的计划性增长，以强有力的政府推动来驱动各方面变革和发展[②]。事实证明，这种集中力量办大事的模式发挥了重要作用，在高等教育高歌猛进过程中，政府力量具有根本性意义。虽然其他国家也在做类似尝试，但像我国这样超

---

① 本章撰写组：吴伟、徐贤春等。
② 钟秉林，王新凤. 迈入普及化的中国高等教育：机遇、挑战与展望[J]. 中国高教研究，2019(08)：7 - 13.

大力度推动，并取得明显成效的案例并不多。随着我国高等教育的飞速发展，大学综合实力也在不断增强，以至于在 2020 年即"双一流"建设第一阶段收官之年，有不少"优等生"经过专家评议，已经宣布建成世界一流大学或进入世界一流大学行列。如清华大学宣布"全面建成为世界一流大学"，中国人民大学宣布"整体进入世界一流大学行列"，上海交通大学宣布"整体实力已跻身世界一流大学行列"，北京航空航天大学宣布"具备了世界一流大学的主要特征"，哈尔滨工业大学宣布"实现了预定的'世界一流大学'建设目标"。姑且不论这背后反映的社会心理、创新文化等深层次问题，这个结果至少说明了在政府支持下若干顶尖大学快速发展的事实。虽然如此，我们依然需要反思以下几个深层次问题。

一、一流实现：主动谋划抑或自然生成？

进入 21 世纪以来，并溯及新中国成立后几十年来的高等教育历程，甚至再溯及 20 世纪以来中国人追求世界一流大学从梦想到理想、从萌发到实践、从起步到跃升的百年历程，不得不感怀于过程的艰辛、心事的沉重和成效的喜悦。近年来，中国高等教育取得了狂飙突进式的发展，尤其表现为资金投入一再增加、办学规模急剧扩大、改革举措大张旗鼓以及院校层面的业务快速拓展、国内外影响力的迅速提升等。但是经历过喧嚣繁华，社会各界开始对一流大学建设进行溯本求源，比较普遍的共识是我们在高质量发展方面仍有很长的路要走，而要实现与当前公认的世界一流大学的发展水平，更非一蹴而就，虽然并非所有人都认为我们应该以西方标准为圭臬。

党的十八大以后，我国一流大学建设更加关注中国特色、扎根中国等命题，旨在实现立足本土的价值回归。事实上，这就造成了理想与现实、民族性与国际性、追求长远和满足当下的矛盾纠葛，一方面短期内很难实现全球公认的一流内涵（如价值引领），另一方面又不能对世界潮流（如功利转向）无动于衷。换句话说，面对国家的需求、世界通行的标准以及百年未有之大变局，中国大学发展究竟应该走什么样的道路，在很多情况下是不清楚的。

如第一章《风靡全球的一流大学建设动议》所述，世界一流大学生成上既有"线性演进"成分，但在 20 世纪后期开始更多表现为政策上的"强势推动"。进一步来看，"强势推动"的一流大学建设动议，似乎并未对 20 世纪中前期所形成的全球性世界一流大学区域分布格局带来明显的改变。这就使我们怀疑，世界一流大学可能不是主动谋划出来的,而更多可能是建基于其他因素而"自然"产生的。如果是这样,那我们为快速提升高等教育水平而不惜投入重金实施重点建设计划,进而希冀较短时间内建成若干世界一流大学的设想可能就是缘木求鱼,又进而,我们因为重大资源投入而尚未实现世界一流大学建设的突破性进展而生发的各种焦虑不安可能就是杞人忧天。换句话说,这其中存在"工程"思维与学术规律的龃龉问题。

事实来看,自"双一流"政策实施以来,虽然中国大陆高校 ESI 学科发展势头迅猛,但是世界顶尖学科较为匮乏,大陆前万分之一学科总数不及哈佛大学;入围 ESI 前 1% 的大学数量众多,但近四分之三大学的 ESI 学科数量在 5 个及以下,近三分之一的大学仅有 1 个 ESI 学科,缺乏世界一流的"超级大学"。高被引论文量最高的清华大学论文量不足哈佛大学的五分之一;在全球 TOP100 个研究前沿中,仅 18 个前沿的高被引论文量占比在 80% 以上,68 个研究前沿的高被引论文量占比在 50% 以下,27 个研究前沿的高被引论文量占比在 5% 以下,其中 13 个研究前沿中国大陆大学无高被引论文。① 由此看来,政策上的"强势推动"可能存在边际效益递减,持续大规模资源投入可能带来规模不经济现象。放眼全球,2005 年,德国开始实施史上规模最为宏大的重点大学建设项目"卓越计划",实施"卓越计划"的十几年间,虽然前 50 名中出现了德国大学的身影,但名次始终徘徊在 40 名到 50 名之间,世界前十均被美、英大学占领。②

所以,一流大学建设应该看发展的基本趋势和规律,即"是不是在真正进步",尤其是一些改革举措是不是激发了办学活力;还要客观冷静,即客观评价已有成效、清醒认识前途之艰、正确处理本土情境与海外经验之间的关系;更要积极进取,全面破解改革发展中的关键瓶颈,尤其是实现不同维度改革举措的充分协同,从"改革的综合"走向"综合地改革"。

而从可能性来说,当前大国博弈、全球格局、发展动荡的局面演进,使得我们可能会迎来一个一如世界高等教育中心从英国到法国、德国再到美国这种烈度的历史性变革的时间节点。就科技创新而言,科学研究范式正在发生深刻变革,

① 陈卫静,张宇娥. 我国世界一流大学建设的成效分析——以 ESI 数据库为视角的量化比较[J]. 中国高校科技,2021(05):10-15.
② 辛斐斐,范跃进,孙盘龙. 德国高校"卓越计划"实施的反思——兼论对中国"双一流"建设的启示[J]. 中国高校科技,2019(08):42-45.

科学探索不断向宇观、微观和极端条件方向拓展，学科交叉融合不断发展，科学技术和经济社会发展加速渗透融合，前沿领域呈现群体突破态势．我们不可能对可能的机会无动于衷，因为准备不善可能会失去一个时代，何况进入新时代我们对一流大学的渴求前所未有。

现在，我们迎来了世界新一轮科技革命和产业变革同我国转变发展方式的历史性交汇期，既面临着千载难逢的历史机遇，又面临着差距拉大的严峻挑战。我们必须清醒认识到，有的历史性交汇期可能产生同频共振，有的历史性交汇期也可能擦肩而过。(2018 年 5 月 28 日，习近平总书记在中国科学院第十九次院士大会、中国工程院第十四次院士大会上的讲话)

二、变革大潮下，大学还在社会中心吗？

当前，信息化、智能化以至于所谓第四次工业革命的话题方兴未艾，元宇宙等时髦概念层出不穷，人类生产生活方式尤其是创新范式正在经历或即将实现颠覆性变化。过去人们普遍认为，自从第二次工业革命之后，大学逐渐走向社会中心，甚至成为"轴心机构"。随着知识生产方式的变革，创新活动的泛化，以及扁平化时代的到来，大学实难延续曾经的辉煌地位。无论是人才培养，还是科学研究，遑论服务社会，大学的垄断地位已经不复存在，就如大学图书馆对知识贮藏的垄断一样不复存在。那么，传统上对大学功能的认知，是不是会被颠覆，大学会不会被边缘化？这个问题，不单涉及对一流大学的理性定位，还关系到建设一流大学的方式路径。

举例来说，美国企业家埃隆·马斯克(Elon Musk)所创立的太空探索技术公司(SpaceX)研制的带有垂直回收技术的"猎鹰 9"号火箭，经过多次试验，在 2015 年 12 月 22 日于卡纳维拉尔角空军基地 SLC‐4 成功发射。这次火箭成功发射的标志性意义在于该火箭成功发射后一级火箭还能在陆地成功回收，创造了人类太空史上的第一。[①] 可是，在众多媒体和学界的报道与研究中，我们很难

---

① 刘亚鑫，李怡勇，钱弈融．"猎鹰 9"号火箭研制中的技术与人力资源管理[J]．军事运筹与系统工程，2019(02)：74‐77．

发现 SpaceX 公司的创新生态中大学的身影。此外，马斯克担任 CEO 的另一家被誉为"汽车界的苹果"的特斯拉汽车公司（Tesla Motors，以下简称特斯拉），作为全球领先的电动汽车制造商，其关键核心技术也基本依赖自主研发，通过建立战略合作伙伴关系来加强创新进程，这些伙伴往往都是供应链上下游的头部企业。[①] 在创新泛化的今天，企业成为创新的核心主体，更具应用性、经济性的新技术在 SpaceX 和特斯拉上不断出现，并且正在引领全球在该领域的技术进步与发展。此类创新行为虽然在研发过程中投入了大量成本，但是其技术本身的目标却是更持久的降低成本和环境保护，而追求经济效益却是大学科研创新中很难解决的问题，这是否是大学在此类创新中被边缘化的原因？企业的创新更加贴合社会需要，这些有组织的科研活动着实对大学中心地位（认识）产生了冲击，大学又该如何寻找自己的定位？

作为大学最核心的人才培养功能，似乎也无法再维持垄断定位。2019 年 4 月，国家发改委、教育部印发《建设产教融合型企业实施办法（试行）》，从企业角度推进企业与大学的合作，产教协同培养模式逐渐得到重视。事实上，在我国顶尖大学中行业特色大学约占三分之一到二分之一，涵盖军工、电子、地矿、农林、能源、轻工等关涉国家经济发展、产业革新和创新型社会建设的关键行业，但是大学却难以培养出这些行业最需要的人才和能力，人才类型单一、行业素养不够、实践水平不高等问题仍然突出。[②] 产教融合虽然并非直接打破大学的人才培养垄断定位，但是也在某种程度上改变了大学人才培养的"一言堂"。大学培养什么样的人，企业有了发言权。这是否意味着，以企业为代表的其他人才培养机构的地位角色逐步凸显？

如果说跨界融合和评价改革是高校科研半推半就的选择，数字驱动型研究范式则是暴雨过后的洪流，裹挟着大学一路高歌猛进。回顾历史，人类社会数亿年的进化遵循的是有机化学的规律，自从有了计算机和互联网以后则朝着"有机演化＋无机智慧化"的方向发展，随着互联网技术、人工智能和大数据技术的快速发展，人类社会从原来的二元社会（人类＋物理空间）逐渐发展成四元社会（人类＋

① 乌力吉图,黄莞,王英立.架构创新：探索特斯拉的竞争优势形成机理[J].科学学研究,2021(11)：2101－2112.
② 李辉,于晨莹.产学研融合培养行业特色创新人才研究——基于军工企业访谈的分析[J].教育发展研究,2021(21)：47－54.

物理空间＋智能机器＋虚拟信息世界），人类社会进入虚拟信息世界与物理世界交互发展的新形态，它将对社会各个领域带来颠覆性挑战，科技创新首当其冲①。

2020 年 2 月 11 日，OECD（经合组织）发布《科技与创新的数字化：关键发展与政策》。报告指出，数字化对科技与创新以及相关政策产生了深远的影响；作为企业、科学界和政府最重要的创新载体，数字技术正以多元化的方式变革科学家的工作、合作和出版成果的方式②。2020 年 4 月，中共中央、国务院发布的《关于构建更加完善的要素市场化配置体制机制的意见》将数据与土地、劳动力、资本、技术等传统要素并列，提出加快培育数据要素市场。按照托马斯·库恩的观点，科学革命，是一种新的科学范式颠覆或替代旧科学范式的过程。以数据为驱动力的新一轮科技革命已经蓄势待发，拥抱新的研究范式变革，高校科研或顺势而为，或裹挟而下，终不能脱离大势，这对大学发展提出了重大挑战（参见专栏8－1）。

专栏8－1　基于"知识三角"的智能化时代大学范式变革

当今世界，以智能化驱动的第四次工业革命和第二次机器革命正在引发各领域的剧烈变革，尤其是人工智能、云计算、大数据等颠覆性科技将加快智慧社会、数字社会等社会形态的到来，推动人与物理世界的二元空间转变为人、物理世界、智能机器、数字信息世界的四元空间。③ 大学作为承担知识创造与传播功能、正越来越深度融入社会空间的独特组织，在智能化时代迎来了新一轮变革的机遇和挑战。《里斯本战略》提出欧洲大学改革的驱动力来自"知识三角"逻辑，即教育、研究、创新三大知识领域的协同发展④，这是我们认识未来大学范式的重要视角。

1. 研究范式变革：引领智能辅助的知识生产模式

图灵奖得主吉姆·格雷在《第四范式：数据密集型科学发现》一书中，阐述

---

① 吴朝晖. 四元社会交互运行，亟须深化数字治理战略布局[J]. 浙江大学学报（人文社会科学版），2020(2)：5－9.

② 巩玥，何枭. OECD发布《科技和创新的数字化：关键发展与政策》报告[R]. 中国科协创新战略研究院《创新研究报告》，2021年第24期（总第452期），2021－03－23.

③ 引自浙江大学校长吴朝晖在浙江大学2021年暑期工作会议上的讲话.

④ 武学超. 基于"知识三角"逻辑的欧洲大学改革与启示——以芬兰阿尔托大学为例[J]. 比较教育研究，2014(2)：60－65.

了人类历史上的研究范式转变经过了四个阶段,即以经验主义为依托的第一范式,以理论推导为路径的第二范式,以科学计算为基础的第三范式,以数据密集型分析处理为核心的第四范式[①]。数字化可以显著节省人力、资本等其他要素的使用成本,降低要素供给和要素需求方之间的信息不对称,促使要素供求双方的精确匹配,提高要素配置效率。当前随着大数据和人工智能时代的来临,传统的科技信息工作模式可能被颠覆,科研活动本身也可能在科技信息与人工智能的结合中产生变革性的"范式"突破,形成科技信息创新引领的下一代科研范式,打造所谓的"智能科学家",集成机器智能和专家智慧,推动科研活动向着自动化、智能化方向发展[②]。

从研究范式看,基于兴趣、应用、数据及算法的混合驱动模式正在形成,实验观察、数学模型、计算机仿真模拟、大数据等方法深度结合,人工智能技术与领域知识深度融合,为研究者解决复杂科学问题提供了新途径。我们可以在三个方向上预测智能化时代大学科研变革趋势:一是打造"AI+X"科研服务基础设施,将人工智能、大数据技术融合专业领域知识,形成智能增强的科研辅助技术体系,帮助各领域的科学家便利地运用先进的智能处理工具,增强科研人员数据和信息处理能力;二是建设高效率、智能化生产和处理海量科学数据的"科研工厂",使科学家摆脱科研工作中大量琐碎的重复性、流程性工作,进而极大提升科学研究效率,缩短复杂科研工作时间;三是构建人机共生的协同创新环境,通过先进技术赋予机器智能化的"学科大脑",并建立智能机器和科学家的人机协同与智慧共生,让人类智能与机器智能协同应对复杂未知情况并做出科学判断和决策。

2. 创新范式变革:开拓群智创新的学科发展道路

随着互联网和人工智能技术的深入发展,人类社会由信息化时代步入了"人工智能2.0"时代,正从强调与追求个体智能,转化为重视基于网络的群体智能,特别是在互联网环境下的海量人类智能与机器智能相互赋能,形成人机融合的"群智空间"和超越个体智能的智能形态,以解决人类社会面临的各种复杂系统决策难题[③]。随着数字创新空间和创新生态系统的演化,群智创新范式应运而

① 孟红茹,孟二龙.基于第四范式的数据分析思考[J].计算机与数字工程,2021(10):2083-2087.
② 罗威等.智能科学家——科技信息创新引领的下一代科研范式[J].情报理论与实践,2020(1):1-5.
③ 中国人工智能2.0发展战略研究项目组.中国人工智能2.0发展战略研究[M].杭州:浙江大学出版社,2018:105.

生，它是能够跨越学科屏障，聚集大众智慧完成复杂任务的创新过程，也是数字时代一种新的创新形式①。当前研究型大学的学科交叉融合进而产生会聚型学科的趋势日渐明朗，学科会聚新模式正突破传统的院系-学科框架，以服务重大战略需求和解决重大挑战问题为牵引，实现大跨度的协同创新，引领我国世界一流大学建设②。创新范式的大转型将带来创新的革命性变化与系统性重组，促进大学的知识生产和转化、传播方式迭代进阶，进而推动学科发展道路的创新变革。

　　未来群智创新的学科发展模式主要沿着三条路径前进：一方面是构筑学科交叉会聚的群智空间，顺应知识大融通和会聚技术的发展，推动学科发展不断超越传统的单一学科、交叉学科、跨学科和学科群概念，打造基于群体智能网络的学科集成系统，形成更加彰显群智创新特征的会聚型学科新形态；另一方面是围绕全链条创新推进群智攻关，深入探索群智赋能的汇聚与分布式创新协同模式，在开放协同条件下强化整体创新要素供给，通过会聚研究组织大科学、大项目攻关，形成多技术并用、多线程并进的创新态势；三是加强科技创新与产业创新的联接互动，增进不同创新要素、创新主体之间的信息流动，形成协同共生、创新导向的创新生态系统，有效促进创新技术的商业化和价值创造过程。

　　3. 教育范式变革：提升智能增强的智慧教育体验

　　人、物理世界、智能机器、数字信息世界融通的四元空间到来，进一步推动人类进入"智能增强时代"，人的体力和脑力通过机器与信息网络进一步延伸拓展③。同时，21世纪的知识大融通正从根本上改变知识的创造和传播方式，育人与创新的结合正在贯通科教体系，推动探究式、实践型、个性化教学的发展，促进大学将创新优势转化为育人特色。新型的教育生态正在教育与技术双向深度融合及不断发展中得以实现，新兴技术的发展将从学习方式、学习环境、教学组织形式、学校教育形态等多方面引领支撑教育的变革与创新。④

　　在学习方式上，大学将推动"批量灌输"的传统教育转向更加自主化、多样化

① 罗仕鉴. 群智创新：人工智能2.0时代的新兴创新范式[J]. 包装工程，2020(6)：50-56.
② 吴伟，徐贤春，樊晓杰，陈艾华. 学科会聚引领世界一流大学建设的路径探讨[J]. 清华大学教育研究，2020(5)：80-86.
③ 吴朝晖. 智能增强时代的学习革命[J]. 世界教育信息，2019(10)：3-6.
④ 寇燕，赵萍萍. 变革与创新中的教育：技术发展的视角[J]. 数字教育，2017(5)：15-22.

的学习模式,运用数字技术实现团队学习、定制学习、柔性学习等方式,给学生提供更多学习选择,并且在新一轮学习变革中提高数字素养、计算思维。在学习环境上,运用先进的 AR、VR、AI 等技术,构建开放式、个性化的泛在学习新空间,使得随时随地学习、场景沉浸式学习和远程互动学习成为可能,提供更多基于智慧创造、协同合作的教育体验,更好地激发学生的学习动力。在教学组织上,数字技术则提供了更多更有效的手段,打造慕课、翻转课堂、混合式教学等新模式,使教学的组织更加丰富和灵活。

三、大学与社会的互动:谁推动了谁?

不可否认的事实是,即使不论中国春秋战国时代和西方希腊文明、罗马文明时代以素养养成为主要功能的人才培养机构,单以中世纪博洛尼亚大学诞生以来的大学历史而论,大学实际上在最初的几百年间并未直接对经济社会发展起到太大的推动作用。事实上,直到 19 世纪中期工业革命大发展的时代,大学与产业发展、职业培训之间的联系才愈发紧密起来,也不断体现出作为整个社会轴心机构的属性。如学生在不同专属领域的教师指导下开展学习与研究,为未来职业发展奠定基础的专门素养与技能。在这一过程中,民族国家兴起,大学与世俗社会的密切联系伴随着大学国家化的进程,即大学被民族国家的宏大叙事裹挟于内,从 19 世纪后半期开始,大学一直处于民族国家以知识体系为条件的资助之下,愈发成为民族国家托管下的社会组织。①

但是,进入知识经济时代以来,一流大学在推动经济社会发展方面的作用日渐突出,甚至成为推动发展的关键因素。因此,不管是自发型模式还是追赶型路径,希冀通过高等教育培养创新型人才、拉动高新科技产业发展从而提升本国国际竞争力的愿望,常常是一个国家强力推动一流大学建设的主要动因。最为典型的是位于旧金山湾区高科技产业聚集的硅谷。虽然美国和世界其他高科技区不断涌现和壮大,但硅谷仍然是世界高新技术创新和发展的中心,拥有苹果公司、谷歌、英特尔、脸书、思科、甲骨文、特斯拉等数量众多的世界知名高科技公司,融研发、生产等为一体,可谓高科技产业之都。硅谷的早期崛起正是依托于

① 崔延强,段禹.从科学到学科——学科文化的现代性及其超越[J].大学与学科,2021(01):58-71.

斯坦福大学、伯克利加州大学的技术研发和高科技人才,并逐渐成为大学与区域经济互动的典范,而硅谷的成长反过来又进一步推动了大学发展,形成了良性互动。时至今日,硅谷附近的一流大学还包括圣塔克拉拉大学和加州大学系统的其他几所知名大学,如戴维斯加州大学、圣塔克鲁斯加州大学等。硅谷的创新要素如表8-1所示。

表8-1　硅谷的创新要素

创新要素	功能	代表性机构
企业	创新网络的核心,科技企业除了自主研发外,还能够借市场之力将高校研发成果转换成产品,投入商业运营	谷歌、苹果、英特尔、惠普、脸书、思科等
高等教育机构	通过科学研究和人才培养,为硅谷创新网络输送知识成果和人才	斯坦福大学(Stanford University)、伯克利加州大学(University of California, Berkeley)、圣何塞州立大学(San Jose State University)等
独立研究机构	创新的重要组成部分,主要通过基础研究和应用基础研究推动区域创新发展	劳伦斯伯克利国家实验室(Lawrence Berkeley National Laboratory)、桑迪亚国家实验室(加州)(Sandia National Laboratories, California)、加州科学创新研究中心等
政府机构	联邦政府和州政府通过直接和间接的方式为硅谷地区的创新发展提供包括资金、法律法规、政策等方面的支持	政府支持的创新中心、硅谷合资企业协会(Joint Venture Silicon Valley)、硅谷社区基金会(Silicon Valley Community Association)等
风险投资机构	学术、产业和政府之间的中介,对促进基于知识资本的新经济发展具有重要的意义	红杉资本(Sequoia Capital)、顶峰投资(Summit Partners)等
孵化器、产业园	学术-产业关系网之间的纽带,其目的是将新技术从发明到商业化的过程系统化	斯坦福大学的StartX、伯克利Skydeck、圣何塞生物中心(San Jose Bio-center)等
专业性服务机构	促进硅谷创新要素的顺畅对接与整合,提高创新资源的高效配置	技术转移、金融资本、人力资源、管理信息咨询、财务、法律等服务机构
行业协会	与州政府配合为地区发展提供咨询建议	西部电子产品生产商协会等

资料来源:陈琼琼,李远.旧金山湾区高等教育发展研究——基于区域创新体系的视角[J].比较教育研究,2020(10):18-25.

所以,我们不能因为中世纪之前的大学未能与社会之间产生深层互动,而忽视近代以来大学推动社会发展中的巨大作用。从经济发展来看,中国改革开放四十多年我国主要依托劳动力红利,有研究表明,我国劳动力要素对经济产出的正向效应显著,且弹性系数为 0.704。[①] 但是,在这一过程中,我们也付出了极大的土地、生态、资金等成本,在走向高质量发展的未来,必须更加倚重人才红利,也就是需要更加倚重高等教育,尤其是若干世界一流大学在塑造高水平人才上的贡献。

与此同时,我们还必须认识到,在欠发达(包括经济、科技、居民生活水平)的国家和地区,基本上不存在所谓的世界一流大学。在目前全球最具权威的四大大学排行榜中 2021 年均进入前 100 名的 55 所大学中,美国 24 所、英国 8 所、澳大利亚 6 所、瑞士 3 所、加拿大 3 所、德国 3 所、新加坡 2 所,法国、比利时、丹麦和日本均有 1 所。[②] 这足以表明,大学与社会之间的关系,绝不仅仅是前者对后者的单向支持,而很可能是后者对前者亦有贡献,同时二者之间存在相互支持、螺旋上升的关系。只有认清了这一点,才会在一流大学建设过程中,保持理性和定力,而少去很多焦虑和短视。

对这一点的理性认识,还决定了我们如何吸收他国经验与注重本土创新。不同历史阶段的世界一流大学,在不同国家间传承与发展,模仿、移植是其基本的发展模式。虽然今天很多美国大学在世界一流大学排行中占据半壁江山,但是其高等教育发展仍然是经历了模仿英国、研习法国、效法德国的过程,最终立足于本国历史、文化背景下,通过创立旨在促进研究和教学相长的研究生院、采用辅修制和非四年毕业制、行政管理分权化等本土化创新,成功探索出具有本国特色的世界一流大学体系。从 1876 年第一所由模仿德国来建立的研究型大学——约翰·霍普金斯大学至今,美国一流大学的发展才短短 100 多年的历程,可以说美国一流大学的发展正是这种吸收他国经验与本土化创新的典型代表。

对于后发追赶型国家而言,学习借鉴更是其获得后发优势的重要途径之一,然而学习借鉴并不意味着一味模仿,制度的适切性严重影响模仿效果,要实现赶超必须进行本土化创新。以瑞士洛桑联邦理工学院为例,该校于 1969 年从洛桑

---

① 王静文,王明雁. 中国劳动力供给效应释放的地区差异和门槛研究——基于劳动力红利退潮背景的分析[J]. 调研世界,2019(06):33-38.
② 肖美霖. 世界一流大学的学生规模及其结构探析[J]. 煤炭高等教育,2021(05):72-81.

大学理工学院中独立出来短短几十年后就跻身世界顶尖大学行列，其中的奥秘就是在模仿学习的基础上实现了本土创新。正如阿特巴赫在《新型研究型大学：理念与资源共筑学术卓越》一书中对洛桑联邦理工学院的评价，"朝着美国的方向发展，同时保持欧洲的价值是其前进的方向"。[①] 当然，遵循同样上升路径的还有新加坡国立大学、南洋理工大学、中国香港科技大学、韩国科学技术院等。所以，虽然长期以来我们的大学是追随日本、德国、苏联、美国等发展而来，但扎根中国本土并非不能带来世界一流，这或许仅仅取决于我们是否能在未来实现国家整体上的"一流"。

　　学习借鉴一流经验又实现本土创新，对于我国建设世界一流大学是一道很难的必答题。一方面，当前西方话语体系下一流大学体系已经占据全球话语制高点，且伴随国际交流的深入而严重影响我们的办学思维和行为模式；另一方面，本土化的需求、强大的传统文化以及"扎根中国大地办大学"的政策倡议，又决定了必须要走出一条中国式的一流大学建设之路。在这方面，澳大利亚的大学在探索科研评价体系方面积累的经验或可为我们提供一些参考，见专栏 8‒2。

专栏 8‒2　澳大利亚大学的社会互动与影响力评价[②]

　　澳大利亚政府一直致力于探索更为科学、合理的科研评价体系，以促进本国高等教育的发展。1995 年实施的综合指数（Composite Index, CI）评价因过于注重科研数量指标，导致大学科研成果引用率显著下降，在实施 10 年后被科研质量框架（Research Quality Framework, RQF）评估所替代。2008 年，澳大利亚在 RQF 的基础上，设计出了卓越科研（ERA）评估，更加注重学科差异与科研成果的质量维度，形成了较为成熟的评价方法和运行机制。ERA 实施后效果显著，大学的科研实力不断提升，参评成果中超过世界水平的比例由 2010 年的34％上升到 2015 年的 58％。然而，澳大利亚政府在科研政策方面并未止步。2015 年 11 月，其教育部发布的《科研政策与资助审查报告》冷静地指出，根据 OECD 国家的标准，澳大利亚大学虽然整体科研绩效较高，但是在将公共资助的

① 菲利普·阿特巴赫等. 新兴研究型大学：理念与资源共筑学术卓越[M]. 张梦琪，王琪，译、校. 上海：上海交通大学出版社，2020：34.
② 宗晓华，张强，占茜. 以社会贡献界定卓越科研：澳大利亚大学的社会互动与影响力评价[J]. 大学教育科学，2020（01）：58‒65.

科研转化成商业利益方面却表现欠佳。报告还提出要在科研评价与拨款中设计激励机制，以加强大学科研与社会的互动。正是在此政策导向下，澳大利亚政府于2015年12月宣布在大学科研评价中增加科研的社会互动和影响力（EI）评价，且将其作为国家创新和科学议程的一部分，以检验大学如何将科研转化为经济、环境、社会、文化与其他方面的效益。

在EI评价的设计中，社会互动（Engagement）被界定为科研人员与学术界以外的科研成果使用主体之间的互动，是实现知识、技术、方法与资源的转移机制；影响力（Impact）被界定为科研成果对经济、文化、政治、公民素养等超出学术本身的社会贡献。对大学科研进行社会互动与影响力评价，其主要目的在于：一方面为澳大利亚政府和公民提供清晰的信息，了解大学目前实现科研社会互动与影响力的方式，准确把握对大学科研的投入所带来的社会贡献；另一方面是为了改善科研与社会互动的基础设施，优化科研管理的制度流程，推动科研成果的转化与应用，进而实现科研成果的经济和社会效益。澳大利亚研究委员会（Australian Research Council，ARC）是科研评价的第三方机构，主要负责ERA评估与EI评价，其成员包括高等教育、企业等行业领袖。

引入EI评价后，大学科研评价机制展现出更为多元和积极的影响，具体表现为：第一，大学的科研活动以更积极的姿态有机融入社会，现实影响力在经济、社会及文化领域迅速扩散；第二，评价结果将影响政策制定和组织决策，为大学未来教学与科研经费配置提供参考依据；第三，科研成果的转化率持续提升，在促进经济发展的同时，激发了社会创新活力并推动了文化繁荣。

EI评价充分体现了澳大利亚科研评价对经济、政治及文化等社会贡献的重视，打破了传统学术发展与实际应用之间的藩篱，体现了学术内在价值与外在价值相结合的评价方针，有利于激励科研活动实现外部效益的最大化，带动科研价值链的整体提升。同时，科研的社会互动和影响力的评价工作，有助于提升科研工作者对实践需求把握的准确度，体现知识生产模式转型下科学研究与社会之间的联接，增强政府、产业和公民的参与度，实现大学与政府、产业及公民的良性互动。

此处有必要再探讨一下大学如何在与社会的深层互动中进行培养人才。在本章第二节中，我们已经讨论了大学与社会的互动问题，但是，前者更加强调大学作为创新要素如何与区域经济互动，而此处要讨论一下大学作为人才培养机构如何实现社会服务功能。一直以来，党和国家都强调高校人才培养要结合社会发展需求，培养适应社会发展的高质量人才。《教育部等五部门关于深化高等教育领域简政放权放管结合优化服务改革的若干意见》《关于深化教育体制机制改革的意见》等多项政策文件都强调推进"放管服"改革与管办评分离，并着力构建政府、学校、社会新型关系，但其间的深度、良性互动机制依然缺失。而在此过程中，尤其是构建高校与市场、社会的深度互动关系，以及深化人才培养的进展并不十分明显，这种情况在一定程度上不利于形成高校的自我可持续发展机制，从长远来看，也严重阻滞了高等教育提质增效和高等教育强国建设。

2018年全国教育大会召开之后，高等教育改革再出发的关键就是构建高校与社会之间的深度互动关系，推动高校建立自我发展、自我负责、自我约束的内生机制，形成以声誉为核心的动力机制。典型做法主要有以下两点：一是通过法律法规进一步规范政府管理和高校办学，保障社会机构参与高校治理的权利，提升社会参与水平，破解高校在政府主导模式下被动接受指令、资助、评估的路径依赖，逐步减少政府对高校内部运行的管理，提高其面向社会自主办学的积极性。二是以办学资源的来源多元化带动深度互动关系的实现、发展利益共同体的构建和治理体系的多元化，逐步强化市场导向在高等教育资源配置中的作用。国家给予高校的经费支持应以常态化运行经费为主，引导高校面向社会拓宽资源筹措渠道，大幅提升非财政资金占办学经费的比例，改变高校过分依赖国家财政拨款的局面。从根本上促进高校面向社会办学，对社会、市场、校友负责，构建"以声誉求生存、以需求为导向"的自我发展机制。在这些做法的基础上，深化高校与社会的互动，培养出更适合社会需求与发展的高质量人才。

四、群体的一流才是真正的一流？

笔者曾经在2011年发表的一篇论文中，系统描述了一名海外知名高等教育学者对大学排名的系列研究，其中提炼她的一个核心观点：大学排名活动不应该仅仅鼓励建设少数的所谓"世界一流大学"，而更应该有助于一国或地区高等教育系统的整体优化。[①] 首先，"大学排名是用一套共同适用的指标体系将一定

---

① 吴伟，邹晓东，易高峰. 大学排名：水平提升抑或系统优化——艾伦·海泽科恩排名观述评[J]. 教育发展研究，2011(Z1)：96-102.

范围内的大学按照得分高低的顺序进行排列。"①因此,大学排行榜实质上是把许多大学的全部工作归结为单一的、可比的、量化的指标体系。② 但是,鉴于国别差异巨大,国际可比较和有意义的连续数据比较缺乏,因而比较不同国家的院校整体特别是通过量化的手段衡量大学质量非常困难。具体来看,各种指标对研究和知识创造的衡量仅仅是"貌似可信",因为这些指标只强调了研究的狭窄定义,并未体现出知识对社会和经济的贡献的广泛性,特别是没有给予所谓"知识三角"以应有重视。正是从这个意义上说,传统大学排名误导了人们对质量概念的认知,以为排名在前的大学必然比靠后的好。③

进一步结合其他学者的观点来看,大学系统或者高等教育系统应该与一国经济社会发展充分协同或匹配。高等教育系统即是指某一统一行政区域内的一组大学,也是指有一系列产出的一组相互关联的高等教育机构。"良好高等教育系统"可以认定为促进经济社会效益最大化的体系,效益最大化的实现途径是由拥有各种技能、接受彼此不同而又相互补充的各层次教育的人口来支撑,创造知识,确保社会具有自然的多样性。因此,高等教育系统应当具有"多样性"。④ 从这一角度来说,仅仅是若干个当前普遍意义上的世界一流大学,可能只是"看上去很美",是否为社会需要(其次才是是否可能)是有待考量的。从今天来看,这系列观点仍然值得深入讨论。这名学者还认为,"对顶级排名大学的痴迷正在让我们拒绝一个世界级高等教育体系……与其把资源集中在少数精英大学上,不如将目标定为建立一个世界级的高等教育系统……这可以让各国动员整个系统的潜力并发挥其杠杆作用,为整个社会造福"⑤。美国著名学者伯恩鲍姆(Robert Bimbaum)指出:"世界各国真正需要的不是更多的世界一流大学而是更多的世界一流的理工学院、世界一流的社区学院、世界一流的农业学院、理论研究世界一流的教师学院和世界一流的地区州立大学。如果说美国因拥有众多

---

① 李立国. 以科学的理念引导大学排行健康发展[J]. 中国高等教育,2007(09):30-32.

② 任增元,王绍栋. 大学排名的缺陷、风险与回应[J]. 现代大学教育,2021(03):18-25/112.

③ 吴伟,邹晓东,范惠明. 系统多样性理念下的大学排名与分类:实践与借鉴[J]. 中国高教研究,2012(07):17-24.

④ 苑健. 世界一流大学建设对高等教育系统的公共价值——以法国、德国发展经验为例[J]. 外国教育研究,2020(07):101-114.

⑤ Ellen Hazelkorn. The problem with university rankings [EB/OL]. http://www. scidev. net/en/opinions/the-problem-with-university-rankings. html,2009-03-03/2022-02-14.

世界一流大学而形成了世界一流的高等教育体系，倒不如说正是由于美国拥有世界一流的高等教育体系，它才有了这些世界一流大学。"事实上，全球范围内出现的争创世界一流大学的冲动，甚至引发的"学术军备竞赛"，客观上推动了各类大学趋同发展、教育资源浪费、知识生产与社会需求脱节等后果。从这一角度说，"现今的部分世界一流大学计划可能的确会为高等教育系统增添新的障碍，淡化高等教育系统特征，降低溢出效应发生的可能性，从而减少了公共效益。"①

　　2021 年 4 月 19 日，习近平总书记在清华大学考察时指出，"一个国家的高等教育体系需要有一流大学群体的有力支撑，一流大学群体的水平和质量决定了高等教育体系的水平和质量。"此次讲话也进一步阐明了群体一流的重要性，换句话说，个别的世界一流大学并不能代表整体上建成了世界一流高等教育体系。实际上，众多国家都想要通过世界一流大学计划解决高等教育系统的问题，但是他们可能没有考虑好世界一流大学计划是否能够解决系统性问题。与其他国家不同，中国的高等教育体系呈现严重的金字塔现象，即使是在"双一流"高校内部，院校间的发展差异依然巨大。纵观 2016—2021 年 ARWU、QS、THE、US News、RCCSE 等五大世界大学排行榜，首批 42 所(A 类 36 所，B 类 6 所)世界一流大学建设高校名单中，只有北京大学和清华大学在这六年均跻身世界前 100 名的位置，其余大学中，满足至少两年同时进入两个及以上排行榜的 101～300 名的高校只有 20 所，两年同时进入两个及以上大学排行榜 301～500 名的高校共有 8 所，至少两个年份进入两个及以上排行榜 501～1 000 名的高校有 6 所②。相比之下，US News 美国本地大学排名前 42 位的大学中，在 US News 全球大学排名前 100 名的有 29 所，排在 101～300 名的高校共有 8 所，排在 301～500 名的高校共有 2 所。可以看到，在美国本土排名前 42 的大学中，最顶尖的和最差的大学之间的综合差距，远不如中国"一流大学建设"高校内部的差距大，而同时它们院校间的特色又远比我们更加明显。换句话说，我们缺少水平相当且各具特色的一流大学"圈层"。

① 苑健.世界一流大学建设对高等教育系统的公共价值——以法国、德国发展经验为例[J].外国教育研究,2020(07)：101 - 114.
② 杨天平,刁清利.基于五大排名分析的我国世界一流大学建设：进展、成效与不足[J].浙江师范大学学报(社会科学版),2022(01)：88 - 99.

　　高水平研究型大学要把发展科技第一生产力、培养人才第一资源、增强创新第一动力更好结合起来,发挥基础研究深厚、学科交叉融合的优势,成为基础研究的主力军和重大科技突破的生力军。要强化研究型大学建设同国家战略目标、战略任务的对接,加强基础前沿探索和关键技术突破,努力构建中国特色、中国风格、中国气派的学科体系、学术体系、话语体系,为培养更多杰出人才作出贡献。(2021 年 5 月 28 日,习近平在中国科学院第二十次院士大会、中国工程院第十五次院士大会、中国科协第十次全国代表大会上的讲话)

附录

"双一流"建设背景下学科建设调研[①]

一、大力引进一流人才

人是学科发展的最关键因素,高层次人才更是学科建设的重中之重,这已成为各院校间的共识。调研中的绝大多数受访者都表示,一流学科最重要的特征是以大师级学者或学科带头人为代表的一流人才,以及由一流人才领衔的、结构合理并富有活力的学科队伍。而一流人才的评判标准不能单纯表现为科研成果数量,最根本的指标应该是在同行中的影响力,如带出一流团队、培养出一流学生、担任顶尖期刊编委、引领某一领域重要话语等内容。

尽管有加州理工学院的例子可以说明单兵作战能力的重要性,但更多人宁愿相信"人海战术"在国内环境下的屡试不爽。权威领军人物不足、中年人才断层、青年后备人才乏力、学科团队建设弱化等是目前多数国内高校的重点建设学科普遍存在的问题,其中又以比肩或对话国际前沿同行的、具有国际影响力的学术带头人不足问题更为凸显。如何确定高层次人才引进标准以及引进决策的话语权一直是人才引进的焦点,部分高校通过进人权力下放一定程度上解决了这个矛盾。

---

① 2014 至 2015 年间,为迎接即将启动的"双一流"建设,浙江大学中国科教战略研究院组织了以学科建设为主题的校内外调研,并形成研究报告递交浙江大学参考(参与者包括魏江、李铭霞、刘继荣、吴伟、吕旭峰、马景娣、童金浩等)。2016 年 1 月,微信公众号"战略启真"择其要点陆续发布了以调研素材为基础的专题报告,受到广泛关注。五年多时间过去,纵然政策情境、院校建设发生了巨大变化,但当时调研中发现的学科发展瓶颈问题仍具有很强的"历史传承性",依然制约着"双一流"建设成效。为此,本书对上述专题报告进行了整理和更新后列示于此,供读者参考,对此做出贡献的人包括吴伟(浙江大学中国科教战略研究院)、严晓莹(浙江大学发展规划处)、刘智(浙江大学党委组织部)等。

1. 明确责任主体

明确人才引进责任主体旨在提高人才引进、使用和培养的效果。理想状态下，人才引进与学科建设两者的责任主体应统一起来，但正如不少人指出的，中国高校学科建设的关键瓶颈问题就是责任主体模糊。不少受访者特别是海外引进的高层次人才力主借鉴国外高校校长负责高层次人才引进的做法，由具备战略眼光的校长或校长领衔的教授委员会决定高端拔尖人才的引进和评价。然而现实中如何将人才引进相关制度化建设与高层决策者强力推进重点人才引进有机结合，进而避免机械化操作而错失引才良机，对不少高校提出了新的挑战。

综合各方观点，"重心下移""院系/学科为主"是非常一致的观点，建立"校长＋院系负责人＋人事部门＋教授"相互协作的责任体系相对合理，这种"协作"并非"协而不作"或"责任模糊"，而是针对不同领域、不同层次的人才，确立责任主次和责任范围。多数受访者认同，人才引进的出路应加强顶层设计、整体谋划和系统协调，学校层面基于学科规划情况进行总量与结构调控，强化服务导向，把进人权下放给学科层面。人事部门重点放在把好进人底线（如师德师风审核），同时基于学科/方向的规划来强化学科和师资发展规划引导，制定引育人才的具体实施方案和评价标准，创新切实可行、符合各自特性的政策。为激励基层院系引进高端人才的积极性，不少受访者坚持认为应该把学术团队建设、高端学术人才的引进作为评价院系党政领导、学科负责人的重要指标。

2. 引才标准差异化

当前不少高校将"超大规模、综合型、研究型"等办学特点作为孜孜以求的发展目标，也已成为不可否认的事实。不同学科的发展逻辑、生长路径、资源需求存在极大差异，因此在如何管理好大规模综合性大学中，管理者经常着面临"一刀切"或因学科而施策的矛盾抉择。在近年国家推行科技评价制度的改革背景下，对基础学科、工程应用学科、新兴交叉学科的学科特点的充分尊重容易被简单唯学历、唯论文、唯学缘、唯海外经历的短视功利倾向所掩盖。特别是在海外引才甚嚣尘上背景下，忽视国内人才、杜绝留校人才、海外经历崇拜、青睐英文发表能力等更成为不少高校趋之若鹜的政策导向。

引进人才标准过高、条件过于苛刻，势必会带来人才引进"一刀切"的问题。本校学科发展需求却又不具有绝对优势（或仅具有国内优势）以及具有中国特色或区域应用特色的学科的人才引进受到了不利影响；从引进层次上看，对部分

"非高层次人才"的支撑性人才（如实验技术人员、工程开发人员、成果转化人员）引进造成了严重障碍。长此以往，可能会产生最严峻的"三不沾"困局：即海外人才引进不能满足学科发展实际需求，本校培养的优秀人才很难留下，国内其他高校相关学科人才质量达不到本校"一刀切"标准而难以引进。

3. 引进与培养结合

引进与培养在一定程度上讲就是一对矛盾，海外高层次人才引进方面有个"常言道"是"引进女婿，气走儿子"。如不能处理好引进与培养两者的关系，不但难以激发引进人才的活力，而且会带来新的矛盾甚至产生内耗，得不偿失。借助于国家、省、市等区域性的人才计划及其他引才渠道，国内一流高校近年来也引进了大量海外高层次人才。尽管有的高校出台了"人才特区""科研特区"等政策，并投入了大量学科资源，甚至以引进人才为带头人建立了不少重大平台等新的实体机构。然而不少受访者认为，多数海外引进的高层次人才不能发挥预期作用，对学科发展的带动作用有限；而在某种程度上大量资源的投入异化出对原有相关学科资源的变相争夺，甚至破坏了原有学科生态，阻碍了学科体系的总体竞争力。引进与培养的矛盾与院系人才引进自主权紧密相关，如果自主权能够适当下放，权责明确且对等，院系基于其学科资源水平，对"如何引进、引进谁"的问题更好作答，对于自己需要什么方向的人才应该是"引"还是"育"也更为清晰。

4. 引才工作方法改进

当前全球高校尤其是国内高校近年来的高端人才争夺日益激烈，等人才上门等被动式引才工作方法已然落伍。很多受访者认为，对于许多高端人才而言，学校尤其是院系应当更多地基于发展需要主动出击，从被动筛选转化为主动物色、从平面评价转化为系统考察、从一般待遇政策转化为更多的组合式个体化协议待遇。青年拔尖人才是基础性学科当前发展的重要瓶颈，因而面向具有发展潜力的青年人才的引进和培养政策充分倾斜极其必要，尤其是要纾解其在职业生涯初级阶段所面临的资源支撑、生活保障、发展路径、工作环境等方面的实际困难。

在激烈的引才竞争中，如何实现引才工作系统的协同高效十分必要，这个系统包括人事人才、科研、学工、外事等部门以及院系、学部、学科等组织。目前不少顶尖高校成立的小而精的人才工作领导小组在高端人才引进方面发挥了重要作用，尤其是改善了引才工作的科学性和执行力，受到不少受访者的推崇。无论如何,学科层面缺乏拍板权而人事部门否决权太大,进而许多学科错失发展真正需要的人才,这种时有发生的现象亟待扭转。在新冠肺炎疫情常态化影响下,中西方竞争格局正在发生快速变化,人才引进带来极大机遇,各高校工作体系能否实现跃迁升级将面临重要考验。

5. 引才考核制度改革

有关评价问题的讨论汗牛充栋,也受到国家政策层面上的高度关注,但微观运行层面的改弦更张尚不明显。受访者普遍反映,"五唯"等不良评价倾向,忽视了教师全方位的价值性工作,正在倒逼人才引进,进而对现有人才队伍的稳定性带来挑战。具体说,用不良评价尺子量出来的引进人才,一定不是学科建设所需的一流人才,只会发论文的评委评出来的人才肯定也是只会发论文的,我们不难看出这背后的恶性循环。近几年,在国家政策倡导下,代表作评价、多元化评价、多主体参与评价、长周期评价等制度成为高校不得不转变的方向,走在前列的高校已探索预聘-长聘制等世界一流大学普遍推行的人才制度。当然,这种做法要以学科分类发展为前提,让不同学科根据自身特色和发展方向引进人才。

二、团队/梯队建设更为紧要

学科团队的重要性在于:团队式引进能够快速产出成果,团队协作易于产出重大成果,打造团队利于形成稳定人才队伍。在传统评价模式、学术氛围和资源配置方式下,单打独斗、各立山头或者拔尖曲高、支撑和寡的团队/梯队状态较为常见,这是科研生产力难以解放的重要桎梏。

1. 适应学科发展的师资规模

如今,师资队伍小、研究生名额不足是各高校、各学科普遍存在的情况。对一流高校而言,确保研究生名额充足是学校一直在努力而自身却又无法控制的难题,但师资队伍规模不够则更多是高校自身定位所致。有些高校的多个院系存在人才队伍的"倒金字塔"结构,这对队伍建设、科研成效都十分不利。加之在当前整体评价体制下,学科体量(如为师生数量和培养层次等)对评价结果的影响尤为关键。不少受访者建议:学校在总人数上做调控,可以适当扩大专任教师编制,把青年人才引进权力下放学院、学科。

2. 重点支持青年人才

前文已讲到当前过于看重论文数量、影响因子,过多关注引进后是否能快速产生效果，可能会漏掉那些暂时没有"名头"但有发展潜力的年轻人。不少受访者认为应该引进能够拓展学术方向的人，主要看"创新"以及"学术成就认可度"，即"牛人对其的认可程度"。

从梯队建设来看，国内一流高校普遍缺少 30～40 岁的能够担当重任的青年领军人才，以及从事应用研究、科技推广、生产实践的专业性人员相对不足，许多基础学科 50 岁左右的中青年人才也十分缺乏。然而不同学科人才梯队的年龄分布存在很大差异，在人文基础学科，50 岁甚至 60 岁仍不能认为已被顶尖学术圈淘汰；而在工程技术学科，30～40 岁没有冒尖，"希望就不大了"。目前不少好的做法得到青睐，如提供更加优厚的待遇条件、强化青年人才发展的持续培养激励以及近年来受到普遍关注的 Tenure 制度等。

3. 卓越高效学科团队/梯队

不少高校中，学科层面缺乏打造多功能、立体型团队的自主权，同时学校人事体制、考核机制和激励机制设计上鼓励"单干"，成为强化"有组织科研"的严重掣肘。另外，卓越高校的学科团队/梯队还面临学术文化建设滞后（如近亲繁殖、小圈子文化）、工程技术人员难以得到认可等现实困难。不少受访者认为，在队伍结构上，学科领军人才、青年人才、技术员队伍相对缺乏，PI（理工类学科）普遍反映缺少梯队。团队协作、集智攻关已经成为大科学时代科学研究的重要特征，加强多方面人才的支撑和重视所谓"非核心师资"队伍建设成为不少受访者提到的战略选择。如近年来，部分顶尖高校正在推行的非教师系列研究员队伍建设，主要包含全力支持其科研工作、实行多样化评价体系以及学校、院系、团队共同承担薪酬机制等内容；同时博士后队伍、访问学者队伍建设，也是不少受访者青睐用以补充团队力量的可能选项。

学科团队塑造可能的逻辑包括重大任务牵引、平台设施支撑、实体性系（所）依托、自由探索组合等几种模式。有受访者提出，应该以学术带头人为核心申报重大项目，以重大项目为纽带组建科研团队，以科研团队的联合攻关培育标志性成果，形成能够参与深层次国际交流与合作的科研团队与前沿方向。多数受访者都认为，学科团队建设受到当前考核、岗位和职称等机制的制约，特别是学科团队建设相关评价机制缺失，若院系领导人对带领院系、学科发展的责任心不够，则更是难以将主要精力放在学科队伍建设上。解决这方面问题的突破口是加快管理权力下放，通过改革现行人事考核制度，探索 PI 制和团队考核相融合，或直接将学科建设任务分解纳入团队建设与考核目标中,增加大团队、大平台、大项目等团队成员在职称评审、研究生招生指标等方面的倾斜力度,大幅度提高团队成员的基本收入等,提高团队凝聚力。

4. 学生队伍支撑作用

有受访者尖锐指出,国内一流高校有忽视人才培养的倾向,甚至事实上存在着把大学办成研究院所的苗头,立德树人中心地位有待真正落实。譬如当下高校之间以及校内存在的"争研究生名额"现象,在很大程度上说明了学生并未成为真正的培养对象的不良倾向。学生在学科发展中居于重要地位,好的教授、好的项目、好的成果,很多应该是来自学生的努力和付出,同时优秀学生在卓越导师的指导下容易成为杰出人才并产出杰出成果。特别是博士生的录取和培养应当受到更多重视,因为博士生不仅是建设世界一流学科的不竭力量,也是保障一流学科可持续发展的第一资源。目前,在宏观政策的引导和社会发展需求的拉动下,不少高校越来越意识到强化人才培养质量的重要性,不断探索科教融合(如卓越研究人员进课堂、最新科研成果进教材、本科生导师制)的实现路径,借以提升培养质量。

5. 发展保障队伍建设

无论是理工学科还是人文社科学科,受访者普遍反映,学科发展的保障支撑队伍十分重要,可以避免科研人员身兼学者、导师、商人、财务报销员、事务协调员等"全能型"的生存状态。这类人员包括:针对重大课题的临时性科研辅助队伍,提供大型、先进仪器设备维护的专业技术人员,实验室日常管理人员,专业化的成果转化服务人员等。这些人员不足的主要原因是三个:待遇不具有竞争力;编制性质不明确;职业前景不明朗。多数受访者对这个问题的彻底解决持有悲观态度,其根源在于我们的科学文化、宏观制度、分配体系、社会氛围等并不支持大家各安其位、各美其美。近年来,浙江大学探索实施"教师事务服务专员"制度,支持院系、部门在不增加行政编制情况下把财务报销、表格填写等事务性工作外包,以利于教师将更多精力放在教学科研上。从目前实施情况看,这一制度仍然面临着待遇难以保障、人员不稳定的问题。

三、发挥治理结构最大效应

治理结构之所以重要,源于其与关涉大学长远发展水平的关键因素直接相关，即学术文化和学术生态。当前各高校已经普遍认识到，大学办学成本愈加高昂，没有巨量经费就实现不了一流，但更值得警惕的是仅有经费很难建起学科高峰。治理结构完善的最终目的是激发师生创新活力，而其主要指向是治理重心和管理中心的下移，这也是国内各高校深化校院两级管理体制改革的基本出发点。治理功能下移的内涵在于：充分发挥校（学部）学院两级学术委员会作用，倡导教授参与学术治理（包括尊重 PI 主导权），鼓励学术权力向院系层面下移。

1. 激发院系争创一流的积极性

院系是建构学术权力本位的高校治理结构的重要组成部分，激发院系建设一流学科积极性至为根本。一方面要做好"加法"，激发院系积极性就要逐步使院系成为集人、财、物为一体的关键实体，赋予院系负责人充分的学科建设自主权。另一方面做好"减法"，减少职能部门对院系学科管理活动的干预和干扰，逐步削弱校级层面（职能部门）学术资源分配权，让部门"专项经费"转变为院系运行的"常规经费"，充分激发基层组织的主动性。同时处理好学科负责人与院系负责人的权利与职责关系，健全调动基层组织积极性的保障机制。调研发现，学术负责人对院系、学科发展的影响是根本性的，为此选配学术水平较高、热心学术管理事业、领导力强、甘于奉献、有使命感的学者担任院系负责人。为了铲断职务权力与所属学科的"裙带关系"，还要探索院系负责人任职期间与其所属学科和单纯学术活动适当分离的制度措施。

2. 建立学科建设目标责任机制

责任机制是治理结构的本质内涵，而学科建设上责任不明确、权责不对等极易发生"重资源争抢"而"轻资源使用和成效考察"的情况，进而导致短期行为、个人利益、裙带关系、"随机游走"等现象甚嚣尘上。尤为严重的是，在学科建设责任不明确的情况下，权力会逐级向上汇集，形成"消极的基层＋繁忙的中层＋无奈的顶层"的状态，即基层应该成为主体但没有承接自主权下放的积极性，中层应该突出服务功能但却忙于管理，顶层公心最强但一流学科建设效果不甚理想。打破这种怪圈的切入点应该在于建立主体责任，加强院系干部队伍建设，对承担学科建设的院系主要负责人、党政领导班子、学科负责人等实施责任问责制，对职能部门的组织、协调、服务等实行连带责任制，重点强化对院系主要负责人及其管理团队的管理绩效考核。

3. 强化学术委员会重大学术事项的决策功能

校院两级学术委员会的权力发挥是落实学术权力的重要途径。学术委员会功能的有效发挥可以鼓励教授主动参与学术共同体建设,同时激发基层学术组织活力。当前,学术委员会的评议、咨询、规划、规范等涉及学科长远发展等重要作用不能得到充分发挥,而对涉及个人及团体利益的教师评价(职称晋升)和重大资源分配的兴趣甚浓。不少受访者认为,应该进一步落实学术委员会的审议权和重大学术事项的决策权,充分发挥其在学术发展、学术评价、学术规范中的主导作用,以及在学科发展规划布局和宏观资源配置(如大型仪器购买、高端人才引进)等方面的关键作用。

4. 治理重心和管理中心下移之后学校层面主要做什么

治理重心和管理中心下移之后,学校层面应主要把握关乎全校中长远运行的战略性工作,职能部门要围绕一流学科(体系)发展重构学校学科建设功能,主要从以下方面做好管理服务工作:办学资源获取及可预期化,关键性、引导性学科资源的分配;学科战略研究和发展规划,学科体系与重点方向的调整;决策大师级高端人才引进及培养,并给予其发展空间的配套;社会声誉和公共关系,凝聚全校、地方、全社会办学力量。

5. "治理结构"的精髓是建立博弈机制

现代化的、内涵发展阶段的、与国际接轨的治理结构应该表现为学科建设相关主体之间的博弈机制。而能够参与博弈的前提就是相关方具有博弈的资本,具有相当的话语权,包括学校、学术委员会、院系、学科、职能部门以及教师个人,甚至包括学生。而在传统行政权力光环难以褪去、行政思维依然垄断校园文化情景下,与学术本质内涵相关主体的博弈资格尚难建立起来。当然,在部分国内一流高校,这种状况正在发生悄然改变。

四、没有规划就没有未来

编制科学合理的学科发展规划是推进学科建设的重要工作,在合理规划指导下进行方向布局、体系核定、资源配置,才能实现可持续发展。学科规划不应固步自封、邯郸学步,也不能随心所欲,更要切忌被社会和市场牵着鼻子走。

1. 学科发展的顶层设计

缺乏顶层设计、整体谋划和系统协调可能导致学科发展的"自由漫步",而功利性倾向往往会诱惑学科"针对某些具体或量化指标开展工作,忙于应付短期化要求",甚至"学科在很多情况下变成利益分配的理由,而不是解决科学问题的依托"。在"双一流"背景下,高校只有把自身优势想清楚,把生长空间找准确,把发展路径规划好,才能按部就班地实现一流目标。不少受访者提出,面向学科前沿、立足国家战略需求是做好学科发展规划的两大基本出发点,要在此基础上系统谋划人才培养、团队建设、学科交叉等关键事项。而一流高校受访者普遍认为,高校要在学科生态理念下加强顶层设计,注重主流方向,谨防一味扩展学科覆盖面,但可以探索传统学科的新兴研究方向。各类学科间应该构建相互协调、互相支撑的稳定系统,而学科内部的平台、人才、资源、学生等要素也应组成有机发展系统,在科学研究、人才培养和社会服务之间形成良性互动关系。

2. 学科分类发展的体制机制

如今,大多数"双一流"高校都有十个以上的学科门类,并且难以抑制扩大学科覆盖面的冲动。不同学科发展规律迥异,运行机制、资源投入方式、师生评价模式等都应有所区别,施行"一刀切"政策不利于学科多样化发展,甚至某种程度上会对学科内核和生态建设造成损害。学科分类发展是解决这个问题的根本之道,而事实上也只有这样才能解决人才引进、教师评价、科研评价、条件建设、治理结构等多方面的矛盾和问题。"一流学科"应具有不同内涵,具有不同的一流标准。如,基础性理科的一流不仅仅是论文的质和量,更要关注在全球同行中的地位,与国际接轨的同行评议就显得十分必要。应用性工程学科,不应过多关注出版物,而要更多关注其产品创新、社会贡献、服务水平、临床应用等方面的成效。从学校层面来看,就是要加强学科的差别化研究,尊重不同学科的规律,制订差别化、针对性的评价与考核政策。从侧面看,学科分类发展是学术治理结构问题,其在实然层面表现为院系自主权扩大问题,目的是使学科按照自身属性自由选择发展路径;而在本质上要做到参与治理各主体的责、权、利相对称,进而激发各自追求卓越发展的内生动力。

3. 确立学科大类的整体发展思路

"学科大类"和"学科板块"是两个重要的学科话语词汇,比较贴切地刻画了学科体系问题。对于学科门类较全的综合性大学而言,亟需根据科技发展趋势及国家发展需求,立足解决人类社会重大挑战,跳出原有学科框架塑造新兴交叉领域,实现学科板块之间的链接和协同。战略必争、传统优势、新兴交叉,三类学科之间应该有所区别,但是在制度环境上应该有系统性的思考和持久性的投入支持,杜绝因目标不明确甚至经费执行进度要求等原因导致的随机性的、临时性的资源分配。我国高校基础研究和基础学科发展不尽如人意已得到广泛共识,尤其表现在:大师级人物少,学生规模质量不够理想,梯队建设乏力,基础设施投入不足,科学"技术化"倾向突出,对校内其他学科支撑不够等。受访者提到的"药方"已经在宏观政策上得到了很多回应,如改革退休制度,为各学科积蓄"学派"开通道;改革招聘制度,在基础学科和重点学科设讲座教授,提高薪酬,面向海内外滚动招聘;改变奖励体制,重奖重大成果,少奖、不奖一般成果;探索长周期考核机制,鼓励"十年磨一剑",允许部分教授从事近期可能不出成果的研究,等等。

4. 优化学科交叉体制机制

学科交叉融合在中国高校极难实现,并且越是身边的学科、平台或人越难合作,在被称为"鸽笼"(pigeon-hole)现象普遍的情况下,学科体系事实上被分割成了零散的小单元。十个教授十二个章,或十个教授十二个平台,并非是夸张的表达,最后造成极其严重的学科壁垒。有受访者说,当前高校学科交叉或交叉学科发展实际上存在"学校积极鼓励,院系大张旗鼓,成效难以凸显"的局面。这种现象与两个紧密相连的问题有关:一是教师评价制度,以个体全面发展考核为主、急功近利色彩明显的人事考核与晋升制度影响了学科交叉;二是学科间的学术利益壁垒,即使同一院系内不同组织之间也会存在沟通协作不畅、资源共享困难等问题。现实中明显的结果就是,真正开展学科交叉的主体很难得到资助,而传统强势学科却以学科交叉之名继续获得大量资源。

解决这一问题的出路是淡化分类和分等考核,引入可被认可、可被替代、可以转让的个体绩效积分与团队目标指标相结合的考核体系。尽可能打破传统的"人事""单位"的限制,为学科交叉或交叉学科发展创造制度方面的支持条件。院系间要跨越学科边界,组成交叉研究团队或科研组织,围绕稳定的方向和任务,以动态模式开展长期合作,形成新的学科优势及学术亮点。不少受访者认为,学科交叉发展应该是院系和教师个人的自主行为,应该营造良好的环境氛围,把学科交叉变成院系发展和教师个人事业发展的内在需要。因此,真正的学科交叉应该是建立健全校内各学科教师、学生之间顺畅交流合作的平台与渠道,支持引导师生成为自发推进学科交叉发展的主体。或许正如不少领军人物访谈时所说，投入再多资源给某个学科或平台，都不如花点"小钱"来搭建交流互动的场景（如交叉研讨会）。

5. 建立有效的资源配置机制

不同受访者对资源配置看法迥异：不少人认为应集中有限资源发展少数优势学科，不要"撒胡椒面"，只问能否打造成尖峰式学科之结果，而不应该过分计较资金投入效率；也有不少人认为少数优势学科集中大量资源的"马太效应"过于明显，且能够获得各种专项资金支持，同时对那些资源需求量不大的学科（主要表现为人文社科学科）进行适度投入更容易收到"四两拨千斤"效果。

以学科分类作为资源投入依据是受访者普遍青睐的改革方向。当前学科资源配置数量和分配方式没有充分考虑学科差异性，如战略性重要但发展不足的基础性学科仍没有得到足够重视，深层问题在于学科资源共享不畅而造成大量学科资源浪费。资源配置问题由其他根本性问题衍生，如学科发展规划。从科学匹配资源角度看，一个基本的"路线图"必不可少：基于深入战略研究的学科和师资发展规划；基于规划原则的资源配置机制；体现学科差异的师资分类管理、学术评价和考核体系；平衡效率和学科特征的院系组织形式。对部分资源充足、造血能力强且国家给予很多支持的学科而言，最需要的可能是政策支持；而给那些基础性、造血能力不强、短期效应不明显的学科，则需要给予更多直接的经费支持。

不少人认同，校领导应该在学科资源配置上发挥关键作用，甚至要体现"集权"特征。但要指出，校领导必须戒除本位主义，隔离其与所在学科领域的利益联系，做好学术负责人（如学部主任、院系责任人、学科负责人）的遴选，充分体现各司其职。正如有受访者提出的，从根本上看学校应是资源筹措的主体，校长应是重要学科资源分配的决策者，院系、平台、研究所既是经费使用的主体，也是资源使用责任的最终承担者。理想状态下，学校资源分配到各院系（或其他学术单元）并由其按照基本规章要求使用，学校协调各院系间资源调配但并不干涉院系内部管理，持续释放基层办学活力和创新动能。

五、总结

通过学科发展调研，我们了解到了院校实践中存在的鲜活问题。其中有些是长期没有得到解决的问题，如学术治理结构、学科门类大而全、学科特色难以凝练,有些是新冒出来的问题,如学科队伍结构变化、交叉学科评价、海外人才引进等;有些是事关学校全局的问题,如学科发展整体布局与规划,有些是事关教师切身利益的问题,如"老人""新人"评价、晋升、薪酬等接轨问题。在"双一流"建设背景下,在规模扩张转向高质量内涵式发展阶段,绝大多数受访者都认同学科发展应从"粗放型"到"集约型"转变,不应太在乎各种排名和评估,更不能被它们牵着鼻子走,甚至应该痛定思痛、及时止损,以暂时的利益牺牲换取长远的蓬勃发展。

整体看,人才问题最受关注(或许与调研高校范围有关),而治理体系问题被认为最为根本。前者主要表现在,学科带头人和骨干教师在国际学术舞台上的活跃程度和学术影响力还无法完全适应争创世界一流大学的要求。后者对于学术生产关系调整至关重要,只有解决好才能充分释放学术生产力。学科发展是一个漫长而曲折的过程,不能期望短期内有大的改观,更不能寄希望通过一次运动就实质上建成世界一流。当然,不得不承认,上述多个问题实际上是密切联系的,实际上给我们的调研素材分类整理工作造成了不小困惑,同时我们也有理由怀疑,对院校决策者而言,解决这些问题很难保证不顾此失彼。

比较宏观的观点认为,现如今中国高等教育、中国高校及其学科的发展已经到了关键的转折点上,应该细致考虑未来若干年的学科长远发展和战略规划。目前不少国内一流高校已经具备了转型升级发展的条件:一是正值百年未有之大变局,经济的、技术的甚至科学的剧烈变革每天在发生,中国高校要牢牢抓住重要战略机遇期的风口,勇于肩负起为社会主义培养接班人的历史使命。二是回首现在浮躁的、短视的学科发展模式已经遭遇瓶颈,至少高校在应对国家重大需求尤其是"卡脖子"技术难题上渐显疲态,确实需要加以梳理优化;三是目前不少国内一流大学已经积累了相当数量的科研资源(如经费)和声誉地位,完全具备了试验和调整发展方向的条件保障。

主要参考文献

1. 约翰·S. 布鲁贝克. 高等教育哲学[M]. 杭州：浙江教育出版社，2002.

2. 吉本斯等. 知识生产的新模式——当代社会科学与研究的动力学[M]. 陈洪捷，沈文钦，等，译. 北京大学出版社，2011.

3. 程星. 美国大学小史[M]. 北京：商务印书馆，2018.

4. 马丁·肯尼，大卫·莫厄里. 公立大学与区域增长：加州大学透视[M]. 李应博，孙震，译. 北京：清华大学出版社，2018.

5. 阎光才. 科学的社会运行与大学组织变迁[J]. 北京大学教育评论，2022，20(01)：36 - 52＋189.

6. 周川. 我国高等教育管理体制 70 年探索历程及其展望[J]. 高等教育研究，2019，40(07)：10 - 17.

7. 阎光才. 学术影响力评价的是非争议[J]. 教育研究，2019，40(06)：16 - 26.

8. 张应强，张浩正. 从类市场化治理到准市场化治理：我国高等教育治理变革的方向[J]. 高等教育研究，2018，39(06)：3 - 19.

9. 德里克·博克. 大学的未来：美国高等教育启示录[M]. 曲强，译. 中国人民大学出版社，2017.

10. 凯文·凯里. 大学的终结：泛在大学与高等教育革命[M]. 朱志勇，韩倩，等，译. 人民邮电出版社，2017.

11. 钱颖一. 大学的改革[M]. 中信出版社，2016.

12. 林建华. 校长观点：大学的改革与未来[M]. 东方出版中心，2018.

13. 菲利普·阿特巴赫，莉斯·瑞丝伯格，贾米尔·萨尔米，伊萨克·弗鲁明. 从初创到一流：新兴研究型大学崛起之路[M]. 张梦琪，王琪，译. 上海交通大学出版社，2021.

14. 教育部课题组. 深入学习习近平关于教育的重要论述[R]. 人民出版社，2019.

15. 詹姆斯·杜德斯达. 21 世纪的大学[M]. 刘彤，译. 北京：北京大学出版社，2005.

16. 克莱顿·M. 克里斯坦森，亨利·J. 艾林. 创新型大学：改变高等教育的基因[M]. 陈劲，盛伟忠，译. 北京：清华大学出版社，2017.

17. 美国科学院理事会. 会聚观：推动跨学科融合[M]. 王小理，熊燕，于建荣，译. 北京：科学出版社,2015.

18. 伯顿·克拉克.高等教育新论——多学科的研究[M].王承绪,徐辉,郑继伟,等,译.杭州:浙江教育出版社,1988.

19. 黄福涛.外国高等教育史[M].上海:上海教育出版社,2003.

20. 瓦尔特·吕埃格.欧洲大学史(第三卷)19世纪和20世纪早期的大学[M].张斌贤,杨克瑞,译.保定:河北大学出版社,2013.

21. 戴维·斯特利著.重新构想大学:高等教育创新的十种设计[M],徐宗玲,林丹明,高见,译.上海:生活·读书·新知三联书店,2021.

22. 亚瑟·科恩.美国高等教育通道史[M].李子江,译.北京:北京大学出版社,2019.

23. 刘易斯·赫恩著.美国公立研究型大学:为新时代公共利益服务[M].杨克瑞,王晨,译,校.保定:河北大学出版社,2008.

索　引

致　谢[①]

　　本书三位作者分别来自浙江大学的三个不同但又紧密联系的部门，吴伟供职于中国科教战略研究院（现为副研究员、科研主任、博士生导师），徐贤春先后供职于"两办"调研室、发展规划处、政策研究室（现为主持工作的副主任），延立军先后供职于教育学院、政策研究室（现为正科级干部）。虽然三个部门职能分工不同，但都承担着浙江大学改革发展的重要职责，尤其是参与了许多校内重要方案或文稿的起草工作。工作中，我们深切体会到大量院校实践问题并未得到"纯粹"学术研究的充分回应，高等教育理论研究与高等教育实践之间似乎永远隔着无法逾越的鸿沟。不少高等教育研究著述，从理论中来到理论中去，要么空洞无物、味同嚼蜡，要么佶屈聱牙、故弄玄虚，可读性和应用性都不强，呈现出严重"内卷化"的倾向。屡见不鲜的情况是，专业的高等教育研究者不必要或不屑于关注院校发展动态及现实问题，院校决策者常应付于繁杂事务而没有时间精力去思考实践背后的学术命题，即使部分实践者出于各种动机产出不少学术成果，但往往方正生硬，滋味全无。所以，近些年我们经常在思考，如何从广泛的院校实践中提炼有应用价值的、是"真问题"的高等教育学术命题。2021 年 5 月 15 日，我在杭州组织了一个小型学术讨论，题目就是"开局'十四五'院校研究论坛：从院校实践中提炼高等教育研究命题"，希望在这个方面做点思想碰撞。

　　有论说提到，全球高等教育强国必然伴随着影响深远的高等教育思想的形

---

① 本部分撰写：吴伟。

成，如纽曼思想之于英国高等教育、洪堡思想之于德国高等教育、威斯康星思想之于美国高等教育，而走过新中国成立 70 周年和改革开放 40 周年的我国却尚未形成这样经典的、影响深远的思想体系。我们虽初出茅庐，也希望尝试关注和回答一些重大的理论和实践命题。同时，或许是"职业病"所致，工作中形成的宏观思维推动我们经常思考一些宏大命题，如高等教育与经济发展的孰先孰后、一流实现中的自然生成与政府推动、学术范式变革对传统学科/院系框架的挑战，等等。当然，回答这些问题所需要的学术积累与实践积累可能远远超出我们的知识水平和工作阅历，但我们愿意一试，哪怕是在所谓"内卷化"学术与应用性学术（Scholarship of Application）之间搭建一座小桥，也是值得欣慰的事情。如果能从广泛的院校实践中挖掘出深刻的学术命题，甚至能提炼出高等教育发展的"中国故事"，那就有可能成为伴随大国崛起过程而传播至全球的高等教育话语，真的是"功在当代利在长远"。

所以，我们本书设计之初就提出三个原则：一是立足宏观视野，把一流大学发展的中外比较、国家"双一流"政策以及大学发展的历史脉络描述充分结合起来；二是展现中观视野，充分关注如火如荼的中国一流大学改革与发展的最新实际，反映在急剧变革的政策、社会背景下中国一流大学群体紧抓发展机遇、应对发展挑战的积极作为；三是尝试理论提炼，把理论研究孕于实践阐释中，把量化考察嵌入宏观叙事讲述中，在政策性、实践性基础上体现一定的学术性。现在整体看来，因为时间、精力、水平所限，上述初衷并没有完全实现，只是做了一点点探索，其中不少遗憾只能留待未来弥补了。

本书的策划和撰写过程十分艰辛。参与本书撰写的不少人员为管理岗干部，日常承担大量行政事务性工作，而写作工作除了由兴趣支撑之外，更多需要牺牲本来就被挤压得捉襟见肘的节假日时间。当然这又是高等教育运行，甚或是经济社会发展中的一个巨大困局，即如何在快节奏时代静下来考虑长远或享受安静本身。本书大致撰写分工如下：吴伟牵头负责绪论和第一、三、四、五、七章初稿撰写，徐贤春牵头负责第二、六章的初稿撰写，延立军牵头负责第五章的初稿撰写，其中绝大多数章节为多人合作完成，最后由吴伟负责统稿。本书撰写过程得到了许多领导、同事、同学和朋友的建议、意见和帮助，虽然并不能一一列出他们的名字，但还是要列出以下人员：

在图书设计阶段，浙江大学教育学院院长顾建民教授、华东师范大学人文与社会科学研究院院长朱军文教授、同济大学发展规划部部长蔡三发研究员等专家，对本书的基本定位和总体设计给予了充分肯定，这是对我们莫大的鼓励，写作中也认真吸纳了他们提出的宝贵意见，使得最终书稿增色不少。在初稿修改阶段，浙江工业大学公共管理学院党委副书记徐吉洪副研究员，浙江大学图书馆助理馆员何秀，河南大学教育科学学院副教授、北京师范大学博士后臧玲玲，浙江大学图书情报分析中心熊进苏老师等做了大量工作。感谢参加书稿修改研讨会并提出中肯意见的余晓（中国计量大学经济与管理学院副院长，教授）、陈勇（浙大城市学院科技处副处长，商学院教授）、黄扬杰（杭州师范大学经亨颐教育学院教授）、王树涛（浙江大学教育学院研究员）、伍宸（浙江外国语学院教育治理研究中心副教授）等专家学者。

还要衷心感谢在图书撰写的各个阶段付出了许多时间和精力的其他工作团队成员，他们是：浙江大学发展规划处正科职秘书严晓莹，浙江大学杭州国际科创中心夏琦博士，浙江大学政策研究室副科职干部李若男，浙江大学图书馆馆员何晓薇博士，复旦大学高等教育研究所博士生樊晓杰，华东理工大学高等教育研究所副教授范惠明博士，湖北经济学院教务处郑心怡，腾讯互娱人力资源中心HRBP 徐梦玲，以及浙江大学公共管理学院研究生徐从圣、王良、蔡小东等。如前所述，我们在长期的决策服务中形成的许多观点和材料对本书的生动和丰富居功至伟，其中凝聚了不少校内相关人员的智慧，虽不能一一追溯他们的名字，但依然要感谢浙江大学继续教育学院院长刘继荣、浙江大学发展规划处处长夏文莉、浙江大学文学院党委书记李铭霞、浙江大学党办/校办副主任陈浩、浙江大学党办/校办副主任黄云平、浙江大学中国科教战略研究院副研究员吕旭峰等领导和一线专家。

还要特别感谢上海交通大学出版社高教研究出版中心主任、首席编辑易文娟，是她不断的鼓励和督促才使得本书成稿不至于迁延太久，更是因为她的扎实工作才使得本书的纰漏降至最少。

感谢为本书欣然作序的浙江大学校长吴朝晖院士、华中科技大学教育科学研究院院长陈廷柱教授、清华大学技术创新中心主任陈劲教授对本书提出的宝贵意见和精彩点评，使得本书增色极多。

还要感谢我们三位作者各自的家人，正是他们的大力支持，才使得我们在繁忙的行政服务工作之余能抽出时间写作。

　　最后依然要说，由于水平、时间、精力所限，本书所呈现的事实和数据、所表达的立场和观点定然有不少纰漏，在图书设计阶段相关专家及我们自己提出的不少设想并未全部实现，我们非常乐于接受各方专家批评，也理应承担相应责任。